Contentamento

Sua Santidade o Dalai Lama
e o Arcebispo Desmond Tutu
com Douglas Abrams

CONTENTAMENTO

O SEGREDO PARA A FELICIDADE
PLENA E DURADOURA

Tradução: Natalie Gerhardt

principium

Copyright © 2017 Editora Globo S. A.
Copyright © 2016 by The Dalai Lama Trust, Desmond Tutu, and Douglas Abrams

Todos os direitos reservados. Nenhuma parte desta edição pode ser utilizada ou reproduzida — em qualquer meio ou forma, seja mecânico ou eletrônico, fotocópia, gravação etc. — nem apropriada ou estocada em sistema de banco de dados sem a expressa autorização da editora.

Texto fixado conforme as regras do Acordo Ortográfico da Língua Portuguesa
(Decreto Legislativo nº 54, de 1995).

Título original: *The book of joy*

Editora responsável: Amanda Orlando
Editora assistente: Elisa Martins
Preparação de texto: Huendel Viana
Revisão: Marise Leal, Laila Guilherme e Ana Maria Barbosa
Diagramação e adaptação de capa: Gisele Baptista de Oliveira
Capa: Nick Misani
Fotos de capa, lombada, pp. 152, 266 e 308: Miranda Penn Turin
Fotos de quarta capa, pp. 8, 12, 20, 34, 64, 76, 168, 240 e 252: Tenzin Choejor

1ª edição, 2017 – 3ª reimpressão, 2022

CIP-BRASIL. CATALOGAÇÃO-NA-FONTE
SINDICATO NACIONAL DOS EDITORES DE LIVROS, RJ

D138c
Dalai-Lama, 1935-
Contentamento: O segredo para a felicidade plena e duradoura / Sua Santidade o Dalai Lama e o Arcebispo Desmond Tutu com Douglas Abrams; tradução Natalie Gerhardt. – 1. ed. – São Paulo: Globo, 2017.
il.

Tradução de: The book of joy
ISBN 978-85-250-6186-7

1. Iluminação (Budismo). 2. Auto-realização - Aspectos religiosos - Budismo. I. Tutu, Desmond Mpilo. II. Abrams, Douglas. III. Gerhardt, Natalie. IV. Título.

17-41285
CDD: 294.3422
CDU: 294.3

Direitos de edição em língua portuguesa para o Brasil adquiridos por Editora Globo S.A.
Av. Nove de Julho, 5229 — 01407-907 — São Paulo — SP
www.globolivros.com.br

SUMÁRIO

O convite para o contentamento..9
Introdução...13

A chegada: somos criaturas frágeis..21

DIA 1: A NATUREZA DO VERDADEIRO CONTENTAMENTO
Por que você não é taciturno?..37
Nada de belo surge sem algum sofrimento......................................47
Você renunciou ao prazer?..53
O nosso maior contentamento..59

Almoço: o encontro de duas pessoas brincalhonas é maravilhoso..............65

DIAS 2 E 3: OS OBSTÁCULOS PARA O CONTENTAMENTO
Você é uma obra-prima em progressão..79
Medo, estresse e ansiedade: eu ficaria muito nervoso.........................87
Frustração e raiva: tenho vontade de gritar..................................95
Tristeza e pesar: os tempos difíceis nos unem ainda mais....................103
Desespero: o mundo está um turbilhão..107
Solidão: não precisa de apresentação..115
Inveja: aquele cara passando de novo na sua Mercedes-Benz...................123

Sofrimento e adversidade: passando pelas dificuldades......................*131*
Doença e medo da morte: prefiro ir para o inferno............................*143*

Meditação: agora eu conto um segredo para você....................................*153*

Dias 4 e 5: Os oito pilares do contentamento
1. Perspectiva: existem diversos ângulos *171*
2. Humildade: tentei parecer humilde e modesto *179*
3. Humor: riso, brincar é muito melhor....................................*189*
4. Aceitação: o único lugar onde a mudança pode começar...............*195*
5. Perdão: libertando-se do passado *201*
6. Gratidão: eu tenho sorte de estar vivo *211*
7. Compaixão: algo que desejamos ter...................................*219*
8. Generosidade: estamos cheios de contentamento......................*229*

Celebração: dançando nas ruas do Tibete.......................*241*
Despedida: um último adeus...*253*

Práticas de contentamento..*267*

Agradecimentos..*303*

O convite para o contentamento

Para celebrar um dos nossos aniversários especiais, nós nos encontramos em Dharamsala para desfrutar a nossa amizade e criar algo que esperamos que seja um presente de aniversário para os outros. Talvez não exista nada mais alegre do que o nascimento, e ainda assim grande parte da vida é passada com sentimentos de tristeza, estresse e sofrimento. Esperamos que este livro seja um convite para mais contentamento e mais felicidade.

Nenhum destino sombrio determina o futuro. Somos nós quem o determinamos. A cada dia e a cada momento, temos a capacidade de criar e recriar a nossa vida e a própria qualidade da vida humana no nosso planeta. Esse é o poder que nós detemos.

A felicidade suprema não pode ser encontrada na busca de qualquer objetivo ou conquista. Ela não reside na fortuna nem na fama, mas sim, única e exclusivamente, na mente e no coração das pessoas, e é aqui que esperamos que você a encontre.

Nosso coautor, Douglas Abrams, foi muito gentil em aceitar nos ajudar neste projeto e nos entrevistou no decorrer de uma semana em Dharamsala. Pedimos que ele tecesse as nossas vozes e oferecesse a sua própria como o nosso narrador para que pudéssemos compartilhar não apenas o nosso ponto de vista e as nossas experiências, mas também o que os cientistas e outros descobriram ser as fontes do contentamento.

Você não precisa acreditar em nós. Na realidade, nada do que dissemos deve ser visto como um artigo de fé. Estamos compartilhando o que dois amigos, de dois mundos muito diferentes, testemunharam e aprenderam ao longo de sua longa vida. Esperamos que você descubra se o que incluímos aqui é verdadeiro ao aplicar os ensinamentos na sua própria vida.

Cada dia é uma nova oportunidade para começar de novo. Cada dia é o dia do nascimento.

Que este livro seja uma bênção para todos os seres sensíveis e para todos os filhos de Deus — inclusive você.

Tenzin Gyatso
Sua Santidade o Dalai Lama

Desmond Tutu
Arcebispo emérito da África do Sul

Introdução

Douglas Abrams

Quando descemos do avião no pequeno aeroporto, o ronco ensurdecedor dos motores do jato e as montanhas do Himalaia com seus picos cobertos de neve erguendo-se atrás de nós, dois velhos amigos se abraçaram. O Arcebispo tocou o rosto do Dalai Lama com carinho, e o Dalai Lama fez um bico como se soprasse um beijo para o Arcebispo. Foi um momento de enorme afeição e amizade. Durante o ano de preparativos para aquela visita, estávamos muito cientes do que a reunião poderia significar para o mundo, mas nunca nos demos conta do que uma semana juntos poderia significar para os dois.

Foi um profundo privilégio e uma responsabilidade intimidadora conduzir a extraordinária semana de conversas que aconteceu em Dharamsala, Índia, na residência do Dalai Lama no exílio. Neste livro, tentei compartilhar com você suas conversas íntimas, que eram aparentemente cheias de risos infinitos pontuados por diversos momentos pungentes de lembranças de amor e perda.

Embora só tenham se encontrado umas seis vezes, os homens compartilhavam um vínculo que transcendia as breves visitas, e cada um considerava o outro seu "lépido irmão espiritual". Nunca antes eles tiveram, nem provavelmente teriam depois, a chance de passar tanto tempo juntos, deleitando-se no contentamento da sua amizade.

Os passos pesados da mortalidade nunca ficaram longe das nossas conversas. O itinerário da nossa viagem teve de ser alterado duas vezes para que o Arcebispo pudesse participar do funeral de seus colegas. Como questões de saúde e política mundial conspiraram para mantê-los separados, reconhecemos que aquela talvez fosse a última vez que se encontrariam.

Durante uma semana, sentamo-nos sob a luz suave, escolhida cuidadosamente para não ferir os olhos sensíveis do Dalai Lama, enquanto cinco câmeras de vídeo gravavam tudo à nossa volta. Durante a nossa jornada para compreender o contentamento, exploramos muitos dos mais profundos assuntos da vida. Estávamos em busca do verdadeiro contentamento, que não dependia das vicissitudes da circunstância. Sabíamos que precisaríamos transpor os obstáculos que podem, tantas vezes, tornar o contentamento indefinível. Durante as conversas, eles delinearam quatro pilares do coração. Aqueles dois grandes líderes concordaram acerca dos princípios mais importantes e ofereceram diferenças esclarecedoras, à medida que tentávamos juntar visões que talvez ajudassem os leitores a encontrar uma felicidade suprema em um mundo em constante transformação, muitas vezes dolorosa.

Tivemos a oportunidade de, a cada dia, tomar uma xícara quente de chá Darjeeling e partir o pão — o pão achatado tibetano. Todos da equipe de filmagem das entrevistas eram convidados a participar daqueles chás e almoços diários. Em uma manhã excepcional, o Dalai Lama chegou a iniciar o Arcebispo em sua prática de meditação na sua residência particular, e o Arcebispo deu a comunhão ao Dalai Lama, um rito geralmente reservado àqueles que seguem a fé cristã.

Então, no final da semana, celebramos o aniversário do Dalai Lama na Tibetan Children's Village, um dos colégios internos de crianças que fugiram do Tibete, onde as autoridades chinesas impedem que recebam uma educação baseada na língua e na cultura tibetanas. Os pais enviam as crianças pelos caminhos da montanha com guias que prometem levá-las a uma das escolas do Dalai Lama. É difícil imaginar o sofrimento dos pais ao enviar os filhos para longe, sabendo que ficarão sem vê-los por mais de dez anos, se é que voltarão a vê-los.

No meio desse colégio traumatizado, mais de 2 mil alunos e seus professores aplaudiram quando o Dalai Lama, que é proibido por seus votos monásticos de dançar, fez sua primeira tentativa de bailar, encorajado pelo balanço irrepreensível do Arcebispo.

O Dalai Lama e o Arcebispo são dois dos grandes mestres espirituais da nossa era, mas são também líderes morais que transcendem suas próprias tradições e conversam sempre a partir de uma preocupação com a humanidade como um todo. Sua coragem e resiliência e sua obstinada esperança na humanidade inspiram milhões de pessoas enquanto eles se recusam a ceder ao ceticismo em voga, que ameaça engolir a todos nós. Seu contentamento claramente não é fácil nem superficial, mas sim lustrado pelo fogo da adversidade, da opressão e de lutas. O Dalai Lama e o Arcebispo nos lembram que o contentamento é, na verdade, um direito de nascença, sendo ainda mais fundamental do que a felicidade.

"Contentamento", como disse o Arcebispo durante a semana, "é muito maior do que a felicidade. Enquanto esta última costuma ser vista como dependente de circunstâncias externas, o contentamento não o é." Tanto para o Dalai Lama quanto para o Arcebispo, esse estado mental — e do coração — está muito mais próximo daquilo que inspira a nossa vida e é o que, no final das contas, leva a uma vida de gratificação e significado.

As conversas eram sobre o que o Dalai Lama chamou de o próprio "desígnio da vida" — o objetivo de evitar o sofrimento e descobrir a felicidade. Eles compartilharam a sabedoria que adquiriram a duras penas de como viver uma vida de contentamento diante das suas inevitáveis angústias. Juntos, exploraram como podemos transformar o contentamento de um *estado* efêmero em um *traço* permanente, de um sentimento passageiro em uma forma duradoura de ser.

Desde o início, este livro foi planejado como um bolo de aniversário de três camadas.

A primeira camada consiste nos *ensinamentos* do Dalai Lama e do Arcebispo Tutu sobre contentamento: é realmente possível ter contentamento, mesmo diante dos nossos problemas diários — desde frustrações com o trânsito matinal até os temores de não sermos capazes de sustentar nossa família, desde a raiva daqueles que foram injustos conosco até o pesar pela perda de entes queridos, desde a devastação da doença até o abismo da morte? Como podemos abraçar a realidade da nossa vida, não negar nada mas transcender a dor e o sofrimento que são inescapáveis? E, mesmo quando a nossa vida é boa, como vivermos em contentamento quando tantas pessoas estão sofrendo? Quando a pobreza esmagadora rouba o futuro das pessoas? Quando a violência e o terror enchem nossas ruas? E quando a devastação ecológica põe em perigo a possibilidade da vida no nosso planeta? Este livro é uma tentativa de resposta a essas perguntas e muitas outras.

A segunda camada é composta pelas últimas descobertas *científicas* sobre o contentamento e também sobre todas as outras qualidades que eles acreditam ser essenciais para uma felicidade duradoura. Com as novas descobertas da ciência cognitiva e da psicologia experimental, agora existem *insights* profundos sobre o florescer humano. Dois meses antes da viagem, almocei com o neurocientista Richard Davidson, um pioneiro na pesquisa da felicidade. Ele estudou meditadores no seu laboratório e descobriu que essa prática confere benefícios mensuráveis ao cérebro. Ocupamos uma mesa ao ar livre em um restaurante vietnamita em San Francisco, o vento sempre presente soprando os cachos grisalhos do seu cabelo com corte jovial. Enquanto comíamos rolinhos primavera, Davidson disse que o Dalai Lama uma vez confessara a ele que achava inspiradora a ciência sobre a meditação, principalmente ao levantar da cama, no início da manhã, para se sentar. Se a ciência ajuda o Dalai Lama, ela também pode ajudar ainda mais o resto de nós.

É muito comum que vejamos a espiritualidade e a ciência como forças antagônicas, cada qual com sua mão apertando o pescoço da outra. No entanto, o Arcebispo Tutu expressou a sua crença na importância do que ele chama de "verdade autoconfirmada" — quando diversos campos do conhecimento apontam para a mesma conclusão. De forma semelhante, o Dalai Lama foi inflexível sobre a importância de se certificar de que este livro não fosse nem budista nem cristão, mas sim um livro universal amparado não apenas na opinião ou na tradição, mas também na ciência. (Revelação: sou judeu, embora também me identifique como leigo — parece até piada: um budista, um cristão e um judeu entram em um bar...)

A terceira camada do bolo de aniversário é formada por *histórias* sobre estar em Dharamsala com o Dalai Lama e o Arcebispo durante a semana. Esses capítulos íntimos e pessoais foram escritos para que o leitor participe da jornada desde o primeiro abraço até a despedida final.

Também incluímos uma seleção de práticas de contentamento no final do livro. Ambos os professores compartilharam suas práticas diárias, as âncoras de sua própria vida emocional e espiritual. O objetivo aqui não é criar uma receita para uma vida repleta de contentamento, mas sim oferecer algumas técnicas e tradições que ajudaram o Dalai Lama e o Arcebispo e a incontáveis pessoas durante milênios em suas respectivas tradições. Esperamos que esses exercícios práticos ajudem o leitor a tomar os ensinamentos, a ciência e as histórias e os incorporar em sua vida diária.

Tive o privilégio de trabalhar com muitos dos grandes professores espirituais e pioneiros científicos da nossa era, ajudando-os a transmitir suas visões sobre saúde e felicidade para os outros. (Muitos desses cientistas contribuíram generosamente com suas pesquisas para este livro.) Tenho certeza de que a minha fascinação — tudo bem, obsessão — com o contentamento começou ainda na infância, enquanto eu crescia em um lar amoroso assombrado pela depressão. Tendo testemunhado e vivenciado tamanha dor desde tenra idade, sei bem quanto do sofrimento humano ocorre dentro da nossa mente e do nosso coração. A semana em Dharamsala pareceu-me o ápice extraordinário e desafiador dessa longa jornada da minha vida para entender tanto o contentamento quanto o sofrimento.

Como representante do povo, fiquei lá durante os cinco dias de entrevistas, olhando nos olhos de duas das pessoas mais compassivas do planeta. Sou muito cético em relação a sensações mágicas que alguns declaram ao estar na presença de professores espirituais, mas, desde o primeiro dia, percebi que minha cabeça começava a zunir. Foi surpreendente, mas talvez seja apenas um exemplo de como meus neurônios-espelho, aquelas células empáticas especiais, estavam internalizando o que eu testemunhava nos olhos daqueles dois homens extremamente amorosos.

Felizmente, eu não estava sozinho na tarefa intimidante de destilar a sabedoria deles. Thupten Jinpa, o principal tradutor do Dalai Lama por mais de trinta anos e um sábio budista, me acompanhou do início ao fim. Durante muitos anos, ele foi um monge budista, mas abriu mão das vestes para se casar e criar uma família no Canadá, tornando-se um parceiro perfeito para fazer a tradução não apenas do idioma, mas também dos mundos. Sentávamos lado a lado durante as conversas, mas Jinpa também me ajudava a preparar as perguntas e interpretar as respostas. Ele se tornou um colaborador de confiança e um amigo querido.

As perguntas não eram só nossas. Convidamos o mundo para fazer suas perguntas sobre contentamento e, embora só tenhamos tido três dias para reuni-las, recebemos mais de mil. Foi fascinante ver que a pergunta que foi feita mais vezes não era sobre como descobrimos o nosso próprio contentamento, mas como poderíamos viver com contentamento em um mundo repleto de sofrimento.

Durante a semana, os dedos deles tocavam a mão do outro de forma brincalhona, momentos antes de se entrelaçarem, unindo as mãos afetivamente. Durante nosso primeiro almoço, o Arcebispo contou uma história de uma palestra que tinham dado juntos. Quando estavam se aprontando para entrar no palco, o Dalai Lama — o ícone mundial da compaixão e da paz — fingiu que estava enforcando o seu colega espiritual e mais velho. O Arcebispo se virou para o Dalai Lama e disse:

"Ei, nós estamos sendo filmados, aja como um homem sagrado."

Esses dois homens nos lembram que o modo como escolhemos agir no dia a dia é o que importa. Até mesmo um homem sagrado deve agir como tal. Mas a forma como achamos que um homem sagrado deve agir, com seriedade e gravidade, humildade e discrição, dificilmente é como aqueles dois saúdam o mundo e um ao outro.

O Arcebispo nunca teve a pretensão da santidade, e o Dalai Lama se considera um simples monge. Eles nos oferecem a reflexão sobre sua verdadeira vida repleta de dor e sobre o turbilhão no meio do qual conseguiram descobrir um nível de paz, coragem e contentamento que podemos almejar na nossa vida. A vontade deles de escrever este livro não é apenas para passar tal sabedoria, mas sua humanidade também. O sofrimento é inevitável, disseram eles, mas a maneira como reagimos a ele é uma escolha nossa. Nem mesmo a opressão ou a invasão podem tirar essa liberdade de escolha.

Até o último minuto, não sabíamos se os médicos do Arcebispo permitiriam a viagem. O câncer de próstata voltara e estava respondendo muito devagar ao tratamento. O Arcebispo agora está se submetendo a um protocolo experimental para ver se conseguirá manter o câncer sob controle. Quando estamos pousando em Dharamsala, o que me surpreende mais são a animação, a antecipação e talvez um toque de preocupação no rosto do Arcebispo que podia ser visto no seu grande sorriso e no brilho dos olhos acinzentados.

A CHEGADA: SOMOS CRIATURAS FRÁGEIS

"SOMOS CRIATURAS FRÁGEIS, E É A PARTIR DESSA FRAQUEZA, e não apesar dela, que descobrimos a possibilidade do verdadeiro contentamento", disse o Arcebispo quando lhe entregamos uma bengala preta lustrosa encimada com uma figura de um galgo. "A vida é cheia de desafios e adversidade", continuou ele. "O medo é inevitável, assim como a dor e, por fim, a morte. Veja o retorno do câncer de próstata — bem, ele faz com que a mente tenha foco."

Um dos efeitos colaterais do remédio que o Arcebispo estava tomando era o cansaço, e ele dormiu durante a maior parte do voo, um cobertor bege cobrindo até a sua cabeça. Tínhamos planejado conversar na viagem, mas dormir era mais importante, e agora ele estava tentando compartilhar seus pensamentos rapidamente enquanto nos aproximávamos de Dharamsala.

Tínhamos parado em Amritsar para passar a noite e descansar e porque o aeroporto de Dharamsala só ficava aberto durante algumas horas por dia. Naquela manhã, visitamos o célebre Harmandir Sahib, o lugar sagrado da religião sique. Os andares superiores são revestidos de ouro, resultando em seu nome popular: templo dourado. Há quatro portas para entrar no *gurdwara*, simbolizando a abertura da tradição para todas as pessoas de todas as religiões. Aquele parecia ser um local apropriado para prestarmos o nosso respeito, uma vez que estávamos embarcando para uma reunião entre diferentes crenças que reuniria para uma conversa profunda duas das maiores religiões do mundo: o cristianismo e o budismo.

Conforme nos misturamos na multidão dos 100 mil visitantes diários que iam ao templo, recebemos uma ligação. O Dalai Lama decidira se encontrar com o Arcebispo no aeroporto, uma rara honra que ele concedia a muito poucos do infinito fluxo de dignitários visitantes. Fomos informados de que ele já estava a caminho. Apressamo-nos para deixar o templo e voltar ao aeroporto, enquanto empurrávamos a cadeira de rodas do Arcebispo, a careca coberta por um lenço laranja, um sinal de respeito exigido no templo, que o fazia parecer um pirata.

A van tentou abrir caminho pelas ruas engarrafadas de Amritsar enquanto uma sinfonia de buzinas tocava, a massa de carros, pedestres, bicicletas, motocicletas e animais, todos se espremendo para conseguir um lugar. Prédios de concreto ladeavam as estradas, suas vigas de reforço aparentes em um estado de constante expansão. Finalmente chegamos ao aeroporto e subimos a bordo. Desejamos que o voo de vinte minutos fosse ainda mais rápido, preocupados agora que o Dalai Lama ficasse esperando na pista.

"Sinto muito informar que descobrir mais contentamento", acrescentou o Arcebispo enquanto começávamos a descida para o pouso, "não nos salva da inevitabilidade das dificuldades e do desgosto. Na verdade, podemos chorar mais facilmente, mas também vamos rir com mais facilidade. Talvez só estejamos mais vivos. Ainda assim, quando descobrimos o contentamento, podemos enfrentar o sofrimento de um jeito que enobrece em vez de amargurar. Passamos por dificuldades sem nos tornarmos difíceis. Passamos por desgostos sem nos tornarmos desgostosos."

Eu já tinha visto tanto as lágrimas do Arcebispo quanto suas risadas várias vezes. Bem, na verdade, foram mais risos do que lágrimas, mas ele chora de forma fácil e frequente, pelo que ainda não foi redimido, pelo que ainda não é inteiro. Tudo importa para ele, tudo o afeta profundamente. Suas orações, nas quais fui envolvido, chegam a todo o mundo para todos que necessitam ou sofrem. Um dos editores do seu livro tinha um neto que estava doente e constava na longuíssima lista de orações diárias do Arcebispo. Vários anos depois, o editor perguntou se ele poderia novamente rezar pelo seu neto porque a doença da criança tinha retornado. O Arcebispo respondeu que jamais deixara de rezar pelo menino.

Do avião, dava para ver as montanhas com os picos nevados, que são o cartão-postal do lar do Dalai Lama no exílio. Depois da invasão dos chineses ao Tibete, o Dalai Lama e 100 mil outros tibetanos fugiram para a Índia, onde o calor e os mosquitos provocaram doenças em muitos deles. Por fim, o governo da Índia estabeleceu a residência do Dalai Lama em Dharamsala, e ele ficou muito grato pela altitude mais elevada e o clima mais frio. Com o tempo, muitos tibetanos estabeleceram residência ali também, como se a comunidade sentisse saudade da paisagem montanhosa e da elevada altitude do país deles. E, é claro, eles queriam ficar próximos do seu líder político e espiritual.

Dharamsala fica no estado indiano de Himachal Pradesh, ao norte do país, e os britânicos, quando regiam a Índia, também costumavam ir até lá para escapar do calor implacável do verão indiano. À medida que nos aproximávamos dessa antiga estação montanhosa britânica, conseguimos ver o tapete verde de pinheiros e campos agrícolas lá embaixo. Nuvens pesadas de tempestade e neblina costumavam fechar o pequeno aeroporto, como aconteceu na minha última visita. Mas, naquele dia, o céu estava azul e as nuvens, controladas pelas montanhas. Descemos para o pouso.

"Uma grande questão subjaz a nossa existência", dissera o Dalai Lama antes da viagem. "Qual é o propósito da vida? Depois de muitas considerações, acredito que o propósito da vida é encontrar a felicidade.

"Não importa se a pessoa é budista, como eu, ou cristã, como o Arcebispo, ou se pratica qualquer outra religião ou nenhuma religião. Desde o instante do nascimento, cada ser humano deseja encontrar a felicidade e evitar o sofrimento. Nenhuma diferença cultural, educacional ou religiosa afeta isso. Bem dentro da essência do nosso ser, nós simplesmente desejamos contentamento e alegria. Mas é muito comum que tais sentimentos sejam fugazes e difíceis de encontrar, como uma borboleta que pousa em nós e depois voa para longe.

"A fonte suprema da felicidade está dentro de nós. Não está no dinheiro, não está no poder, não está no status. Alguns dos meus amigos são bilionários, mas são pessoas muito infelizes. Poder e dinheiro não trazem paz interior. Conquistas materiais não trazem um verdadeiro contentamento interior. É preciso que olhemos para dentro de nós.

"Infelizmente, muitas das coisas que minam o nosso contentamento e a nossa felicidade são criadas por nós mesmos. Elas costumam advir das tendências negativas da mente, da reatividade emocional ou da nossa incapacidade de apreciar e utilizar os recursos que existem dentro de nós. Não temos como controlar o sofrimento causado por um desastre natural, mas temos como fazer isso com os nossos desastres diários. Somos nós que criamos a maior parte do nosso sofrimento, então deveria ser lógico que também tivéssemos a capacidade de criar mais contentamento. Isso depende simplesmente das atitudes, das perspectivas e das reações que trazemos para as situações e para os nossos relacionamentos com outras pessoas. Quando se trata de felicidade pessoal, existe muita coisa que nós, como indivíduos, podemos fazer."

Fomos jogados um pouco para a frente quando os freios foram acionados, e então o avião sacudiu e balançou, parando rapidamente na curta pista de aterrissagem. Da nossa janela no avião, conseguíamos ver o Dalai Lama em pé na pista, um grande guarda-sol amarelo erguido sobre sua cabeça para protegê-lo do forte sol indiano. Ele estava usando sua túnica castanha e o manto vermelho, embora fosse possível vislumbrar pequenas faixas de amarelo-açafrão da sua veste sem mangas. Um séquito dos seus funcionários e dos funcionários de terno e gravata do aeroporto o rodeava. Soldados indianos de uniformes cáqui faziam a segurança.

A mídia tinha sido mantida do lado de fora do aeroporto. Aquela seria uma reunião íntima apenas com o fotógrafo pessoal do Dalai Lama tirando fotos. O Arcebispo desceu os degraus com dificuldade, usando o seu blazer azul e o seu chapéu de pescador que eram sua marca registrada. O Dalai Lama se aproximou.

Estava sorrindo, seus olhos brilhando atrás dos grandes óculos de armação quadrada. Ele fez uma profunda reverência, e então o Arcebispo abriu os braços e eles se abraçaram. Depois se separaram, mas mantiveram a mão um no ombro do outro, olhando-se nos olhos, como se tentassem se convencer de que realmente estavam juntos de novo.

"Eu não o vejo há muito tempo", disse o Arcebispo Tutu enquanto tocava carinhosamente o rosto do Dalai Lama com a ponta dos dedos e o olhava atentamente. "Você está ótimo."

O Dalai Lama, ainda segurando os ombros magros do Arcebispo, fez um biquinho como se fosse soprar-lhe um beijo. O Arcebispo ergueu a mão esquerda, sua aliança dourada brilhando, e pegou o queixo do Dalai Lama, como faria com um querido neto. Então, o Arcebispo se inclinou e beijou o rosto do Dalai Lama, que, como não estava acostumado a receber beijos de ninguém, fez uma careta, mas também riu de prazer e foi logo acompanhado pela gargalhada aguda do Arcebispo.

"Você não gosta de um beijo", declarou o Arcebispo, dando-lhe outro do outro lado. Eu me perguntei quantos beijos o Dalai Lama devia ter recebido em toda a sua vida, tendo sido tirado dos pais aos dois anos de idade e criado em um reino nobre e longe de beijos.

Eles pararam para a apresentação formal do *khata* (um lenço branco), um costume tibetano de saudação e respeito. O Dalai Lama fez uma reverência com as mãos unidas na altura do coração, um gesto de boas-vindas que reconhece a nossa singularidade. O Arcebispo tirou o quepe de pescador e respondeu com uma reverência. O Dalai Lama, então, colocou o longo lenço de seda branca ao redor do pescoço do Arcebispo. Eles cochicharam um no ouvido do outro, tentando conversar por sobre o barulho do motor do jato, que ainda roncava ao fundo. O Dalai Lama pegou a mão do Arcebispo, e então eles pareciam mais ter oito anos do que oitenta, rindo e fazendo piadas enquanto caminhavam em direção ao terminal, o guarda-sol amarelo protegendo a ambos.

Mesmo que o lenço branco do Arcebispo estivesse enrolado em seu pescoço, suas pontas ainda desciam por todo o seu corpo pequeno. O tamanho do *khata* é um sinal da estima do presenteador para com o presenteado, sendo que os sacerdotes superiores recebiam os mais compridos. Aquele *khata* era um dos mais compridos que eu já tinha visto. O Arcebispo disse brincando durante a semana, enquanto *khatas* eram enrolados no seu pescoço, que ele se sentia como um cabide humano.

Fomos levados até um pequeno aposento com dois sofás marrons reservados para que o Dalai Lama aguardasse os voos costumeiramente atrasados ou cancelados para sair de Dharamsala. Dava para ver a mídia do lado de fora do aeroporto, formando uma fileira pela parede de vidros, aguardando a chance de conseguir tirar uma foto ou fazer uma pergunta. Foi só então que eu me lembrei de como aquela viagem era uma notícia e até mesmo um evento histórico. Tinha sido tão fácil me perder na logística e me esquecer de que o tempo que passariam juntos constituía um importante evento para o mundo.

No saguão do aeroporto, o Arcebispo relaxou em um sofá enquanto o Dalai Lama se sentou ao seu lado, em uma poltrona grande. Ao lado do Arcebispo estava sua filha, Mpho, que usava um vestido estampado africano verde vibrante e vermelho, sua cabeça coberta por um tecido que combinava com a roupa. A mais nova dos quatro filhos, ela acompanhava o pai no sacerdócio e agora era a diretora executiva da Desmond and Leah Tutu Legacy Foundation. Durante a nossa viagem, Mpho ficaria de joelhos e faria um pedido de casamento para sua namorada, Marceline van Furth. A viagem foi apenas uns dois meses antes de a Suprema Corte norte-americana ter tomado a decisão histórica de legalizar o casamento gay, mas o Arcebispo já apoiava os direitos gays havia décadas. Ficou conhecido por dizer que se recusaria a ir para um paraíso "homofóbico". O que muitos se esquecem — principalmente aqueles que se encontram na posição de receber sua censura moral — é que o Arcebispo vitupera qualquer forma de opressão ou discriminação, onde quer que as encontre. Logo depois do casamento, Mpho foi afastada do sacerdócio porque a Igreja Anglicana da África do Sul não reconhece o casamento gay.

"Eu realmente queria ter ido ao seu aniversário", disse o Dalai Lama, "mas o seu governo colocou alguns empecilhos. Naquela época você expressou algumas palavras bem fortes", continuou o Dalai Lama, levando a mão ao braço do Arcebispo. "E eu agradeço." *Palavras bem fortes* era uma forma delicada de dizer.

A semana em Dharamsala para comemorar o aniversário de Dalai Lama teve suas origens quatro anos antes, quando o Arcebispo Tutu celebrou seu octogésimo aniversário na Cidade do Cabo, África do Sul. O Dalai Lama seria o convidado de honra, mas o governo sul-africano cedeu à pressão do governo chinês e não estava disposto a conceder um visto ao Dalai Lama.

A China é um dos maiores compradores de minérios e matérias-primas da África do Sul.

O Arcebispo estava diariamente na primeira página dos jornais sul-africanos às vésperas da celebração, reclamando do governo pela perfídia e pela traição. Ele chegou a comparar a decisão do Congresso Nacional Africano — o partido com o qual lutou por décadas para ajudar a acabar com o exílio e a prisão — com o longo e odiado regime do apartheid. Disse que, na verdade, eles eram ainda piores, porque pelo menos no caso do regime do apartheid a vilania era pública.

"Eu sempre tento evitar qualquer inconveniência", disse o Dalai Lama com um sorriso, e então apontou para o Arcebispo. "Mas fiquei feliz por outra pessoa estar disposta a ser inconveniente. Eu fiquei muito feliz."

"Eu sei", respondeu o Arcebispo. "Você me usa. Esse é o problema. Você me usa, e eu não aprendo."

O Arcebispo estendeu a mão e pegou a do Dalai Lama com carinho.

"Quando os sul-africanos se recusaram a permitir que você fosse ao meu octogésimo aniversário, isso tornou o evento ainda mais espetacular, porque nós tínhamos o Google abrigando as nossas conversas, o que despertou muito mais interesse internacional do que se isso não tivesse acontecido. Mas não importa. Onde quer que você esteja, há muito interesse. Eu não tenho inveja.

"Você sabe, eu me lembro de quando estávamos em Seattle; eles estavam procurando um lugar que fosse grande o suficiente para as pessoas que queriam ir vê-lo, e acabou que eles encontraram um estádio de futebol. Havia 70 mil pessoas que queriam ir ouvir esse homem que nem sabe falar inglês direito."

O Dalai Lama soltou uma grande gargalhada.

"Isso não é muito bom", continuou o Arcebispo. "Você realmente precisa rezar para que eu me torne um pouco mais popular, como você."

Implicar com alguém é um sinal de intimidade e amizade, saber que existe um reservatório de afeição do qual todos nós bebemos como humanos engraçados e imperfeitos. Ainda assim, suas brincadeiras eram sobre eles mesmos e sobre o outro, sem nunca realmente fazer pouco do outro, mas constantemente reforçando sua ligação e sua amizade.

O Arcebispo queria agradecer e apresentar cada uma das pessoas que tinham ajudado a tornar aquela viagem possível. Apresentou sua filha Mpho, a filantropa e trabalhadora da paz Pam Omidyar e a mim, mas o Dalai Lama disse que já conhecia a todos nós. Então ele apresentou a minha esposa, Rachel, como sua médica americana; Pat Christien, uma colega de Pam do Omidyar Group; e a futura noiva da filha, Marceline, uma pediatra e professora de epidemiologia na Holanda. Ele não precisava apresentar o último membro do nosso grupo, o Venerável Lama Tenzin Dhonden, que era membro do monastério Namgyal do Dalai Lama.

Agora, o Dalai Lama estava esfregando a mão do Arcebispo afetuosamente, como continuaria fazendo durante toda a semana. Estavam conversando sobre o itinerário do nosso voo e sobre a parada em Amritsar.

"Isso é ótimo. É preciso descansar", disse o Dalai Lama. "Eu sempre durmo oito ou nove horas por noite."

"Mas você acorda muito cedo, não?", perguntou o Arcebispo.

"Isso mesmo. Três horas da manhã."

"Três horas?"

"Sempre."

"E você reza por cinco horas?" O Arcebispo estava com os dedos abertos para dar ênfase.

"Rezo."

O Arcebispo olhou para cima e meneou a cabeça.

"Não, isso é muito."

"Às vezes, eu faço meditação sobre a natureza do ser usando o que é conhecido como 'análise dos sete pontos'", explicou o Dalai Lama.

Jinpa posteriormente explicou que se trata de uma prática budista de contemplação na qual a pessoa busca a verdadeira natureza do ser ao analisar as relações entre um ser e os aspectos físicos e mentais do nosso corpo e da nossa mente.

"Por exemplo", continuou o Dalai Lama, "agora, quando eu olho para você e analiso, vejo que este é o meu querido e respeitado amigo Bispo Tutu. Não, este é o corpo dele, mas não ele. Esta é a mente dele, mas não é ele." O Dalai Lama se inclinou para enfatizar o seu ponto, apresentando um enigma paradoxal tão antigo quanto o budismo. "Onde está o ser do

Bispo Tutu? Não podemos encontrar." Ele deu um tapinha brincalhão no braço do Arcebispo.

O Arcebispo demonstrou um misto de perplexidade e confusão.

"*Sério?*"

"Então", concluiu o Dalai Lama, "na física quântica eles também têm um ponto de vista semelhante. Qualquer coisa real não existe de verdade. Não há nada que realmente possamos encontrar. Isso é bem parecido com a meditação analítica."

O Arcebispo levou as mãos ao rosto, perplexo.

"Eu não conseguiria fazer isso."

O Dalai Lama poderia estar discutindo contra haver um Bispo Tutu essencial, mas, ao mesmo tempo, *havia* uma pessoa, um amigo que era especial para ele de um jeito que, apesar de sua amizade com todos, era único e claramente importante. Jinpa e eu discutimos sobre o que havia naquela amizade que provavelmente significava muito. Para ambos, era raro ter um verdadeiro amigo. Afinal, não existem muitos membros no clube dos líderes morais. A vida deles é cheia de gente que os considera ícones. Devia ser um alívio encontrar alguém que não está em busca de uma foto. Certamente, eles também compartilham valores em um lugar no qual a essência de todas as religiões se encontra e, é claro, compartilham um fantástico senso de humor. Eu estava começando a ver como amizade e relacionamentos em geral eram centrais na nossa experiência de contentamento. Esse foi um tema que surgiu várias vezes no decorrer da nossa semana juntos.

"Eu digo para as pessoas", continuou o Arcebispo, "que uma das suas melhores qualidades é a sua serenidade, e eu digo: 'Bem, vocês sabem que ele dedica cinco horas a sua meditação matinal', e isso se mostra na forma como você responde a coisas que são agonizantes: a dor do seu país e a dor do mundo. Como eu digo, eu tento, mas cinco horas é demais."

O Arcebispo, sempre humilde e modesto, não citou as suas três ou quatro horas diárias de oração. É verdade, ele dorme… até as quatro da manhã.

Eu me perguntava qual era a questão em relação aos líderes espirituais que sempre os fazia acordar tão cedo para rezar e meditar. Isso claramente faz uma grande diferença em como eles lidam com o dia. Logo que soube que o Dalai Lama acordava às três horas da manhã todos os dias, achei que ia ouvir outra história sobre a devoção super-humana e ser informado de que ele dormia apenas duas ou três horas por dia. Fiquei aliviado ao saber que ele simplesmente ir dormir muito cedo, em geral às sete horas da noite. (Não é algo muito prático em um lar que tem crianças para ser alimentadas e colocadas na cama, pensei, mas talvez seja possível ir dormir uma hora mais cedo e acordar uma hora mais cedo. Será que isso me levaria a um maior crescimento espiritual? Será que levaria a um maior contentamento?)

O Dalai Lama levou a mão do Arcebispo até o seu rosto.

"Agora vamos para a minha casa."

Quando caminhamos pelo aeroporto, a mídia cercou os dois líderes, gritando perguntas sobre a viagem do Arcebispo. Ele parou para responder e usar a atenção da mídia para chamar a atenção para a injustiça. Falou enquanto os cliques das câmeras pipocavam durante seus comentários.

"Estou tão feliz de estar com o meu querido amigo. É comum que coisas e pessoas tentem nos manter separados, mas o amor que temos um pelo outro e a bondade do universo de Deus assegura que nos encontremos. A primeira vez que o governo da África do Sul recusou-lhe um visto, quando ele iria para o meu aniversário de oitenta anos, eu lhe perguntei: 'Quantos regimentos você tem no seu exército? Por que a China tem tanto medo de você?'. E é isso que me surpreende, talvez eles estejam certos. Um líder espiritual é algo que deve ser levado a sério. Esperamos que o mundo de Deus se torne um lugar melhor, mais acolhedor à bondade, mais acolhedor à compaixão, mais acolhedor à generosidade, mais acolhedor a viver juntos para que não tenhamos que ver o que está acontecendo agora entre a Rússia e a Ucrânia ou o que está acontecendo com o Isis ou o que está acontecendo no Quênia ou na Síria. Eles fazem Deus chorar."

O Arcebispo se virou para ir embora, mas então parou de novo quando outro jornalista perguntou sobre o objetivo daquela viagem.

"Nós estamos juntos para aproveitar a nossa amizade e para conversar sobre contentamento."

O Arcebispo e o Dalai Lama foram levados por uma comitiva que os aguardava. O trajeto até a residência do Dalai Lama levou cerca de 45 minutos. As ruas tinham sido fechadas para permitir que o Dalai Lama fosse ao aeroporto, e os tibetanos, indianos e alguns turistas ladeavam-nas, esperando ter um vislumbre dele e do seu convidado especial. Eu percebia agora por que o Dalai Lama raramente ia até o aeroporto. Aquilo era uma grande operação logística que fechava uma das principais estradas, afetando toda a cidade.

Estávamos ali para discutir o contentamento diante dos desafios da vida, e em todos os lugares em Dharamsala havia lembretes de que aquela era uma comunidade que fora traumatizada pela opressão e pelo exílio. A cidade abraça as estradas na encosta exposta aos ventos, e construções artísticas se erguem na beirada das montanhas íngremes. Assim como a construção por toda a Índia e grande parte dos países em desenvolvimento, os códigos de construção e precauções de segurança eram deixados de lado para abrir espaço para a população crescente. Eu me perguntava como aquelas estruturas aguentariam um terremoto, e temia que toda a cidade talvez despencasse daquelas montanhas como uma folha que cai quando um animal acorda.

A comitiva serpenteou as estradas íngremes conforme as filas de devotos aumentavam, alguns queimando incenso e muitos outros com contas de *mala* enroladas nas mãos unidas em oração. É muito difícil para não tibetanos compreender quanto o Dalai Lama é importante para o povo do Tibete e especialmente para aquela comunidade exilada. Ele é tanto o símbolo da identidade nacional e política do povo como a personificação de suas aspirações espirituais. Ser a personificação do Bodisatva da Compaixão significa de muitas formas ser uma figura como a do Cristo. Eu só posso imaginar o desafio que é para o Dalai Lama carregar tamanha responsabilidade enquanto também tenta enfatizar o seu ser como "nada especial", apenas um entre 7 bilhões de pessoas.

As ruas se estreitaram, e eu me perguntei como os nossos carros velozes poderiam passar pela multidão de pessoas, mas me pareceu que a velocidade só era reduzida para alguma vaca sagrada ocasional que passava pela rua, talvez também para tentar ter um vislumbre dos dois homens sagrados.

Eu me perguntei se a velocidade era por causa de preocupações de segurança ou pelo desejo de reabrir as estradas, mas achei que era mais por causa da primeira opção. Aquela cidade, assim como todas as da Índia, é formada pela fricção constante de camadas tectônicas culturais, mudando e se chocando umas com as outras em uma demonstração vibrante e por vezes inquietante de devoção e identidade.

McLeod Ganj, o bairro budista tibetano no topo da montanha também conhecido como Upper Dharamsala, é um dos níveis mais sedimentares no alto da cidade hindu indiana. Dharamsala, ou Dharam*sh*ala, como é pronunciada pelos hindus, significa "morada espiritual", uma combinação das palavras *dharma*, ou ensino espiritual, e *shala*, que é uma morada, e o nome completo significa "alojamento de peregrinos ou casa do descanso". É um nome que combina com a cidade que é o destino de tanta peregrinação hoje em dia.

Passamos rapidamente pelos portões simples de ferro do complexo residencial do Dalai Lama, onde se encontram seus escritórios e a residência particular. Chegamos a uma entrada de veículos semicircular cercada por canteiros de flores primaveris. Eu visitara Dharamsala em janeiro, a fim de me encontrar com a equipe do Dalai Lama para planejarmos a viagem. Naquela época a cidade inteira estava coberta por nuvens e fazia muito frio, mas naquele dia em que chegamos o sol brilhava forte, as flores, desejosas de florescer, como sempre pareciam estar naquela breve estação de germinação nas elevadas altitudes, suas vidas breves, cada dia parecendo ser mais urgente e apreciado.

À medida que o início das conversas se aproximava, percebi que eu estava ficando cada vez mais nervoso, mas sabia também que não era o único. Em uma das nossas conversas telefônicas sobre a viagem, fiquei sensibilizado com a sinceridade da preocupação do Arcebispo de cruzar sua sabedoria com a do Dalai Lama. "Ele é muito mais racional", ele tinha me dito, referindo-se ao grande amor do Dalai Lama pelos debates, pela pesquisa intelectual e pela exploração científica. "Eu sou mais instintivo", continuara ele, e eu me lembrei de que ele tinha dito que uma profunda sabedoria visceral e uma rendição à devoção o guiaram em todos os momentos críticos da sua vida e na sua missão de lutar para acabar com o apartheid. Acredito que até mesmo grandes líderes espirituais ficam nervosos quando estão em uma jornada para o desconhecido.

Depois de um dia de descanso para o Arcebispo, começaríamos as conversas sobre a natureza do verdadeiro contentamento.

Dia 1
A natureza do verdadeiro contentamento

Por que você não é taciturno?

Para começar, convidei o Arcebispo para fazer uma oração, já que, em sua tradição, essa é a forma de abrir uma conversa importante.

"Muito obrigado", começou o Arcebispo. "Eu sempre preciso de toda ajuda que conseguir.

"Fiquemos em silêncio por um instante. Vem, Espírito Santo. Enche os corações do teu povo fiel e acende neles a chama do teu amor. Derrama o teu espírito, e eles serão renovados e tu renovarás a face da Terra. Amém."

"Amém", respondeu o Dalai Lama.

Então pedi que o Dalai Lama compartilhasse o que ele esperava do tempo que passaríamos juntos. Ele se recostou e esfregou as mãos.

"Estamos agora no século xxi. Estamos aprimorando as inovações do século xx e continuamos aprimorando o nosso mundo material. Embora ainda existam muitos pobres que não têm alimentação adequada, de forma geral o mundo agora está altamente desenvolvido. O problema é que o nosso mundo e a nossa educação continuam focados exclusivamente nos valores externos e materialistas. Não nos preocupamos o suficiente com os nossos valores internos. Aqueles que são criados com esse tipo de educação vivem uma vida materialista, e por fim toda a sociedade se torna materialista. Mas essa cultura não é suficiente para tentar resolver os nossos problemas humanos. O verdadeiro problema está *aqui*", disse o Dalai Lama, apontando para a sua cabeça.

O Arcebispo bateu no próprio peito com os dedos para enfatizar o coração também.

"E *aqui*", ecoou o Dalai Lama. "Mente e coração. Valores materialistas não são capazes de trazer paz de espírito. Então nós realmente precisamos nos concentrar nos nossos valores internos, na nossa verdadeira humanidade. Só assim poderemos ter paz de espírito e mais paz no mundo. Muitos dos problemas que estamos enfrentando são a nossa própria criação, como a violência. Diferentemente de um desastre natural, esses problemas são criados por nós mesmos, os seres humanos.

"Sinto que há uma grande contradição. Existem 7 bilhões de seres humanos, e ninguém quer ter problemas ou sofrimento, mas existem muitos problemas e muito sofrimento, sendo a maioria deles criados por nós mesmos. Por quê?" Ele agora estava se dirigindo diretamente ao Arcebispo, que assentia em concordância. "Está faltando alguma coisa. Como um entre 7 bilhões de seres humanos, eu acredito que todo mundo tem a responsabilidade de desenvolver um mundo mais feliz. Nós precisamos, no final das contas, ter uma maior preocupação para com o bem-estar dos outros. Em outras palavras: gentileza ou compaixão, que é o que está faltando agora. Precisamos prestar mais atenção nos nossos valores internos. Precisamos olhar dentro de nós."

Ele se virou para o Arcebispo e ergueu as mãos, as palmas unidas em um gesto de respeito.

"Agora você, Arcebispo Tutu, meu amigo de longa data." Ele estendeu uma das mãos para o Arcebispo, que a pegou carinhosamente entre as dele. "Acredito que você tem um grande potencial..."

"*Potencial?!*", interrompeu o Arcebispo, fingindo estar ofendido e afastando as mãos.

"Sim, grande potencial. O que eu quero dizer é que você tem um grande potencial para criar uma humanidade mais feliz."

O Arcebispo jogou a cabeça para trás, rindo.

"Ah, sim."

"Quando as pessoas olham para o seu rosto", continuou o Dalai Lama, "você está sempre rindo, sempre em estado de contentamento. Essa é uma mensagem muito positiva."

O Dalai Lama se inclinou e pegou a mão do Arcebispo novamente e a acariciou.

"Às vezes, quando você vê líderes políticos ou espirituais, eles têm expressões sérias no rosto…" O Dalai Lama se empertigou, franzindo as sobrancelhas e parecendo inflexível. "Isso torna as pessoas hesitantes, mas quando elas veem o seu rosto…"

"É o narigão", sugeriu o Arcebispo, e os dois riram.

"Então, eu realmente estou grato por você ter vindo para esta conversa", continuou o Dalai Lama. "Para desenvolvermos nossa mente, precisamos olhar em um nível mais profundo. Todo mundo está em busca da felicidade, do contentamento, mas busca isso em coisas externas: no dinheiro, no poder, em um carro grande ou em uma mansão. A maioria das pessoas nunca percebe que a fonte fundamental para uma vida feliz está no interior, e não no exterior. Até mesmo a fonte para a saúde física está no interior, e não no exterior.

"Então, talvez existam algumas diferenças entre nós. Você em geral enfatiza a fé. Pessoalmente, sou budista e considero a fé muito importante, mas, ao mesmo tempo, a realidade é que, entre 7 bilhões de pessoas que habitam o planeta, mais de 1 bilhão é de ateus. Então, não podemos excluí-los. Um bilhão é um número considerável. Eles também são nossos irmãos e irmãs. Também têm o direito de se tornar seres humanos mais felizes e ser membros benevolentes da família humana. Então, uma pessoa não precisa depender apenas da fé religiosa para educar nossos valores internos."

"É muito difícil seguir seus profundos pronunciamentos", começou o Arcebispo. "Na verdade, achei que você fosse dizer que quando se está em busca da felicidade, você não vai encontrá-la. É algo muito, muito elusivo. Você não a encontra ao dizer que vai esquecer todo o resto e apenas buscar a felicidade. Existe um livro de C. S. Lewis intitulado *Surpreendido pela alegria*, que acredito que expressa como isso funciona.

"Muitas pessoas olham para você e pensam em todas as coisas horríveis que já aconteceram com você. Nada pode ser mais desolador do que ser exilado do seu lar, das coisas que você realmente valoriza. Ainda assim, quando as pessoas vêm até você, elas se deparam com alguém que tem uma serenidade maravilhosa… uma compaixão maravilhosa… uma capacidade para brincar…"

"Essa é a palavra certa", concordou o Dalai Lama. "Eu não gosto de muita formalidade."

"Não me interrompa", retrucou o Arcebispo.

"Ah!" O Dalai Lama riu da repreensão.

"É maravilhoso descobrir que o que queremos não é, na verdade, a felicidade. Não é na verdade sobre o que eu ia falar. Eu ia falar sobre o contentamento. O contentamento inclui a felicidade. O contentamento é uma coisa muito maior. Pense em uma mãe que está prestes a dar à luz. Quase todos nós queremos fugir da dor. E as mães sabem que elas sentirão dor, a grande dor de dar à luz. Mas elas aceitam isso. E, mesmo depois de um trabalho de parto doloroso, assim que o bebê nasce, você não consegue mensurar o contentamento da mãe. É uma das coisas mais inacreditáveis que o contentamento possa vir tão rápido depois do sofrimento.

"Uma mãe pode estar completamente exausta do trabalho e de todas as coisas que a tinham preocupado. Então seu filho adoece. Aquela mãe não se lembra da própria exaustão. Ela consegue se sentar à cabeceira do filho doente durante a noite inteira, e quando o filho melhora você vê o seu contentamento."

O que é essa coisa que chamamos contentamento? E como é possível que ela evoque tantos tipos de sentimento? Como a vivência do contentamento pode passar daquelas lágrimas de contentamento no nascimento de um filho até a gargalhada irreprimível provocada por uma piada, até um sorriso calmo e satisfeito durante a meditação? O contentamento parece cobrir toda essa extensão emocional. Paul Ekman, um famoso pesquisador das emoções e amigo de longa data do Dalai Lama, escreveu que o contentamento está associado a sentimentos tão diversos quanto:

prazer (dos cinco sentidos)
divertimento (de um riso ou uma gargalhada intensa)
satisfação (um tipo mais tranquilo de gratificação)
animação (como reação a uma novidade ou a um desafio)
alívio (seguido de outra emoção, como medo, ansiedade e até mesmo prazer)
admiração (diante de algo surpreendente ou admirável)
êxtase ou enlevação (fazendo com que saiamos de dentro de nós)
exultação (ao ter concluído uma tarefa difícil ou desafiadora)
orgulho radiante (quando nossos filhos recebem alguma honraria especial)
júbilo doentio ou *schadenfreude* (prazer com o sofrimento de outrem)

elevação (de ter testemunhado um ato de bondade, generosidade ou compaixão)
gratidão (a apreciação de um ato altruísta do qual a pessoa é a beneficiária).

No seu livro sobre felicidade, o estudioso budista e cientista Matthieu Ricard acrescentou três outros estados mais exaltados de contentamento:

alegria desinteressada (com a felicidade de outrem, o que os budistas chamam *mudita*)
deleite ou encantamento (um tipo brilhante de alegria)
esplendor espiritual (um contentamento sereno nascido de profundo bem-estar e benevolência.

Esse mapeamento do reino do contentamento demonstra sua complexidade e sua sutileza. O contentamento pode passar do prazer pela boa fortuna dos outros, o que os budistas chamam *mudita*, para o prazer pelo infortúnio dos outros, o que os alemães chamam *schadenfreude*. Claramente, o que o Arcebispo estava descrevendo era mais do que o mero prazer e estava mais próximo do alívio, da admiração e do êxtase do nascimento. O contentamento certamente abarca todas essas experiências humanas, mas o contentamento supremo — um contentamento como forma de ser — que vemos no Arcebispo e no Dalai Lama é provavelmente mais próximo de uma "satisfação resplandecente" ou "esplendor espiritual" decorrente de um profundo bem-estar e benevolência.

Eu sabia que essa topografia complexa do contentamento era o que estávamos ali para descobrir. Uma pesquisa feita pelo Instituto de Neurociência e Psicologia da Universidade de Glasgow sugere que existem apenas quatro emoções fundamentais, três das quais são chamadas emoções negativas: medo, raiva e tristeza. A única positiva é o contentamento ou felicidade. Explorar o contentamento nada mais é do que explorar o que torna a experiência humana gratificante.

"O contentamento é um sentimento que chega e nos surpreende ou é um modo mais confiável de ser?", perguntei. "Para vocês dois, o contentamento parece ser algo muito mais duradouro. A sua prática espiritual não os transformou em pessoas melancólicas e sérias. Ela os transformou em pessoas com mais contentamento.

Então, de que maneira as pessoas podem cultivar esse senso de contentamento como uma forma mais permanente, em vez de apenas um sentimento temporário?"

O Arcebispo e o Dalai Lama trocaram um olhar, e o Arcebispo fez um gesto para o Dalai Lama, que apertou a mão do Arcebispo e começou:

"Sim, é verdade. O contentamento é diferente da felicidade. Quando eu uso a palavra *felicidade*, de certa forma, quero dizer *gratificação*. Às vezes, passamos por uma experiência dolorosa, mas tal experiência, como você disse do nascimento, pode trazer grande gratificação e um estado de contentamento."

"Deixe-me perguntar uma coisa", interrompeu o Arcebispo. "Você está no exílio há mais de cinquenta anos?"

"Cinquenta e seis."

"Cinquenta e seis anos longe de um país que você ama mais do que qualquer outra coisa. Por que você não é taciturno?"

"Taciturno?", perguntou o Dalai Lama, sem entender a palavra.

Enquanto Jinpa se apressava para traduzir a palavra *taciturno* para o tibetano, o Arcebispo esclareceu:

"Triste."

O Dalai Lama pegou a mão do Arcebispo na sua, como se o estivesse confortando enquanto repassava aqueles eventos dolorosos. A história da descoberta de que era a reencarnação do último Dalai Lama aos dois anos de idade fez com que ele fosse tirado de sua casa na zona rural na província de Amdo, no oriente do Tibete, e levado para o Palácio de Potala com seus mil cômodos em Lhasa, capital do país. Lá, ele foi criado em um isolamento opulento como o futuro líder espiritual e político do Tibete e como uma encarnação divina do Bodisatva da Compaixão. Depois da invasão chinesa do Tibete em 1950, o Dalai Lama foi lançado na política. Aos quinze anos, ele se viu como o governante de 6 milhões de pessoas e enfrentando uma guerra completa e desesperadamente desequilibrada. Durante nove anos, tentou negociar com a China comunista para o bem-estar do seu povo, buscando soluções políticas enquanto o país era anexado. Em 1959, durante uma insurreição que poderia resultar em um massacre, o Dalai Lama decidiu, com coração pesado, partir para o exílio.

As chances de conseguir uma fuga bem-sucedida para a Índia eram assustadoramente pequenas, mas, para evitar um confronto e um banho de sangue, ele partiu à noite, vestido como um guarda do palácio. Teve que tirar seus óculos, que fariam com que fosse reconhecido, e a visão embaçada deve ter acentuado a sensação de medo e incerteza à medida que o grupo em fuga se passava por tropas do Exército de Libertação Popular. Eles enfrentaram tempestades de areia e de neve enquanto subiam montanhas com quase 6 mil metros de altitude durante a fuga que levou três semanas.

"Uma das minhas práticas vem de um antigo professor indiano", começou o Dalai Lama a responder a pergunta do Arcebispo. "Ele ensinava que, quando você vivencia alguma situação trágica, deve pensar sobre ela. Se não há como superar a tragédia, então não há por que se preocupar tanto. Então eu pratico isso."

O Dalai Lama se referia ao mestre budista Shantideva, do século VIII, que escreveu: "Se algo pode ser feito sobre a situação, qual a necessidade de se deixar abater? E se nada pode ser feito sobre ela, do que adianta se deixar abater?".

O Arcebispo riu, talvez porque parecia quase inacreditável demais que alguém fosse capaz de parar de se preocupar apenas porque seria algo inútil.

"Sim, mas eu acho que as pessoas sabem disso na sua cabeça." Ele levou ambos os indicadores à testa. "Você sabe que não ajuda em nada se preocupar, mas ainda assim se preocupa."

"Muitos de nós nos tornamos refugiados", tentou explicar o Dalai Lama. "E existem muitas dificuldades no meu próprio país. Quando eu olho apenas para isso", continuou ele, curvando as mãos em um pequeno círculo, "aí eu me preocupo." Ele então abriu as mãos, formando um círculo. "Mas então eu olho para o mundo; existem muitos problemas até mesmo na República Popular da China. Por exemplo, a comunidade do povo muçulmano Hui na China enfrenta muitos problemas e sofrimento. Quando vemos essas coisas, percebemos que não somos apenas nós que sofremos, mas muitos dos nossos irmãos e irmãs humanos também. Então, quando olhamos para o mesmo evento a partir de uma perspectiva mais ampla, reduzimos a preocupação e o nosso próprio sofrimento."

Fiquei surpreso com a simplicidade e a profundidade do que o Dalai Lama estava dizendo. Aquilo estava longe do *"Don't worry, be happy"* (não se preocupe, seja feliz) da conhecida música de Bobby McFerrin. Aquilo não era uma negação da dor e do sofrimento, mas uma mudança na perspectiva — de uma pessoa para as outras, da angústia para a compaixão —, ver que outros também estão sofrendo. O extraordinário sobre o que o Dalai Lama descrevia é que, à medida que reconhecemos o sofrimento dos outros e percebemos que não estamos sozinhos, nossa dor diminui.

Costumamos ouvir sobre a tragédia de outrem, e isso faz com que nos sintamos melhor em relação à nossa própria situação. Isso é bem diferente do que o Dalai Lama estava fazendo. Ele não estava comparando a sua situação com a de outras pessoas, mas unindo a sua situação com a dos outros, amplificando sua identidade e vendo que ele e o povo tibetano não estavam sozinhos no seu sofrimento. Esse reconhecimento de que estamos todos ligados — sejam budistas tibetanos ou os muçulmanos Hui — é o nascimento da empatia e da compaixão.

Eu me perguntava como a capacidade do Dalai Lama de mudar sua perspectiva talvez estivesse relacionada com o ditado "A dor é inevitável, o sofrimento é opcional". Será que realmente era possível vivenciar a dor, seja a dor de um ferimento ou do exílio, sem sofrer? Existe um sutra, ou ensinamento de Buda, chamado *Sallatha Sutta*, que faz uma distinção semelhante entre o nosso "sentimento de dor" e "o sofrimento resultante da nossa resposta" à dor: "Quando tocada pela dor, a pessoa comum e sem instrução fica triste, sente pesar e se lamenta, bate no peito, fica perturbada. Então, ela sente dois tipos de dor: a física e a mental. Como se devesse atirar uma flecha em um homem e, logo depois, devesse atirar outra, para que ele sentisse a dor de duas flechas". Parece que o Dalai Lama sugeria que, ao mudar a nossa perspectiva para uma mais ampla e compassiva, podemos evitar a preocupação e o sofrimento da segunda flecha.

"E ainda tem mais uma coisa", continuou o Dalai Lama. "Existem diferentes aspectos de cada evento. Por exemplo, nós perdemos o nosso próprio país e nos tornamos refugiados, mas essa mesma experiência nos deu novas oportunidades de ver mais coisas. Para mim, pessoalmente, surgiram mais oportunidades de conhecer pessoas diferentes, outros praticantes espirituais, como você, além de cientistas. Essa nova oportunidade chegou porque eu me tornei um refugiado. Se eu tivesse permanecido em Potala, em Lhasa, teria permanecido no que já foi muitas vezes descrito como a gaiola de ouro: o Lama, o santo Dalai Lama." Ele agora estava tão empertigado quanto precisara ficar quando fora enclausurado como o líder espiritual do Reino Proibido.

"Então, pessoalmente, eu prefiro as cinco últimas décadas da vida de refugiado. Ela é mais útil, há mais oportunidades de aprendizagem, de experimentar a vida. Assim, se você olha de um ângulo, você sente: ah, que horrível, que triste. Mas, se olha a partir de outro ângulo para a mesma tragédia, o mesmo evento, você percebe que ela me deu novas oportunidades. Então é maravilhoso. Esse é o principal motivo de eu não ser triste nem taciturno.

Existe um ditado tibetano que diz: 'Onde quer que você tenha um amigo, este é o seu país, e onde quer que você receba amor, este é o seu lar'."

Houve um arfar audível na sala diante do ditado comovente e sua capacidade de confortar, mesmo que não apagasse a dor de meio século no exílio.

"Isso é muito bonito", declarou o Arcebispo.

"Além disso", continuou o Dalai Lama, "quem quer que lhe dê amor é seu pai ou mãe. Então, mesmo que você seja apenas quatro anos mais velho do que eu, eu o considero meu pai. Acho que você jamais poderia ter tido um filho aos quatro anos, portanto você não é meu pai de verdade. Mas eu o considero como um pai."

"O que você disse é maravilhoso", começou o Arcebispo, claramente emocionado com a reação do Dalai Lama ao exílio. "Creio que eu só complementaria dizendo para nossas irmãs e nossos irmãos lá fora: a agonia e a tristeza de muitas formas são coisas que você não pode controlar. Elas acontecem. Suponha que alguém lhe bata. A dor provoca uma agonia em você e uma raiva, e você talvez queira revidar. Entretanto, conforme você cresce espiritualmente, seja como budista ou como cristão ou como seguidor de qualquer outra tradição, você se torna capaz de aceitar qualquer coisa que aconteça com você. Você aceita não como resultado de ser um pecador, por ser merecedor do que aconteceu, mas por ser parte da trama da vida. Isso vai acontecer, quer goste ou não. Haverá frustrações na vida. A questão não é 'como posso escapar?', mas sim 'como posso usar isso como algo positivo?'. Assim como Sua Santidade acabou de descrever. Acredito que nada pode ser mais devastador de muitas formas do que ser expulso do próprio país. E um país não é apenas um país, o que quero dizer é que um país faz parte de você. Você é parte dele de uma forma que é muito difícil de descrever para outras pessoas. Pela lógica, o Dalai Lama deveria ser uma pessoa rabugenta."

O Dalai Lama pediu a Jinpa uma tradução para *rabugento*.

O Arcebispo decidiu ele mesmo explicar:

"É quando você faz essa cara." Ele estava apontando para a expressão estranha do Dalai Lama com lábios apertados como se tivesse mordido um limão. "É bem essa cara mesmo, você parece um verdadeiro rabugento."

O Dalai Lama ainda tentava entender como sua expressão poderia explicar o significado da palavra, e Jinpa ainda tentava traduzi-la.

"E então, quando você sorri, o seu rosto se ilumina. E isso se deve em grande parte pelo modo como você transformou algo que teria sido completamente negativo. Você transformou em bondade. Porque, novamente, você não disse: 'Bem, como eu posso ser feliz?'. Você não disse isso. O que você disse foi: 'Como eu posso ajudar a espalhar a compaixão e o amor?'. E as pessoas de todos os lugares do mundo, até mesmo as que não compreendem o seu inglês, elas vão e enchem estádios para ouvi-lo. Eu não sinto inveja. Eu falo um inglês muito melhor do que o seu, e as pessoas não vêm me ouvir tanto quanto a você. E sabe do que mais? Eu não acho que elas vão para ouvi-lo. Talvez façam um pouco isso. Mas elas vão porque você personifica algo que elas sentem, porque algumas das coisas que você diz, até certo ponto, são óbvias. Ainda assim, não são as palavras. É o espírito por trás delas. É quando você se senta e fala para as pessoas que o sofrimento e a frustração não são determinantes de quem elas são. É que podemos usar essas coisas que parecem tão negativas para obter um efeito positivo.

"E eu espero que possamos demonstrar para os filhos de Deus mundo afora como eles são profundamente amados. Como são profundamente preciosos para Deus. Até mesmo o refugiado desprezado cujo nome ninguém parece saber. Eu costumo olhar para fotos de pessoas fugindo da violência, e existe muita violência. Olhe para as crianças. Eu digo que Deus está chorando, porque não é assim que Deus deseja que vivamos. Mas, veja bem, até mesmo nessas circunstâncias, você tem essas pessoas que vêm de outros lugares do mundo para tentar ajudar, para tornar as coisas melhores. E, no meio das lágrimas, Deus começa a sorrir. E, quando Deus o vê e ouve como você tenta ajudar os Seus filhos, Ele *sorri*." O Arcebispo agora estava radiante, e sussurrou a palavra *sorri* como se fosse o nome sagrado de Deus.

O Arcebispo disse então, ao ver que eu estava me inclinando para a frente:
"Ele quer fazer outra pergunta."

Era extraordinário ver como eles estavam se envolvendo profundamente com o contentamento e o sofrimento, mas, no ritmo que estávamos seguindo, não chegaríamos nem a um décimo das perguntas que precisávamos fazer.

O Dalai Lama deu um tapinha na mão do Arcebispo e respondeu:
"Temos muitos dias, então não tem problema. Se a nossa entrevista tivesse apenas trinta minutos ou uma hora, então teríamos de reduzir as nossas respostas."

"*Você* precisa reduzir as suas respostas", retrucou o Arcebispo. "*Eu* sou conciso."

"Primeiro vamos tomar um chá, e depois eu serei conciso."

Nada de belo surge sem algum sofrimento

"Arcebispo, o senhor estava falando sobre como o Dalai Lama vivencia o grande sofrimento no exílio. Durante o apartheid, o senhor e o seu país também vivenciaram um grande sofrimento. E, até mesmo na sua vida pessoal, o senhor enfrentou um câncer de próstata. Na verdade, está enfrentando novamente agora. Muitas pessoas, quando ficam doentes, não conseguem sentir muito contentamento. O senhor conseguiu manter o seu contentamento diante do sofrimento. Como o senhor consegue?"

"Bem, eu certamente recebi ajuda de outras pessoas. Uma das boas coisas é perceber que você não é uma célula solitária. Você faz parte de uma comunidade maravilhosa. Isso ajuda muito. Como estávamos dizendo, se você está determinado a ter contentamento, não vai acabar tendo contentamento. Vai se ver revirado em si mesmo. É como uma flor. Você se abre e floresce, na verdade, por causa das outras pessoas. E eu acredito que um pouco de sofrimento, talvez até mesmo um sofrimento intenso, seja um ingrediente necessário para a vida, certamente para desenvolver a compaixão.

"Sabe? Quando Nelson Mandela foi para a prisão, ele era jovem e, você quase poderia dizer, sedento de sangue. Ele era o chefe da ala armada do Congresso Nacional Africano, seu partido. Ele passou 27 anos na prisão, e muitos poderiam dizer: 'Vinte e sete anos. Nossa, que desperdício'. E eu acho que as pessoas se surpreendem quando eu digo não, aqueles 27 anos foram necessários. Eles foram necessários para remover as impurezas. O sofrimento da prisão o ajudou a se tornar mais magnânimo, mais disposto a ouvir o outro lado. A descobrir que as pessoas que ele considerava como inimigas eram também seres humanos que tinham medos e expectativas. E que elas tinham sido moldadas pela sociedade delas. Assim, sem os 27 anos, eu acho que não teríamos visto o Nelson Mandela compassivo, magnânimo, tendo a capacidade de se colocar no lugar do outro."

Enquanto o governo racista do apartheid na África do Sul mantinha Nelson Mandela e muitos outros líderes políticos na prisão, o Arcebispo se tornou o embaixador *de facto* da luta contra o apartheid. Protegido pela batina anglicana e pelo Prêmio Nobel da Paz que recebeu em 1984, conseguiu fazer uma campanha para pôr fim à opressão dos negros e outras pessoas de cor na África do Sul. Durante a luta sangrenta, ele enterrou inúmeros homens, mulheres e crianças e pregava incansavelmente a paz e o perdão nos funerais que presidia.

Depois da libertação de Nelson Mandela e sua eleição como o primeiro presidente da África do Sul livre, o Arcebispo foi convidado para criar a famosa Comissão de Verdade e Reconciliação na África do Sul, para tentar encontrar uma forma pacífica de confrontar as atrocidades cometidas durante o apartheid e abrir caminho para um novo futuro sem vingança e retaliação.

O Arcebispo continuou:

"E, de uma maneira meio paradoxal, é a forma como encaramos todas as coisas que parecem ser negativas na nossa vida que determina o tipo de pessoa que nos tornamos. Se considerarmos tudo isso frustrante, vamos sair apertados e comprimidos e apenas zangados e desejando quebrar tudo.

"Quando eu falo de mães e nascimentos, parece ser uma metáfora maravilhosa, na verdade, de que nada bonito no final vem sem uma dose de dor, de frustração, de sofrimento. Essa é a natureza das coisas. É assim que o nosso universo foi criado."

Posteriormente, fiquei maravilhado ao ouvir do pesquisador do pré-natal Pathik Wadhwa que realmente existe um tipo de lei biológica funcionando nessas situações. Estresse e oposição são exatamente as coisas que iniciam o nosso desenvolvimento no útero. Nossas células-tronco não se diferenciam e se transformam em nós se não houver estresse biológico suficiente para encorajá-las a fazer isso. Sem estresse e oposição, a vida complexa como a nossa nunca teria se desenvolvido. Nunca teríamos nos tornado seres.

"Se você deseja ser um bom escritor", concluiu o Arcebispo, "você não se tornará um indo sempre ao cinema e comendo chocolate. Você tem que sentar e escrever, o que pode ser muito frustrante; ainda assim, sem isso, você nunca vai obter um bom resultado."

Havia uma verdade profunda no que o Arcebispo estava dizendo, e ainda assim eu queria repetir para ele o que ele tinha dito ao Dalai Lama. Uma coisa é compreender o valor do sofrimento, e outra completamente diferente é se lembrar de quando você estava zangado ou frustrado ou sentindo dor.

"Arcebispo, leve-nos com o senhor ao hospital ou a uma consulta médica, e eles começam a fazer exames e enfiar agulhas no senhor, e dói e é desconfortável. E o senhor está aguardando, e demora muito tempo. O que o senhor faz dentro de si para não ficar zangado ou reclamar ou mergulhar em um mar de autopiedade? Parece que o senhor está dizendo que uma pessoa pode escolher sentir contentamento mesmo diante da dificuldade. Como o senhor faz isso?"

"Creio que não devemos fazer as pessoas se sentir culpadas quando as coisas são dolorosas. *É* doloroso, e você precisa reconhecer que é doloroso. Mas, na verdade, mesmo no meio daquela dor, você pode reconhecer a gentileza da enfermeira cuidando de você. Pode ver a habilidade do cirurgião que irá operá-lo. Ainda assim, às vezes a dor pode ficar tão intensa que você não tem nem a capacidade de fazer isso.

"A questão é: não se sinta culpado. Nós não temos controle sobre os nossos sentimentos. As emoções são coisas espontâneas que surgem."

Esse foi um ponto sobre o qual o Arcebispo e o Dalai Lama discordariam durante a semana: quanto controle temos sobre as nossas emoções? O Arcebispo diria que muito pouco. O Dalai Lama diria que temos mais do que acreditamos.

"Em algum momento, você se sentirá angustiado", continuou o Arcebispo. "Na tradição cristã, somos orientados a oferecer o nosso sofrimento e uni-lo com a agonia e a dor do nosso Salvador, usando isso para tornar o mundo melhor. Ajuda bastante quando a pessoa não é muito egocêntrica. Ajuda, até certo ponto, olhar para fora de si. E isso pode ajudar a fazer com que a agonia seja suportável. Você não precisa crer em nenhuma fé para ser capaz de dizer: 'Ah, como sou abençoado por ter médicos, por ter enfermeiras qualificadas para cuidar de mim e por poder estar no hospital'. Isso pode ser apenas o começo de se afastar de uma posição egocêntrica que se concentra muito no eu, eu, eu, eu. Você começa a perceber: 'Ei, eu não estou sozinho nisso'. Olhe para todos os outros e talvez encontre alguém que esteja passando por uma dor ainda maior. É como ser colocado em uma fornalha para ser refinado."

O Dalai Lama interveio para afirmar a verdade do que o Arcebispo dizia:

"Um pensamento muito egocêntrico é a fonte do sofrimento. Uma preocupação compassiva pelo bem-estar dos outros é a fonte da felicidade. Eu não tenho tanta experiência com a dor física quanto você. Ainda assim, um dia eu estava em Bodh Gaya, o local onde Buda foi iluminado, para começar uma série de importantes ensinamentos budistas. Bodh Gaya é o local de peregrinação mais sagrado para os budistas.

"Havia cerca de 100 mil pessoas que vieram participar dos ensinamentos, mas de repente eu senti uma forte dor no abdômen. Eles ainda não sabiam que era a minha vesícula, mas fui aconselhado a seguir urgentemente para o hospital. Quando as ondas de dor vinham, eram tão intensas que eu chegava a suar. Tivemos que seguir de carro até o hospital em Patna, a capital do estado de Bihar, que ficava a duas horas de distância. Enquanto seguíamos pela estrada, passamos por muita pobreza. Bihar é um dos estados mais pobres da Índia. Dava para ver pela janela do carro que as crianças não tinham sapatos, e eu sabia que elas não estavam recebendo uma educação adequada. Então, quando já nos aproximávamos de Patna, sob uma barraca, eu vi um idoso deitado no chão. O cabelo estava despenteado, as roupas, sujas, e ele parecia doente. Ele não tinha ninguém que cuidasse dele. Na verdade, parecia que estava morrendo. Durante o restante do caminho até o hospital, fiquei pensando naquele homem e senti o seu sofrimento, e me esqueci completamente da minha própria dor. Simplesmente ao direcionar meu foco para outra pessoa, que é o que a compaixão faz, a minha própria dor ficou bem menos intensa. É assim que a compaixão funciona até mesmo no nível físico.

"Então, como você mencionou corretamente, uma atitude egocêntrica é a fonte do problema. Temos que tomar conta de nós mesmos sem tomar conta de nós mesmos de forma egoísta. Se não cuidarmos de nós mesmos, não sobreviveremos. Precisamos fazer isso. Devemos ter um egoísmo sábio em vez de tolo. O egoísmo tolo significa que você só pensa em si mesmo, que não se importa com os outros, intimida os outros, explora os outros. Na verdade, cuidar dos outros, ajudar os outros, no final das contas, é uma forma de descobrir o próprio contentamento e ter uma vida feliz. Então, é isso que chamo de egoísmo sábio."

"Você é sábio", disse o Arcebispo. "Eu não diria egoísta sábio. Você é sábio."

A prática budista de treinamento da mente, chamada *lojong* em tibetano, é uma parte importante da tradição do Dalai Lama. Uma das mensagens fundamentais do texto *lojong* original do século XII ecoa o que o Dalai Lama e o Arcebispo diziam sobre olhar para fora de si: "Todos os ensinamentos do darma concordam em um ponto — a diminuição do egocentrismo".

O texto esclarece que, quando nos concentramos muito em nós mesmos, estamos destinados à infelicidade: "Considere que, enquanto estiver concentrado demais na sua importância e preso demais no pensamento sobre como você é bom ou ruim, você sofrerá. Ficar obcecado em conseguir o que deseja e evitar aquilo que não deseja resulta na felicidade". O texto inclui a advertência: "Sempre mantenha a mente focada no estado de contentamento".

Então, o que é esse estado de contentamento? Jinpa, que fez a tradução e o comentário do venerado texto, explicou, quando estávamos nos preparando para a viagem, que o contentamento é a nossa natureza essencial, algo que todos podem concretizar. Podemos dizer que o nosso desejo de felicidade é, de certa maneira, uma tentativa de redescobrir o nosso estado de espírito original.

Parece que os budistas acreditam que o contentamento é o estado natural, mas que a capacidade de vivenciar o contentamento pode ser cultivada como uma habilidade. Como estávamos ouvindo, muita coisa depende de onde você deposita sua atenção: no seu próprio sofrimento ou no dos outros, na sua própria separação percebida ou na sua ligação indivisível.

Nossa capacidade de cultivar o contentamento não foi estudada cientificamente de forma tão profunda quanto a nossa capacidade de cultivar a felicidade. Em 1978, os psicólogos Philip Brickman, Dan Coates e Ronnie Janoff-Bulman publicaram um estudo fundamental que descobriu que acertadores da loteria não eram significativamente mais felizes do que pessoas que ficaram paraplégicas em um acidente. A partir desse trabalho e dos subsequentes, surgiu a ideia de que as pessoas possuem um "ponto programado" que determina a felicidade no decorrer da vida. Em outras palavras, nós nos acostumamos a qualquer nova situação e, inevitavelmente, voltamos para o nosso estado geral de felicidade.

Entretanto, uma pesquisa mais recente da psicóloga Sonja Lyubomirsky sugere que talvez apenas 50% da nossa felicidade seja determinada por fatores imutáveis como nossos genes ou nosso temperamento, "ponto programado". A outra metade é determinada por uma combinação das nossas circunstâncias, sobre as quais nós talvez tenhamos controle limitado, e as nossas atitudes e ações, sobre as quais temos grande controle. De acordo com Lyubomirsky, os três fatores que parecem ter a maior influência para aumentar a nossa felicidade são a capacidade de recompor a nossa situação de forma mais positiva, a capacidade de vivenciar a gratidão e a opção de sermos bondosos e generosos. Essas são exatamente as atitudes e as ações que o Dalai Lama e o Arcebispo já tinham mencionado e que retomariam como pilares centrais do contentamento.

Você renunciou ao prazer?

Muitas religiões têm a forte convicção de que não é possível descobrir a felicidade suprema através dos sentidos. Então, enquanto a diversão temporária pode vir através dos nossos sentidos, é inevitavelmente passageira e não uma fonte de gratificação duradoura. Existe um ditado budista que diz que tentar buscar a felicidade através da gratificação sensorial é como tentar matar a sede bebendo água salgada. Mas qual é exatamente a relação entre contentamento e prazer e entre o que o Dalai Lama chama de felicidade no nível físico e a felicidade no nível mental?

"Muitos acreditam que Vossa Santidade, como monge, renunciou ao prazer ou à diversão."

"E ao sexo", acrescentou o Dalai Lama, embora não fosse isso que eu ia dizer.

"*O quê?*", perguntou o Arcebispo.

"*Sexo, sexo*", repetiu o Dalai Lama.

"*Você acabou de dizer isso?*", perguntou o Arcebispo, incrédulo.

"Oh, oh", respondeu o Dalai Lama com uma risada, ao notar a surpresa do Arcebispo, e então estendeu a mão para tranquilizar o amigo, o que fez o Arcebispo rir alegremente.

"Então, fora o sexo", continuei, voltando à entrevista, "o senhor renunciou ao prazer e à diversão? Eu me sentei ao seu lado no almoço, e parecia que o senhor estava realmente apreciando a comida maravilhosa. Para o senhor, qual é o papel de apreciar os prazeres da vida?"

"Eu amo comida. Sem comida, o meu corpo não sobrevive. Você também", disse ele, virando-se para o Arcebispo. "Você não pode apenas pensar: *Deus, Deus, Deus*. Eu não posso apenas pensar sobre *compaixão, compaixão, compaixão*. A compaixão não vai encher o meu estômago. Mas, veja bem, a cada refeição que fazemos, temos que desenvolver a capacidade de consumi-la sem apego."

"Hã?", perguntou o Arcebispo, não conseguindo compreender como o Dalai Lama estava usando o termo budista *apego*, e talvez não compreendendo como alguém conseguiria não se apegar à sua comida.

"Não comer por gula", explicou o Dalai Lama. "Comer apenas para a sobrevivência do corpo. A pessoa deve pensar sobre o valor mais profundo de nutrir o corpo."

Em uma das nossas refeições, o Dalai Lama me mostrou a sua tigela de arroz-doce com iogurte e disse:

"Esta é uma típica comida tibetana para monges. Eu adoro." Ele estava comendo com gosto. Era algo como um alívio profundo saber que a santidade não exigia uma rejeição aos simples prazeres da vida, como boa comida e especialmente doce.

Eu tinha quase certeza de que ele sentira um prazer significativo com aquela sobremesa. Ele claramente estava vivenciando um contentamento através dos sentidos. Eu me perguntava qual seria a fronteira entre o prazer e a gula. Seria esta última uma questão de repetir uma ou duas vezes, constituindo assim uma relação com o tamanho da porção, ou seria uma questão de atitude em relação a cada porção consumida? Jinpa compartilhou comigo uma conhecida oração budista tibetana que costumava ser dita antes de uma refeição: "Ver esta refeição como remédio, eu devo apreciá-la sem gula nem raiva, não por gulodice nem por orgulho, não para me engordar, mas apenas para nutrir o meu corpo". Talvez o Dalai Lama estivesse dizendo que comer para nutrir o corpo não exige a negação da apreciação e da gratificação da experiência.

"Voltemos agora à sua pergunta", disse o Dalai Lama. "Quando falamos em vivenciar a felicidade, precisamos saber que existem, na verdade, dois tipos diferentes de felicidade. O primeiro é a apreciação do prazer através dos nossos sentidos. Aqui, sexo, o exemplo que citei, é uma dessas experiências. Mas também podemos vivenciar a felicidade no nível mais profundo através da nossa mente, como através do amor, da compaixão e da generosidade. O que caracteriza a felicidade nesse nível mais profundo é o senso de realização que a pessoa vivencia. Enquanto o contentamento dos sentidos é breve, o contentamento nesse nível mais profundo é muito mais duradouro. É o verdadeiro contentamento.

"Um crente desenvolve esse nível mais profundo de contentamento pela fé em Deus, que traz força interior, paz interior. Para os ateus ou para os não teístas, como eu, é necessário desenvolver esse nível mais profundo de contentamento pelo treinamento da mente. Esse tipo de contentamento ou felicidade vem de dentro. Então os prazeres dos sentidos se tornam menos importantes.

"Ao longo dos últimos anos, discuti com cientistas sobre essa distinção entre o nível sensorial de prazer e dor e o nível mais profundo de felicidade mental e sofrimento. Agora, se olharmos para a vida materialista atual, as pessoas parecem essencialmente preocupadas com as experiências sensoriais. Então é por isso que a sua satisfação é muito limitada e breve, já que suas experiências de felicidade são tão dependentes de estímulos externos. Por exemplo, enquanto a música está tocando, elas se sentem felizes." Ele inclinou a cabeça para o lado com um sorriso, como se apreciasse a música. Depois continuou: "Quando algo bom está acontecendo, as pessoas estão felizes. Boa comida, elas estão felizes. Quando essas coisas param, então elas se sentem entediadas, inquietas e infelizes. É claro que isso não é nenhuma novidade. Até mesmo no tempo do Buda, as pessoas cairiam na armadilha de acreditar que a experiência sensorial lhes traria felicidade.

"Então, quando o contentamento chega ao nível da mente e não apenas dos sentidos, é possível manter um senso profundo de gratificação por um período muito mais longo. Até mesmo 24 horas.

"Por isso eu sempre digo para as pessoas: 'Vocês precisam prestar mais atenção no nível mental de contentamento e felicidade. Não apenas no prazer físico, mas na gratificação no nível mental'. Esse é o verdadeiro estado de contentamento. Quando você está no estado de contentamento e felicidade no nível mental, a dor física não importa tanto. Mas, se não há contentamento nem felicidade no nível mental, muita preocupação, muito medo, então nem mesmo consolo e prazeres físicos aliviarão o seu desconforto mental."

"Muitos dos nossos leitores", disse eu, "entenderão o que é o prazer físico ou a dimensão física do contentamento e da felicidade. Eles sabem como se sentem diante de uma boa refeição ou uma boa música. Mas o que é essa felicidade mental, o prazer mental sobre o qual Vossa Santidade vem falando nas últimas 24 horas?"

"Um senso genuíno de amor e afeição", respondeu o Dalai Lama.

"Vossa Santidade acorda com esse contentamento?", perguntei. "Mesmo antes do café?"

"Se você desenvolve um forte senso de preocupação pelo bem-estar de todos os seres sencientes e, em particular, todos os seres humanos, isso fará você feliz de manhã, mesmo *antes* do café.

"Esse é o valor da compaixão, de ter sentimentos compassivos para com os outros. Veja bem, até mesmo com dez ou trinta minutos de meditação sobre compaixão e bondade para com os outros, você logo vai perceber seus efeitos durante todo o dia. Essa é a forma como mantemos uma mente calma e em estado de contentamento.

"Todo mundo já teve a experiência de estar de bom humor e, depois, se deparar com algum problema e se sentir bem. Quando o seu humor está muito ruim, até mesmo quando o seu melhor amigo chega, você ainda se sente infeliz."

"Você se sentiu assim quando eu cheguei?", gracejou o Arcebispo.

"Foi exatamente por isso que eu fui até o aeroporto recebê-lo. Para poder me sentir mais infeliz… E causar problemas para você!"

A ciência tem um termo para se referir à natureza insatisfatória de buscar o prazer sozinho: *adaptação hedônica*, nome em homenagem à escola grega de pensamento que acreditava que o prazer era o bem maior. No decorrer da história, o hedonismo teve seus defensores, desde o nascimento da cultura escrita. No conto de Gilgamesh, Siduri, a divindade feminina da fermentação (ou seja, do álcool), adverte: "Encham a barriga. Dia e noite, embriaguem-se. Que os dias sejam cheios de contentamento. Dancem e toquem música, dia e noite… Apenas essas coisas interessam aos homens". Até mesmo na cultura profundamente espiritualizada da Índia antiga, a fonte de muitas das tradições tibetanas do Dalai Lama, havia uma escola hedonista conhecida como Charvaka. De muitas formas, o hedonismo é a filosofia inicial da maioria das pessoas e, certamente, se tornou a visão dominante do consumidor da cultura "compre até morrer".

Ainda assim, cientistas descobriram que, quanto mais vivenciamos qualquer prazer, mais nos tornamos dormentes aos seus efeitos e deixamos de senti-lo. A primeira tigela de sorvete é sublime, a segunda é gostosa e a terceira provoca indigestão. É como uma droga que precisa ser tomada em doses cada vez maiores para provocar o mesmo efeito. Mas parece haver uma coisa na literatura que muda o nosso senso de bem-estar de forma poderosa e duradoura. É o que o Dalai Lama e o Arcebispo discutiram durante o primeiro dia: nossas relações e, especificamente, a nossa expressão de amor e generosidade para com os outros na nossa vida.

Richard Davidson, o neurocientista com quem almocei em San Francisco, uniu a pesquisa de neuroimagiologia em uma teoria unificada do cérebro feliz. Fiquei tão fascinado pelo que ele dizia que mal prestei atenção nos meus rolinhos primavera, e eles são deliciosos, pelo menos no nível físico.

Existem quatro circuitos cerebrais independentes que influenciam o nosso bem-estar duradouro, me explicou Davidson. O primeiro é a "nossa capacidade de manter os estados positivos". Faz sentido que a capacidade de manter estados positivos ou emoções positivas impacte diretamente a capacidade de alguém vivenciar a felicidade. Esses dois grandes líderes espirituais estavam dizendo que o jeito mais rápido de chegar a esse estado é começar com amor e compaixão.

O segundo circuito é responsável pela "nossa capacidade de nos recuperar de estados negativos". O mais fascinante para mim foi o fato de esses circuitos serem totalmente independentes. Uma pessoa pode ser boa em manter estados positivos, mas pode facilmente cair no abismo de um estado negativo do qual teve dificuldades para se recuperar. Isso explicava muita coisa na minha vida.

O terceiro circuito, também independente mas essencial para os outros, é a "nossa capacidade de concentração e de evitar a divagação". É claro que esse é o circuito que é desenvolvido pela meditação. Seja concentrando-se na respiração ou em um mantra ou na meditação analítica que o Dalai Lama pratica todas as manhãs, essa capacidade de concentrar a atenção é fundamental.

O quarto e último circuito é a "nossa capacidade de ser generoso". Isso me surpreendeu. Termos um circuito cerebral completo, um entre quatro, devotado à generosidade. Não é de estranhar que o nosso cérebro se sinta tão bem quando ajudamos os outros ou recebemos ajuda de outros, ou até mesmo testemunhamos alguém recebendo ajuda, o que Ekman descreveu como elevação, que é uma dimensão do contentamento. Existem pesquisas convincentes de que somos equipados para cooperação, compaixão e generosidade.

John Bargh, um dos principais especialistas mundiais na ciência do inconsciente, descreve isso como um dos três objetivos inatos (e geralmente inconscientes): sobreviver, reproduzir-se e cooperar. Em experimentos laboratoriais nos quais mostravam para crianças de dezoito meses bonecas uma olhando para a outra, elas foram mais cooperativas do que as que viram bonecas de costas uma para a outra. Essa reação inconsciente, que pode ser ativada ou desativada, argumenta Bargh, é um exemplo interessante de que a cooperação é um impulso evolutivo profundo que existe desde o início do nosso desenvolvimento.

Talvez ainda mais sério é que isso faz com que sejamos programados para ser gentis com aqueles que parecem ser cuidadores, aqueles que, supostamente, vão nos manter em segurança. Somos mais cautelosos em relação às pessoas que parecem ser diferentes: essas são as raízes inconscientes do preconceito. A nossa empatia parece não se estender para aqueles que estão fora do nosso "grupo", o que talvez explique o fato de o Arcebispo e o Dalai Lama constantemente nos lembrarem de que somos, na verdade, um grupo — a humanidade. Entretanto, a capacidade e o desejo de cooperar e ser generosos com os outros estão nos nossos circuitos neurais e podem ser controlados no nível pessoal, social e global.

O nosso maior contentamento

Dirigi a pergunta seguinte ao Arcebispo.

"O contentamento sobre o qual o senhor está falando não é apenas um sentimento. Não é algo que simplesmente vem e vai. É algo muito mais profundo. E parece que o senhor está dizendo que o contentamento é uma forma de compreender o mundo. Muitas pessoas esperam pela felicidade ou pelo contentamento. Quando conseguirem um emprego, quando se apaixonarem, quando enriquecerem, então serão felizes, então terão contentamento. O senhor está falando sobre algo que está disponível agora, sem precisar esperar nada."

O Arcebispo pensou na sua resposta com cuidado.

"O que simplesmente quero dizer é que no fim das contas o nosso maior contentamento é quando buscamos fazer o bem para os outros." Será que aquilo realmente era direto? Nós apenas precisamos estimular e satisfazer o nosso circuito cerebral dedicado à generosidade? "É como somos feitos. O que estou dizendo é que somos programados para ser compassivos."

Literalmente programados, pensei, com base na pesquisa de Davidson.

"Somos programados para nos importar com o próximo e ser generosos uns com os outros. Nós murchamos quando não podemos interagir. O que quero dizer é que essa é parte da razão por que o confinamento na solitária é um castigo tão terrível. Dependemos uns dos outros para podermos ser completamente quem somos. Eu não sabia que chegaríamos tão rapidamente ao conceito que temos no meu país, o conceito do *Ubuntu*, que diz: uma pessoa só é uma pessoa através dos outros.

"A filosofia Ubuntu diz que, quando tenho um pedacinho de pão, é benéfico para mim que eu o compartilhe com você. Porque, no final das contas, nenhum de nós veio ao mundo sozinho. Precisamos de duas pessoas para nos trazer ao mundo. E a Bíblia que judeus e cristãos compartilham conta uma bonita história. Deus diz: 'Não é bom que Adão fique sozinho'. Bem, você poderia retrucar: 'Não, sinto muito, ele não está sozinho. Estou vendo árvores e animais e pássaros. Como o Senhor pode dizer que ele está sozinho?'.

"E você percebe que, em um senso muito verdadeiro, nós fomos feitos para uma profunda complementaridade. É a natureza das coisas. Você não precisa crer em nada. O que quero dizer é que eu não poderia estar falando sem ter aprendido isso com outros seres humanos. Eu não poderia nadar como um ser humano. Eu não poderia pensar como um ser humano, a não ser por meio do aprendizado com outros seres humanos. Eu aprendi a ser humano com outros seres humanos. Nós pertencemos a essa rede delicada. Isso, na verdade, é muito profundo.

"Infelizmente, no nosso mundo, nós tendemos a ser cegos para essa relação até passarmos por uma grande desgraça. Nós descobrimos que nos preocupamos com pessoas em Tombuctu que não conhecemos e que, provavelmente, nunca conheceremos deste lado da morte. Ainda assim, nós choramos por eles. Fazemos doações para ajudá-los porque percebemos que estamos unidos. Estamos unidos e só podemos ser humanos juntos."

Fiquei profundamente emocionado com as palavras do Arcebispo, mas ainda assim eu conseguia imaginar o ceticismo que alguns leitores teriam, o qual eu já tinha tido. A maioria das pessoas não sai por aí pensando em como pode ajudar os outros. Gostemos ou não, a maioria das pessoas acorda de manhã se perguntando como vai conseguir trabalhar, ganhar o suficiente para pagar as contas e cuidar da família e de outras responsabilidades. "Os bonzinhos ficam para trás" é uma frase que demonstra a nossa profunda ambivalência em relação à bondade e à compaixão no Ocidente. Sucesso na nossa sociedade é medido por dinheiro, poder, fama e influência.

Esses homens tinham tudo isso, a não ser o primeiro, mas nenhum deles passaria fome. Para líderes espirituais, ignorar o dinheiro não era problema, mas e quanto àqueles que viviam e morriam no poderoso mercado de trabalho? A maioria das pessoas não almeja a grandeza ou a iluminação espiritual, mas sim pagar a escola dos filhos e viver até a aposentadoria sem ficar sem dinheiro. Eu ri ao me lembrar de uma visita que fiz à casa de alguns amigos que viviam perto de Las Vegas. Era uma casa bonita, na verdade mais parecia uma propriedade persa, com várias construções e chafarizes e canais de água. Lembrava as grandes estruturas da civilização islâmica. Eu tinha ido até lá para uma discussão sobre o legado do Arcebispo, e quando ele chegou e se deparou com a beleza e a grandiosidade do lugar, sorriu e disse atrevidamente: "Eu estava errado — eu quero ser rico".

"Como você acabou de mencionar", acrescentou o Dalai Lama, animando-se, "as pessoas pensam em dinheiro, fama ou poder. Do ponto de vista da felicidade pessoal de alguém, essas coisas são limitadas. A realidade, como o Arcebispo disse, é que os seres humanos são animais sociais. Um indivíduo, não importa quão poderoso ou quão inteligente seja, não conseguirá viver sem outros seres humanos. Então a melhor maneira de realizar os seus desejos, atingir os seus objetivos, é ajudando os outros, fazendo mais amigos. E como fazemos mais amigos?"

Era uma pergunta retórica, à qual ele mesmo respondeu:

"Confiança. E como desenvolvemos a confiança? É simples: basta demonstrar um sincero sentimento de preocupação pelo bem-estar do outro. Com isso, a confiança chega. Mas, se por trás de um sorriso artificial ou um grande banquete houver uma atitude profundamente egocêntrica dentro de você, então nunca haverá confiança. Se você estiver pensando em como explorar, como tirar vantagem deles, então nunca conseguirá despertar a confiança nos outros. Sem confiança, não há amizade. Nós, seres humanos, somos animais sociais, como já dissemos, e precisamos de amigos. Amigos sinceros. Amigos por dinheiro, amigos por poder, esses são amigos artificiais."

O Arcebispo interveio:

"Este Deus é comunidade, é congregação. Esse Deus nos criou para florescermos. E só conseguimos isso em comunidade. Quando nos tornamos egocêntricos, olhando apenas para nós mesmos, é certo que um dia encontraremos uma profunda, profunda, *profunda* frustração."

* * *

Somos deixados com um paradoxo. Se um dos segredos fundamentais do contentamento é superar o nosso próprio egocentrismo, então não seria um egoísmo tolo (como diria o Dalai Lama) e não estaríamos fadados ao fracasso quando nos concentramos no nosso próprio contentamento e na nossa própria felicidade? O Arcebispo já disse que não podemos buscar o contentamento e a felicidade por si sós, então não seria um erro se concentrar nisso?

A pesquisa sugere que cultivar o próprio contentamento e a própria felicidade não beneficia apenas você, mas também às outras pessoas na sua vida. Quando somos capazes de ir além da nossa própria dor e sofrimento, estamos mais disponíveis para os outros; a dor faz com que nos concentremos extremamente em nós mesmos. Seja a dor física ou a dor mental, parece que ela consome toda a nossa concentração e nos deixa muito pouca atenção para os outros. Em seu livro com o Dalai Lama, o psiquiatra Howard Cutler resume essas descobertas: "Na verdade, diversos estudos mostram que são as pessoas *infelizes* que tendem a ser mais egocêntricas e são socialmente retraídas, ressentidas e até mesmo hostis. Por outro lado, as pessoas felizes são em geral mais sociáveis, flexíveis e criativas e conseguem tolerar as frustrações diárias da vida com mais facilidade do que as pessoas infelizes. E o mais importante: elas são mais amorosas e clementes do que as pessoas infelizes".

Ainda assim, algumas pessoas podem se perguntar o que o nosso próprio contentamento tem a ver com lidar com o sofrimento do mundo? De forma resumida, quanto mais curamos a nossa própria dor, mais podemos nos voltar para a dor dos outros. Mas, de modo surpreendente, o que o Arcebispo e o Dalai Lama estavam dizendo é que a maneira como curamos a nossa própria dor é, na verdade, voltando-nos para a dor dos outros. É um ciclo virtuoso. Quanto mais nos voltarmos para os outros, mais contentamento vivenciaremos e mais contentamento poderemos trazer para os outros. O objetivo não é apenas criarmos contentamento para nós mesmos, mas, como o Arcebispo disse de forma tão poética, "sermos uma reserva de contentamento, um oásis de paz, um lago de serenidade que pode envolver todos aqueles que estão à sua volta". Como veremos, o contentamento é na verdade contagiante. Assim como o amor, a compaixão e a generosidade.

Então, ter mais contentamento não é apenas se divertir. Estamos falando sobre um estado de espírito mais empático, mais "empoderado" e até mesmo mais espiritualizado que esteja totalmente comprometido com o mundo. Quando o Arcebispo e eu estávamos trabalhando na criação de um curso para embaixadores da paz e ativistas que vão para regiões de conflito, ele explicou como a paz é algo que deve vir de dentro. Não é possível trazer paz se não tivermos paz interior. De forma semelhante, não podemos esperar tornar o mundo melhor e mais feliz se também não desejarmos isso na nossa própria vida. Eu estava ansioso para ouvir como devemos lidar com os inevitáveis obstáculos ao contentamento, mas sabia que isso teria de esperar para o dia seguinte. Tínhamos tempo apenas para mais uma breve pergunta antes do almoço.

Perguntei ao Dalai Lama como era acordar com contentamento, e ele compartilhou sua experiência:

"Acredito que se você for crente religioso fervoroso, assim que acorda, você agradece a Deus por mais um dia. E você tenta agir de acordo com a vontade de Deus. Para um não teísta e budista, como eu, assim que acordo, eu me lembro do ensinamento do Buda: a importância da bondade e da compaixão, desejando algo de bom para os outros ou, pelo menos, a diminuição do seu sofrimento. Então eu me lembro de que tudo está inter-relacionado, o ensinamento da interdependência. Dessa forma, eu defino a minha intenção para o dia: que este dia deve ser significativo. Significativo quer dizer, se possível, servir e ajudar os outros. Se não for possível, então, pelo menos, não prejudicar os outros. Isso é um dia significativo."

*Almoço: o encontro de duas pessoas
brincalhonas é maravilhoso*

A sala de audiência do Dalai Lama foi transformada em uma sala de jantar. Na extremidade no final da sala, havia um Buda ornado dourado em uma caixa de madeira colorida. Pendurados nas paredes, havia *thangkas*, rolos de seda pintados alegremente com imagens do Buda e outras imagens budistas. Tradicionalmente, ficavam pendurados nas paredes dos mosteiros durante breves períodos para inspirar a prática da meditação. Eram usados para encorajar os praticantes ao longo do caminho da iluminação.

As janelas eram cobertas com cortinas de renda branca, e na mesa do almoço havia cestos de pão tibetano e caixas de suco. Tudo era simples, quase como se fosse um piquenique, e a refeição era de pratos típicos tibetanos preparados na cozinha do Dalai Lama: macarrão com verduras e legumes e *momos*, os famosos bolinhos tibetanos cozidos no vapor.

O Dalai Lama e o Arcebispo Tutu se sentaram um de frente para o outro. Enquanto eu me acomodava ao lado do Dalai Lama, sentia na sua postura e na sua linguagem corporal o poder de um líder. Eu me lembrava da firmeza e do carinho com que segurara a minha mão na primeira vez que nos vimos. Sua bondade não diminuía em nada o seu poder, um lembrete valioso de que a compaixão é uma característica de força, não de fraqueza, um ponto no qual eles insistiriam no decorrer das nossas conversas.

Quando o Dalai Lama o cumprimenta, ele pega a sua mão e a acaricia carinhosamente, como um avô talvez. Ele olha nos seus olhos e sente profundamente o que você está sentindo, e toca a sua testa com a dele. Seja qual for o sentimento no seu coração e refletido na expressão do seu rosto, seja euforia ou aflição, ela espelha a expressão no próprio rosto. Mas, quando ele se encontra com outra pessoa, essas emoções se foram e ele está completamente disponível para o próximo encontro e para o próximo momento. Talvez seja isso que chamam de estar totalmente no presente, disponível a cada instante e para cada pessoa com quem nos encontramos, livres de lembranças do passado que remoemos, nem atraídos pelas preocupações com o futuro.

O almoço começou com todos voltando ao assunto dos aniversários, o envelhecimento e a mortalidade.

"Fui me consultar com um médico alemão especialista em joelhos", contou-nos o Dalai Lama. "Ele descobriu que a minha condição física é muito boa. E me disse que os meus joelhos eram o problema. Disse que eu não tenho mais dezoito anos, mas sim oitenta, então não tem muito a ser feito. Eu realmente senti que aquele foi um grande ensinamento. É muito importante pensar sobre a impermanência. Ele me lembrou que eu tenho oitenta anos de idade. Isso é maravilhoso. Mas, meu amigo, você é ainda mais velho que eu."

"Você está se gabando?", perguntou o Arcebispo.

"Isto foi feito na minha cozinha", declarou o Dalai Lama enquanto oferecia um pedaço de pão ao convidado de honra.

"Você coloca os dedos no pão e acha que eu devo comê-lo?", respondeu o Arcebispo. "Eu gosto mais deste aqui", afirmou o Arcebispo Tutu, preferindo o pão branco em vez do integral e lançando um olhar para o médico americano com um sorriso.

"Os jornalistas no aeroporto disseram: 'Vossa Santidade deve estar muito feliz em receber a visita do Arcebispo Tutu'", disse o Dalai Lama. "Eu respondi: 'Sim, é verdade, estou muito feliz. Estou recebendo a visita de um dos meus grandes amigos. Primeiro, no nível humano, ele é um ser humano muito bom. Segundo, ele é um líder religioso, um praticante sério, que respeita diferentes tradições religiosas. E, terceiro e mais importante, ele é um amigo muito, muito próximo mesmo'."

"Você só está me bajulando."

"Depois eu disse a eles que você costuma me descrever como uma pessoa brincalhona, daí eu disse que eu também considero você um brincalhão. O encontro de duas pessoas brincalhonas é maravilhoso. Então, um reencontro muito feliz." Os dois riram.

O Arcebispo fez o sinal da cruz e orou antes de comer o pão.

"Está tudo bem? A temperatura está agradável?", quis saber o Dalai Lama. Não importava que ele fosse um grande líder espiritual e o ex-líder político da nação tibetana e a reencarnação do Bodisatva da Compaixão para os devotos; naquele momento, ele era o anfitrião e estava preocupado se seus convidados estavam felizes com a refeição.

"Muito obrigado", agradeceu o Arcebispo. "Obrigado pelas boas-vindas e obrigado pelo almoço e obrigado por colocar todas essas pessoas na estrada para nos dar as boas-vindas." Ele riu. "A sopa está deliciosa."

Eu nunca vi o Arcebispo Tutu perder uma oportunidade para agradecer a alguém ou apreciar algo que lhe deram. Ele costumava parar uma produção inteira ou um evento para agradecer a cada um dos presentes.

"Esta sopa *é* linda", disse o Arcebispo, afastando os monges que tentavam lhe servir mais comida. Todo mundo já estava quase terminando sua refeição, e ele ainda tomava a sopa. "Está ótima. Por favor, isso é tudo que vou comer. Depois eu como a sobremesa. Na verdade, a salada de frutas." Depois, percebendo que havia também sorvete, ele riu. "Tudo bem, talvez um pouco de sorvete também." Ele meneava a cabeça, balanceando sua saúde e o seu gosto por doces.

O Arcebispo adora sorvete, principalmente de passas ao rum, e quando Rachel e eu o recebemos sua equipe nos informou gentilmente sobre suas preferências alimentares: frango em vez de peixe, rum e Coca-Cola — da qual ele desistiu por questões incômodas de saúde — e sorvete de passas ao rum. Este não é um sabor fácil de encontrar fora de época, mas finalmente encontramos um pote no fundo de um freezer em um supermercado. Então ele comeu três colheradas que muito apreciou, e nós comemos o restante do pote durante meses.

As conversas seguiram para outros assuntos relacionados à união de duas tradições religiosas, ao grande desafio do conflito religioso e à necessidade de tolerância. O Dalai Lama começou dizendo que não é possível para todos ser um cristão ou um budista.

"Não existe outra opção para seguidores das religiões do mundo a não ser aceitar a realidade das outras crenças. Temos de viver juntos. E, para vivermos felizes, precisamos respeitar as tradições uns dos outros. Eu realmente admiro as outras tradições."

"Kofi Annan, quando estava no seu último ano, organizou uma comissão", acrescentou o Arcebispo. "Eles a chamaram Painel de Alto Nível, um título um tanto pomposo. Os membros vinham de todas as tradições, e apesar da diversidade produzimos um relatório unânime. Concluímos: 'Não há nada errado com as crenças. O problema é o crente'."

"Isso é verdade. Isso é verdade", concordou o Dalai Lama.

Perguntei o que devemos fazer em relação à explosão de intolerância e fanatismo em todo o mundo.

"Educação e um contato mais amplo são realmente as únicas soluções", respondeu o Dalai Lama. "Eu fiz peregrinações a locais sagrados em todo o mundo. Fui a lugares como Fátima, em Portugal, ao Muro das Lamentações e à Cúpula da Rocha, em Jerusalém. Certa vez, eu estava em Barcelona, na Espanha, e conheci um monge cristão que passou cinco anos nas montanhas vivendo como um ermitão, com pouquíssimas refeições quentes. Perguntei a ele no que consistia sua prática, e ele respondeu que era a prática do amor. Quando respondeu, havia algo muito especial em seus olhos. Este, na verdade, é o centro de todas as religiões do mundo: amor. Eu não pensei com os meus botões quando me encontrei com aquele sacerdote: 'Infelizmente ele não é budista' ou 'Que pena que ele é cristão'."

"Eu costumo dizer para as pessoas: 'Vocês realmente acreditam que...'", começou o Arcebispo. Mas o Dalai Lama tinha se virado para um dos monges que estava servindo a comida. O Arcebispo fingiu se zangar com ele: "Você está ouvindo?".

O Dalai Lama, que não tinha ouvido o comentário do Arcebispo, continuou: "Então, isso realmente mostra..."

O Arcebispo continuou fingindo que estava ofendido.

"Viu? Ele não está ouvindo."

"A não ser que você use uma vara, eu não vou ouvir", respondeu o Dalai Lama, rindo.

"Mas achei que você fosse contra a violência!"

"Agora, por favor, fale mais. Eu devo me concentrar na comida. Essa é a minha última refeição do dia." Na tradição monástica do budismo, o Dalai Lama só faz duas refeições por dia, o desjejum e o almoço.

"Tudo bem. Como eu estava dizendo, você realmente acredita que quando... E eu não estou dizendo *se*; mas sim *quando* o Dalai Lama chegar ao céu, Deus vai dizer: 'Oh, Dalai Lama, você foi maravilhoso. Que pena que você não é cristão. Você terá de ir para um lugar mais quente'. Todo mundo percebe quanto isso é completamente ridículo." O Arcebispo fez uma pausa e, em um momento muito íntimo de amizade, disse: "Eu acho que uma das melhores coisas que já aconteceram comigo foi ter conhecido você."

O Dalai Lama sorriu e começou a contar outra história.

"Eu achei que você fosse tentar comer!", interrompeu o Arcebispo.

O Dalai Lama deu uma gargalhada e voltou a atenção para a sobremesa.

"Sim, mas você tem sido uma maravilhosa influência no mundo", continuou o Arcebispo. "Existem muitas, muitas pessoas a quem você ajudou a se tornar pessoas boas, e pessoas de diferentes religiões, diferentes crenças. Elas conseguem ver, elas conseguem sentir... porque eu não acho que seja o que você diga, embora, sim, o que você diz é bom... meio aceitável. Os cientistas também acham que você é inteligente, mas na verdade é quem você é. Eu acho que, para todos os lugares que você vai, as pessoas estão cientes de que você é autêntico. Você não está fingindo. Você vive de acordo com o que ensina, e você já ajudou muitas e muitas pessoas a recuperar a crença na própria fé, uma crença na bondade. Você é popular não apenas entre as pessoas mais velhas, mas também entre os jovens. Eu já disse que você e o Nelson Mandela são as únicas pessoas em quem eu consigo pensar que não são astros populares mas que conseguem encher o Central Park, como já fizeram. O que quero dizer é que, quando as pessoas ficam sabendo que você vai falar, elas vêm aos montes. Então a questão que dizemos sobre o mundo ser secular e tudo o mais é só parcialmente verdade."

O Dalai Lama fez um gesto com as mãos, pondo de lado a sua posição hierárquica e o fato de ser considerado especial.

"Pessoalmente, eu sempre me considerei um entre 7 bilhões de seres humanos. Nada especial. Portanto, nesse nível, eu tento tornar as pessoas cientes de que a fonte suprema da felicidade está simplesmente em um corpo saudável e um coração afetuoso."

Enquanto ele falava, eu me perguntava: por que é tão difícil para nós acreditar ou agir de acordo com as nossas crenças? Deveria ser óbvio que somos todos iguais, mas em geral nos sentimos separados. Há tanto isolamento e alienação. Certamente eu cresci me sentindo assim na cidade de Nova York, que na época era o lugar mais povoado do mundo.

"Todo mundo deseja uma vida feliz. E a nossa vida feliz individual depende de uma humanidade feliz. Então devemos pensar sobre a humanidade, descobrir um senso de unidade de todos os 7 bilhões de seres humanos.

"Chá ou café?", perguntou o Dalai Lama, novamente mudando o papel de líder espiritual para o de anfitrião.

"Eu gostaria de suco, obrigado", respondeu o Arcebispo. "Você foi criado com um status muito especial no Tibete. Você deve ter chegado a esse reconhecimento de unidade com o tempo."

"Sim, eu cresci na minha sabedoria a partir do estudo e da experiência. Quando eu fui a Pequim, agora Beijing, pela primeira vez para me encontrar com os líderes chineses, e também em 1956, quando eu vim à Índia para me encontrar com alguns líderes indianos, havia tanta formalidade que eu ficava nervoso. Agora, quando vou me encontrar com as pessoas, eu o faço em um nível de pessoa para pessoa, a formalidade não é necessária. Eu realmente odeio a formalidade. Quando entramos em um hospital, não há formalidade. Então a formalidade é algo artificial. Ela só serve para criar barreiras adicionais. Independentemente das nossas crenças, somos todos seres humanos iguais. Todos queremos uma vida feliz."

Eu não consegui deixar de me perguntar se o fato de o Dalai Lama detestar tanto a formalidade tinha a ver com ter passado a infância em uma gaiola de ouro.

"Foi apenas quando foi para o exílio que a formalidade acabou?", perguntei.

"Exatamente. Às vezes eu digo que, desde que me tornei um refugiado, fui liberado da prisão da formalidade. Com isso, fiquei muito mais próximo da realidade. Assim é muito melhor. Eu costumo implicar com meus amigos japoneses que há muita formalidade na etiqueta cultural deles. Às vezes, quando discutimos algum assunto, eles sempre reagem assim." O Dalai Lama começou a assentir fortemente com a cabeça. "Não tem como saber se eles estão de acordo comigo ou não. O pior são os almoços formais. Eu sempre implico com eles que a refeição parece de mentira, e não com comida de verdade. Tudo é muito bonito, mas as porções são pequenas demais! Formalidade demais, então você acaba com porções muito pequenas, que talvez satisfizessem um passarinho." Ele estava terminando a sobremesa.

"Talvez todos queiram ser felizes", ofereci. "Mas o desafio é que muitas pessoas não sabem de que forma. Vossa Santidade falava sobre a importância de ser afetuoso, mas muitas pessoas são tímidas ou têm dificuldade de se abrir para outras pessoas. Elas têm medo. Temem a rejeição. Vossa Santidade falou que, quando nos aproximamos de alguém com confiança, isso inspira confiança nessa pessoa também."

"Isso mesmo. A amizade genuína se baseia na confiança", esclareceu o Dalai Lama. "Se você realmente se preocupa com o bem-estar dos outros, então a confiança chegará. Essa é a base da amizade. Somos animais sociais. Precisamos de amigos. Acredito que, do momento em que nascemos até a nossa morte, os amigos são muito importantes.

"Cientistas descobriram que precisamos de amor para sobreviver. Nossas mães demonstram amor e afeto extraordinários quando nascemos. Muitos cientistas dizem que depois do nascimento, durante algumas semanas, o toque físico da mãe é o fator-chave para o desenvolvimento adequado do cérebro. Depois do nascimento, se a criança ficar isolada, sem o toque físico da mãe, isso é muito prejudicial. Isso não tem nada a ver com religião. É biologia. Nós precisamos de amor."

O Dalai Lama ouviu falar dessa pesquisa pela primeira vez na década de 1980, conversando com o biólogo Robert Livingston, que mais tarde se tornaria seu "tutor" de biologia. A neurologista e neurocientista Tallie Baram conduziu um dos estudos mais recentes nesse importante campo do conhecimento. Ela descobriu que o carinho da mãe é o gatilho da atividade que aprimora a cognição e a resiliência ao estresse no cérebro em desenvolvimento do bebê. O toque da mãe poderia literalmente evitar a liberação de hormônios do estresse que, como já foi demonstrado, levam à desintegração de dendritos, estruturas ramificadas dos neurônios que são importantes no envio e recebimento de mensagens e na codificação da memória.

"A minha mãe tinha uma irmã gêmea", disse eu. "E ela nasceu prematura, com apenas um quilo e cem gramas, e teve de permanecer em uma incubadora por dois meses, sem qualquer toque humano."

"Isso a afetou?", perguntou o Arcebispo Tutu.

"Acho que a afetou muito profundamente."

"Agora eles têm... Como é que eles chamam mesmo?", disse o Arcebispo Tutu. "Uma bolsa de canguru. Minha esposa Leah e eu somos benfeitores de um hospital infantil na Cidade do Cabo e, um dia, estávamos fazendo uma visita e um homem bem forte estava carregando um bebê muito pequeno amarrado ao seu peito para que o bebê pudesse ouvir o som do seu coração batendo, e eles dizem que esses bebês têm mostrado uma recuperação muito melhor."

Mpho perguntou se eu ainda tinha a foto das minhas filhas gêmeas logo depois que nasceram, também prematuras, quando ainda estavam na unidade de tratamento intensivo neonatal. Uma das nossas filhas teve um prolapso do cordão umbilical, o que a impedia de passar pelo canal uterino, e o seus batimentos cardíacos e o nível de oxigênio estavam caindo rapidamente. A obstetra, enquanto tentava usar um extrator a vácuo na cabeça da nossa filha, disse a Rachel que ela precisava fazer força mais uma vez para que o bebê saísse ou teria de fazer uma cesárea de emergência. Eliana já estava encaixada para nascer, então a cesárea não teria garantias de um nascimento seguro.

Como médica, Rachel sabia, assim como eu, que cada segundo importava, uma vez que os níveis de oxigênio de Eliana estavam perigosamente baixos. Eu nunca testemunhei nada como a força que Rachel demonstrou enquanto mergulhava na dor e concentrava toda a sua força de vontade maternal para empurrar nossa filha para fora. Eliana nasceu azulada, sem reação e sem respirar. Seu Apgar foi um — de dez —, o que significa que ela mal estava viva.

Ela foi levada diretamente para o carrinho de emergência, onde os médicos fizeram de tudo para revivê-la, e pediram a Rachel que falasse com a filha, a voz da mãe tendo um efeito curativo quase mágico, mesmo no centro cirúrgico de alto risco. Esperamos pelos instantes mais longos da nossa vida enquanto os médicos tentavam trazê-la de volta, preparando-se para entubá-la. Então, em um momento de alívio e contentamento indescritíveis, Eliana cuspiu, respirou pela primeira vez e começou a chorar, cheia de vida. O resto de nós, incluindo a obstetra, chorava lágrimas de contentamento.

Depois do nascimento traumático de Eliana, as gêmeas foram levadas para o centro de tratamento intensivo neonatal do hospital. Quando cheguei logo depois, elas estavam deitadas, uma do lado da outra, de mãos dadas.

A importância do amor para a sobrevivência, a qual o Dalai Lama estava descrevendo, não era algo abstrato para mim, tendo testemunhado o amor de mãe que salvou a nossa filha e permitiu que todos nós sobrevivêssemos.

"Ah, que adorável", disse o Arcebispo, imaginando a cena.

"Isso é a biologia", disse o Dalai Lama. "Todos os mamíferos, incluindo os seres humanos, têm um laço especial com a mãe. Sem o cuidado materno, a prole morre. Isso é um fato."

"Mesmo que não morram, podem crescer e virar um Hitler por causa desse enorme senso de ausência", disse o Arcebispo.

"Acho que quando Hitler era muito novo", argumentou o Dalai Lama, "ele era exatamente igual às outras crianças." Essa era a primeira vez que discordavam naquele almoço tranquilo. "Acho que a mãe dele tinha afeto por ele, ou ele teria morrido." Membros da família contam que Klara Hitler foi realmente uma mãe dedicada, embora o pai de Hitler tenha sido supostamente acusado de ser violento. "Então", continuou o Dalai Lama, "até mesmo esses terroristas de hoje também devem ter recebido o máximo de amor e afeição de suas mães. Portanto, mesmo esses terroristas, no fundo…"

"Creio que vou ser obrigado a discordar de você aqui", respondeu o Arcebispo. "As pessoas que saem por aí intimidando os outros são, na verdade, pessoas com um grande senso de insegurança, que desejam provar que são alguém, em geral porque não receberam amor suficiente."

"Acredito que sim, circunstâncias, o ambiente, a educação, tudo isso importa", respondeu o Dalai Lama. "Principalmente hoje em dia. Não há mais muito foco em valores internos. Então, em vez desses valores internos, nós nos tornamos egocêntricos, sempre pensando: *eu, eu, eu*. Uma atitude egocêntrica provoca um senso de insegurança e medo. Desconfiança. Medo demais provoca frustração. Frustração demais provoca raiva. Então, essa é a psicologia, o sistema da mente, da emoção, o qual cria uma reação em cadeia. Com uma atitude egocêntrica, você se distancia dos outros, daí desconfia deles e se sente inseguro, surgindo com isso o medo e, depois, a ansiedade, seguida pela frustração, pela raiva e pela violência."

Era fascinante ouvir o Dalai Lama descrever o processo mental que leva ao medo, à alienação e, por fim, à violência. Eu comentei que em geral a criação dos filhos no Ocidente era centrada demais nas crianças e em suas necessidades, em vez de ensiná-las a cuidar dos outros. O Dalai Lama respondeu:

"Sim, existe muito egocentrismo também entre os pais; 'meus filhos, meus filhos'. Isso é um amor tendencioso. Precisamos de um amor imparcial para com toda a humanidade, todos os seres sencientes, independentemente de sua atitude em relação a nós. Dessa forma, nossos inimigos ainda são nossos irmãos e irmãs humanos, portanto eles também merecem o nosso amor, o nosso respeito, a nossa afeição. Isso é um amor imparcial. Talvez seja necessário que você resista às ações do seu inimigo, mas você pode amá-lo como irmão ou irmã. Somente os seres humanos são capazes disso com a nossa inteligência. Os outros animais não podem fazer isso."

Tendo conhecido o amor impetuoso e focado da paternidade, eu me perguntei se realmente era possível amar os outros com aquele mesmo amor. Será que realmente éramos capazes de estender o círculo de cuidado para tantos outros e não apenas para a nossa própria família? Um monge poderia concentrar todo o seu amor na humanidade, mas um pai e uma mãe têm um filho para criar. Imaginei que o que o Dalai Lama estava dizendo poderia ser um anseio da humanidade, mas será que era algo realista? Talvez não fôssemos capazes de amar outras crianças tanto quanto aos nossos filhos, mas talvez pudéssemos estender o nosso amor além de suas fronteiras típicas. Eu me perguntava o que o Arcebispo, que também era pai, iria dizer, mas àquela altura todos já tinham acabado de almoçar.

Nós voltaríamos para a elasticidade do amor e da compaixão mais à frente, durante a semana, mas começaríamos o dia seguinte discutindo os obstáculos para o contentamento, desde o estresse e a ansiedade até a adversidade e a doença, e como talvez fôssemos capazes de vivenciar o contentamento mesmo diante desses desafios inevitáveis.

Dias 2 e 3
Os obstáculos para o contentamento

Você é uma obra-prima em progressão

"É MUITO SIMPLES", começou o Dalai Lama. "Todo mundo sabe que a dor física é ruim e tenta evitá-la. Nós fazemos isso não só ao curar as doenças, mas também ao tentar preveni-las, mantendo a nossa imunidade física forte."

Começamos o nosso segundo dia de conversas e tínhamos nos voltado para os obstáculos para o contentamento. O assunto das conversas era como descobrir o contentamento diante do sofrimento, e todos nós precisamos de dois dias inteiros para discutir todas as formas como sofremos. Como o Dalai Lama dissera no dia anterior, muito da nossa infelicidade tem origem na nossa própria mente e no nosso próprio coração — na forma como reagimos aos eventos da nossa vida.

"Imunidade mental", explicou o Dalai Lama, "nada mais é do que aprender a evitar as emoções destrutivas e desenvolver emoções positivas. Primeiro, temos que compreender a mente... existem tantos estados de espírito diferentes... os diversos tipos de pensamentos e emoções que experimentamos diariamente. Alguns desses pensamentos e emoções são prejudiciais, até mesmo tóxicos, ao passo que outros são saudáveis e curativos. Os primeiros perturbam a nossa mente, provocando muita dor mental. Os últimos trazem um verdadeiro contentamento.

"Quando compreendemos essa realidade, é muito mais fácil lidar com a mente e tomar medidas preventivas. É assim que desenvolvemos a imunidade mental. E, assim como sistemas imunológicos saudáveis e uma constituição saudável protegem o seu corpo contra vírus e bactérias potencialmente perigosos, a imunidade mental cria uma disposição saudável da mente para que ela seja menos suscetível a pensamentos e sentimentos negativos.

"Pense nisso da seguinte forma: se sua saúde é forte, quando os vírus chegam, eles não vão deixá-lo doente; se a sua saúde geral estiver fraca, então até mesmo pequenos vírus serão muito perigosos para você. De forma semelhante, se a sua saúde mental estiver firme, quando os distúrbios chegarem, você sofrerá um pouco, mas logo se recuperará. Se a sua saúde mental não estiver boa, até mesmo pequenos distúrbios, pequenos problemas provocarão muita dor e sofrimento. Você sentirá muito medo e muita preocupação, muita tristeza e desespero, muita raiva e irritação.

"As pessoas gostariam de poder tomar uma pílula que fizesse com que o seu medo e a sua ansiedade desaparecessem, fazendo com que se sentissem imediatamente serenos. Isso é impossível. A pessoa deve desenvolver a mente com o tempo, cultivando a própria imunidade mental. As pessoas costumam me pedir a melhor solução e a mais rápida para um problema. Novamente, isso é impossível. Você pode ter a solução mais rápida ou pode ter a melhor solução, mas não as duas. A melhor solução para o seu sofrimento é a imunidade mental, mas isso leva tempo para desenvolver.

"Uma vez eu estava conversando com o Al Gore, o ex-vice-presidente norte-americano. Ele disse que tinha muitos problemas, muitas dificuldades que estavam lhe provocando bastante ansiedade. Eu disse para ele que nós, seres humanos, temos a capacidade de fazer uma distinção entre o nível racional e o emocional. No nível racional, nós aceitamos que isso é um problema sério com o qual temos de lidar, mas no nível mais profundo, o emocional, somos capazes de manter a calma. Assim como o oceano tem muitas ondas na superfície, mas lá no fundo ele é bem calmo. Isso é possível se conseguirmos desenvolver a imunidade mental."

"Sim", concordou o Arcebispo. "Você respondeu muito bem. Você sempre responde muito bem, mas essa foi uma resposta especialmente boa. A única coisa que eu acho é que as pessoas às vezes se irritam consigo mesmas de forma desnecessária, principalmente quando têm pensamentos e sentimentos que são bastante naturais.

"Basicamente", continuou o Arcebispo, "creio que temos de nos aceitar como somos. E então ter esperanças de nos desenvolvermos do jeito que o

Dalai Lama descreveu. O que quero dizer é que precisamos conhecer as coisas que nos provocam. Essas coisas que você pode treinar, mudar, mas que não devem ser causa de vergonha para nós. Somos humanos, e às vezes é bom reconhecermos que temos emoções humanas. Agora a questão é ser capaz de dizer: quando isso é adequado?"

Durante a semana de diálogos, o Arcebispo disse muitas vezes que não devemos nos repreender severamente pelos nossos pensamentos e pelas nossas emoções negativas, pois eles são naturais e inevitáveis. Eles apenas se tornam mais intensos, argumentou ele, pela cola da culpa e da vergonha quando pensamos que não devíamos tê-los ou senti-los. O Dalai Lama concordou que as emoções humanas são naturais, mas questionou se são realmente inevitáveis. A imunidade mental, explicou ele, é a forma de evitá-los.

Durante meses depois da nossa semana em Dharamsala, lutei com esse ponto aparente de discórdia: será que era realmente possível prevenir pensamentos e emoções negativas e desenvolver o que o Dalai Lama chamava "imunidade mental"? Ou será que aqueles pensamentos e emoções eram inevitáveis e nós deveríamos, como o Arcebispo estava sugerindo, apenas aceitá-los e nos perdoarmos por tê-los ou senti-los?

Por fim, depois de muitas discussões com peritos em psicologia, ficou claro que ambas as posições eram válidas, cada qual simplesmente refletindo um estágio diferente do ciclo da vida emocional. Por meio da meditação e do autoquestionamento, podemos descobrir a natureza da nossa mente e aprender a acalmar a nossa reatividade. Isso nos deixará menos vulneráveis às emoções destrutivas e aos padrões de pensamento que nos causam tanto sofrimento. Esse é o processo de desenvolvimento da imunidade mental.

O Arcebispo estava simplesmente nos lembrando que, até mesmo com essa imunidade, haverá momentos em que vamos ter emoções negativas ou destrutivas e, quando isso acontece, a última coisa que queremos é nos julgar de forma dura demais.

Em outras palavras: o Dalai Lama estava dizendo que se nos alimentarmos direito, tomarmos as nossas vitaminas e descansarmos o suficiente, vamos nos manter saudáveis, e o Arcebispo estava dizendo: "Sim, mas mesmo assim haverá momentos em que vamos pegar uma gripe, e não devemos torná-la ainda pior por nos culparmos por isso".

Então, como lidamos com esses obstáculos ao contentamento — com as inevitáveis fontes de sofrimento, tanto internas quanto externas — que provocam tanta dor e agonia na nossa vida quando surgem? Isso varia desde problemas diários causados pelo estresse, pela frustração e pela preocupação, até experiências que mudam a vida, como adversidade, doença e, por fim, encarar a morte. Não podemos controlar a inevitabilidade dessas ocorrências, mas os dois homens concordaram que podemos influenciar seu efeito na nossa vida ao ajudar a nossa atitude em relação a elas.

O primeiro passo é aceitar a realidade do sofrimento. Atribui-se a Buda a frase: "Eu ensinei uma coisa e apenas uma coisa: sofrimento e a cessação do sofrimento". A primeira nobre verdade do budismo é que a vida é cheia de sofrimento. A palavra em sânscrito para sofrimento é *dukkha* (não confundir com o saboroso condimento egípcio *dukka*).

Dukkha pode ser traduzido como *estresse, ansiedade, sofrimento* ou *insatisfação*. É geralmente descrito como o sofrimento mental e físico que ocorre na vida, na doença e no envelhecimento. Também é descrito como o estresse e a ansiedade que surgem da tentativa de controlar o que é fundamentalmente impermanente ou que não pode ser controlado. Nós tentamos controlar o momento, o que resulta na nossa sensação de que o que está acontecendo não deveria estar acontecendo. Muito da angústia que sentimos é provocado por querermos que as coisas sejam diferentes do que são.

"Acredito que, em muitos casos", explicou o Dalai Lama, "você desenvolve algum tipo de infelicidade, algum descontentamento, que leva à frustração e à raiva."

Enquanto o estresse e a frustração podem parecer problemas superficiais ou reclamações, o Buda os identificou como o centro de grande parte do nosso sofrimento criado ou desnecessário. Lembrei-me do que o Dalai Lama dissera no nosso primeiro dia: não temos como acabar com os desastres naturais nem com o sofrimento que eles provocam, mas temos como acabar com grande parte dos nossos outros sofrimentos.

Dukkha, ou sofrimento, é o contrário de *sukha*, que significa felicidade, tranquilidade ou conforto. Dizem que ambas as palavras têm origem no antigo povo indo-ariano, que trouxe o sânscrito para a Índia. Esse povo era nômade e viajava a cavalo ou em carroças puxadas por bois, e as palavras significam literalmente "ter um bom (ou mau) eixo". Foi uma viagem com solavancos (*dukkha*) ou foi uma viagem suave (*sukha*)? Não é uma metáfora ruim para a vida. O que é o sofrimento se não uma viagem com solavancos? Toda a vida tem o seu caminho, e ninguém consegue evitar alguns solavancos inevitáveis, mas muita coisa é determinada pela nossa própria percepção da viagem. A nossa mente é o eixo que costuma determinar se a experiência foi com solavancos ou suave.

Esse ponto continuou comigo de forma quase literal quando fui para Dharamsala em janeiro com Peggy Callahan, vários meses antes das conversas. Peggy era a responsável por filmar a semana em Dharamsala, e nós fomos preparar a visita que aconteceria em abril. Nosso voo de volta de um aeroporto encoberto por nuvens em Dharamsala foi cancelado, então embarcamos em uma expedição com solavanco e ventos até o aeroporto mais próximo, segurando firme nas alças do carro enquanto quicávamos e éramos jogados de um lado para o outro. Tentamos muito não ficar enjoados e nos distraímos contando, um para o outro, histórias engraçadas de nossas viagens — esticando ao máximo cada caso durante a viagem acidentada de seis horas.

"Temos percepções acerca das nossas experiências e nós as julgamos: 'isso é bom'; 'isso é ruim'; 'isso é neutro'", explicou o Dalai Lama. "Então temos as reações: medo, frustração, raiva. Nós percebemos que esses são apenas diferentes aspectos da mente. Não são a verdadeira realidade. De forma semelhante, o destemor, a bondade, o amor e o perdão também são aspectos da mente. É muito útil conhecer o sistema das emoções para compreender como a nossa mente funciona.

"Quando um medo ou uma frustração surge, temos que pensar sobre o que está causando tal sentimento. Na maioria dos casos, o medo é apenas uma projeção mental. Quando eu era jovem e morava em Potala, havia uma área que era muito escura, e havia histórias sobre fantasmas ali. Então, quando estava passando por aquela parte do castelo, eu sentia uma coisa. Era completamente uma projeção mental."

"Não", discordou o Arcebispo com expressão assustada. "Havia fantasmas lá."

O Dalai Lama riu e disse:

"Quando um cachorro louco se aproxima, latindo e arreganhando os dentes, então você precisa ter medo. Isso não é uma projeção mental. Então você precisa analisar as causas do medo. Com a frustração, em geral você vê alguém, e você tem uma projeção mental mesmo quando a expressão do seu rosto é neutra. De forma semelhante, quando você vê as ações de alguém, você tem uma projeção mental mesmo quando o comportamento é neutro. Então você precisa perguntar a si mesmo se a sua frustração se baseia em algo real. Mesmo se alguém criticá-lo ou atacá-lo, você deve pensar: por que isso aconteceu? Essa pessoa não é seu inimigo de nascença. Determinadas circunstâncias provocaram uma reação negativa naquela pessoa em relação a você. As causas podem ser muitas, mas em geral sua própria atitude constitui um importante fator que não pode ser ignorado. Você percebe que isso aconteceu por causa de algo que você fez no passado e do qual a outra pessoa não gostou. Então você percebe a sua própria parte na crítica ou no ataque da outra pessoa em relação a você, e a intensidade da sua frustração e da sua raiva diminui de forma automática. Daí, você também percebe que a natureza básica humana é bondosa, compassiva, e que a pessoa não quer lhe fazer mal. Assim, você percebe que a emoção dela resulta de algum mal-entendido ou informação equivocada. Percebe que as ações dessa pessoa são provocadas pelas próprias emoções destrutivas. Você pode desenvolver um senso de preocupação, compaixão e até sentir pena pela dor e pelo sofrimento da pessoa: como é triste o fato de essa pessoa estar fora de controle ou ter um sentimento tão negativo. Em vez de frustração e raiva, você sente pena da outra pessoa e se preocupa com ela."

Assenti e disse:

"Porém às vezes a nossa frustração não depende de outras pessoas, mas sim de circunstâncias além do nosso controle. Por exemplo, não podemos controlar voos cancelados."

"Quando eu era jovem e muito ávido por fazer alguma coisa", começou o Dalai Lama, "e então eles anunciavam que haveria um atraso ou um cancelamento do voo, e eu ficava com raiva e às vezes com raiva do piloto ou da companhia aérea.

"Antes de ter voos de Dharamsala para Deli, eu ia até a cidade de Jammu, uma viagem de mais ou menos quatro horas, para pegar um avião. Certa manhã, todos os passageiros já estavam a bordo do avião quando anunciaram o cancelamento do voo e que todos deveriam deixar a aeronave. Mais tarde, fui informado que o piloto não aparecera porque tinha bebido muito na noite anterior. Com isso, todos começaram a reclamar, e eu também me senti frustrado.

"Agora, quando recebo a informação de que o meu voo foi cancelado ou sofrerá algum atraso, o que acontece com bastante frequência por aqui, eu considero isso uma boa oportunidade para me sentar e fazer a minha prática, sentar e meditar. Então agora eu me sinto menos frustrado."

Lembrei-me de uma viagem de avião para o Havaí que fiz com Rachel; nosso filho Jesse, então com dois anos; e minha mãe. Não tínhamos muito dinheiro e compramos passagens na companhia aérea mais barata que encontramos. Ela só possuía dois aviões que fariam voos fretados para o Havaí e outros destinos de férias. Estávamos quase na metade do caminho sobre o Pacífico da Califórnia para Oahu quando senti um solavanco, como se alguém tivesse sacudido o avião de um lado para o outro. Depois o avião fez uma virada, e passado algum tempo, a tripulação anunciou que estávamos retornando para San Francisco. Lembro de me sentir muito zangado e frustrado.

Passamos o dia inteiro aguardando outro avião, então tentamos trazer as nossas férias para a Califórnia, levando Jesse ao zoológico. Foi divertido, mas eu me sentia zangado com o fato de a nossa viagem para o Havaí ter sido reduzida. Quando finalmente voltamos ao aeroporto para nos prepararmos para embarcar, ouvi o piloto revelar para outro membro da tripulação o motivo de ter voltado.

Aparentemente, uma das cavilhas tinha se soltado nos motores. O piloto mencionou isso do jeito que as pessoas fazem quando estão acostumadas a lidar com situações de alto risco e que, se eles não tivessem desligado o motor no momento em que o fizeram, ele teria se soltado e o avião cairia no mar. De repente o voo atrasado e o dia do zoológico não pareceram tão ruins no final das contas.

"Eu costumava me sentir muito frustrado e zangado", começou o Arcebispo, "quando estávamos correndo para uma reunião muito importante e ficávamos presos no trânsito por causa de um acidente. Ficava rangendo os dentes e procurando alguém para chutar. Mas, ao ficar mais velho, eu passei a dizer: bem, essa é uma oportunidade para eu ficar em silêncio. E então você tenta acalmar as pessoas envolvidas. O que quero dizer é que não tem muito que você possa fazer; ranger os dentes e ficar nervoso não ajuda em nada. Então por que não fazer as coisas antigas que dizem para você fazer? Contar até dez. Um, dois, três... Ah!"

O Arcebispo fingiu perder a paciência apesar de estar tentando contar até dez.

"Eu acho que leva tempo para aprender a relaxar", continuou ele. "Sabe? Não é algo que já está pronto em você. Ninguém deveria ficar irritado consigo mesmo. Isso só aumenta a frustração. O que quero dizer é que somos seres humanos, seres humanos falhos. E, como o Dalai Lama disse, existia um tempo... O que quero dizer é que nós o vemos sereno e calmo. Ainda assim, houve um tempo em que ele também se sentia irritado e talvez ainda esteja. É como músculos que precisam ser exercitados para se fortalecer. Às vezes ficamos com raiva de nós mesmos achando que deveríamos ser perfeitos. Mas estar na Terra é um tempo para aprendermos a ser bondosos, aprendermos a ser mais amorosos, aprendermos a ter mais compaixão. E você aprende, não teoricamente." O Arcebispo estava apontando os indicadores para a própria cabeça. "Você aprende quando algo acontece para testá-lo." Então ele fingiu falar como Deus talvez falasse: "'*Olá*, você disse que queria ter mais compaixão', '*Olá*, você disse que queria ser mais relaxado'.

"Sentimos muita raiva de nós mesmos. Achamos que deveríamos ser como o Super-Homem ou a Mulher-Maravilha desde o início. A serenidade do Dalai Lama não chegou pronta. Foi por meio da prática da oração e da meditação que a bondade e a compaixão cresceram, assim como sua paciência e sua aceitação; dentro de limites razoáveis. Aceitarmos as circunstâncias como são porque se são circunstâncias que não podemos mudar, então não há sentido em bater a cabeça contra um muro de pedra; isso só vai provocar dor de cabeça. Este é um vale de crescimento e desenvolvimento."

Fiquei surpreso com a expressão "um vale de crescimento e desenvolvimento", que parecia ecoar a famosa noção cristã de que a vida é um vale de lágrimas, do qual só nos libertamos quando entramos no reino dos céus. Essa expressão costuma ser usada como base no Salmo 84:6, que tem lindas palavras: "Ao passar pelo vale do bálsamo, eles o transformam em fonte, e a primeira chuva o cobre de bênçãos". Realmente, também é possível usarmos as nossas lágrimas, o nosso estresse e a nossa frustração e convertê-los em águas que dão vida ao nosso crescimento emocional e espiritual.

"É semelhante ao modo como aprendemos a ser pai ou mãe", disse o Arcebispo ao concluir a discussão. "Você aprende como reagir a uma criança que realmente o frustra. Você é melhor com o seu terceiro filho do que foi com o primeiro. E então você diria para todo mundo: você foi feito para a perfeição, mas você não é perfeito. Você é uma obra-prima em progressão."

Medo, estresse e ansiedade: eu ficaria muito nervoso

"Todos nós temos medos", explicou o Arcebispo. "Medo e ansiedade são mecanismos que nos ajudam a sobreviver. Você sabe, se não sentiu medo quando viu um leão ali e simplesmente caminhou alegre e contente ao seu lado, em pouco tempo você não existirá mais. Deus nos deu essas coisas porque sabia que iríamos precisar delas. Caso contrário, seríamos destemidos, mas também muito burros, e não ficaríamos muito tempo por aqui. O problema é quando o medo é exagerado ou quando é provocado por algo que realmente é bastante insignificante."

Quando perguntei ao Arcebispo como ele controlou o medo nos dias sombrios do apartheid, quando recebia constantes ameaças de morte, ele respondeu:

"Bem, a pessoa não fazia coisas idiotas como ficar parada diante de uma janela iluminada à noite, mas a pessoa tinha que dizer para Deus: 'Se estou fazendo o Seu trabalho, é melhor que o Senhor me proteja'." Sempre me impressiona como o Arcebispo está disposto a admitir os próprios medos e fragilidades.

É tão raro ouvirmos falar das dúvidas, medos e preocupações de líderes, pois a liderança em si parece exigir um ar de confiança que raramente permite a admissão de fraquezas e vulnerabilidades. Certa vez, o antigo editor da revista *Time*, Rick Stengel, que trabalhou com Nelson Mandela na sua autobiografia *Longa caminhada até a liberdade*, me contou uma história incrível.

Mandela estava viajando em um aviãozinho de hélice com o seu guarda-costas, Mike. O grande líder estava escondido atrás do jornal matinal quando notou que a hélice não estava funcionando. Ele se inclinou para a frente e, calmamente, disse a Mike, que informou os pilotos. Eles estavam cientes do problema e explicaram que os procedimentos para o pouso de emergência já estavam em andamento. Quando Mike explicou a situação para Mandela, ele assentiu calmamente e voltou a ler o jornal. Aparentemente, Mike, um cara durão, estava tremendo de medo, mas se acalmou diante da imagem de Mandela, que parecia não ter sido afetado pelo fato de que poderiam cair a qualquer momento. Quando estavam seguros na BMW à prova de balas que os pegou no aeroporto, Stengel perguntou a ele sobre o voo. Ao que Mandela arregalou os olhos e respondeu: "Nossa, eu fiquei *aterrorizado* lá em cima". Mesmo que a liderança exija que se demonstre força em momentos de crise, o nosso lado humano é definido de forma igual, ou talvez até maior, pela nossa fraqueza e nossa vulnerabilidade, um fato que o Arcebispo costuma dizer que nos lembra da nossa necessidade de ser uns pelos outros.

Uma das minhas citações favoritas que incluímos no livro *Apontamentos para o futuro*, de Mandela, é sobre coragem: "Eu aprendi que a coragem não é a ausência de medo, mas o triunfo sobre ele. Senti medo mais vezes do que consigo me lembrar, mas o escondi atrás de uma máscara de coragem. O homem corajoso não é aquele que não sente medo, mas aquele que domina o próprio medo". O Arcebispo Tutu disse algo bastante semelhante quando estávamos trabalhando no livro *God Has a Dream*. Ele disse: "Coragem não é a ausência do medo, mas a capacidade de agir apesar dele". A palavra *courage* do inglês é derivada da palavra francesa *coeur*, coração; coragem é, na verdade, o triunfo do amor e do comprometimento do nosso coração sobre os murmúrios racionais da nossa mente para nos manter em segurança.

Como o Arcebispo disse, é quando esse medo natural se torna exagerado que passamos pelo estresse, pela preocupação e pela ansiedade. Muitos de nós sofremos desse estado geral de desconforto, durante o qual sentimos medo instável e preocupações que se prendem a qualquer experiência ou relacionamento. É muito difícil ter contentamento quando estamos estressados e ansiosos; temos uma sensação contínua de estarmos sobrecarregados e de não sermos capazes de lidar com os nossos próprios compromissos, os compromissos da nossa família, ou com os dispositivos digitais que estão constantemente nos lembrando de todas as coisas que estamos perdendo. Quando fazemos malabarismo com tantas coisas ao mesmo tempo, podemos sentir que estamos sempre um passo atrás.

Jinpa comentou que a sociedade moderna prioriza a independência a tal ponto que somos deixados sozinhos para tentar gerenciar nossa vida que está cada vez mais fora de controle. Ele explicou como era a vida que o Dalai Lama e o seu povo tinham no Tibete antes da invasão chinesa. Na remota aldeia de Taktser, na província de Amdo, a casa da família do Dalai Lama, assim como as outras do povoado, estava localizada em um planalto com vista para campos verdejantes cheios de nômades e gado iaque. O Dalai Lama era um entre dezesseis crianças, nove das quais morreram ainda na infância. A cidade mais próxima ficava a três horas de mula. O garoto, na época chamado Lhamo Thondup, dormia na cozinha, perto do forno. A vida não deve ter sido fácil para ele e sua família, então foi uma surpresa para mim quando Jinpa explicou que a vida era muito menos estressante em uma aldeia tradicional.

Grande parte da história da humanidade, seja no Tibete, na África ou em qualquer outro lugar, contém medos e preocupações, alguns dos quais importantes, como se haverá ou não comida suficiente para o inverno. Mas essas preocupações são mais gerenciáveis ao se ter uma vida mais próxima e conectada. Embora a sobrevivência certamente seja o maior fator de estresse de todos — a partir do qual a nossa resposta ao estresse se desenvolveu —, existe algo diferente em relação às constantes pressões e exigências da vida moderna. Conquanto certamente haja épocas de grande estresse e ansiedade, como diante da perda da colheita ou mesmo da morte de uma criança, o ritmo diário era muito menos intenso e sem foco.

"Há uma sabedoria que se perdeu", disse Jinpa. "As nossas oportunidades são tão maiores agora, mas maiores também são as nossas ansiedades." Pensei na jornada, tanto física quanto psicológica, que Jinpa fez: uma vida em um monastério budista, que praticamente não mudou durante milhares de anos, para uma vida familiar que ele agora tem em Montreal.

Mas, se o estresse e a ansiedade são partes inevitáveis da vida moderna, como podemos começar a confrontar esses fatores irritantes sempre presentes? Como fazemos para tornar a viagem mais tranquila? Como fazemos para minimizar a preocupação que sentimos?

"O estresse e a ansiedade costumam vir de expectativa e ambição em excesso", disse o Dalai Lama. "Então, quando não satisfazemos tal expectativa ou não conquistamos tal ambição, temos uma sensação de frustração. Desde o início, é uma atitude egocêntrica. Eu quero isso. Eu quero aquilo. Em geral, não estamos nem sendo realistas sobre a nossa própria habilidade ou sobre a realidade objetiva. Quando temos uma imagem clara da nossa própria capacidade, podemos ser realistas em relação aos nossos esforços. Daí há uma chance muito maior de atingir os nossos objetivos. Mas o esforço irreal só provoca o desastre. Então, em muitos casos, o nosso estresse é causado por nossas próprias expectativas e ambições."

Fiquei me perguntando o que é ambição excessiva. Para alguém criado nos Estados Unidos, onde a ambição é uma virtude, o casamento da iniciativa com a persistência, fiquei surpreso com sua resposta. Será possível que nosso desejo de ter e possuir, que parece ser a nossa maior ambição na vida moderna, seja um engodo? E talvez a crença de que mais é melhor possa ser a receita para o estresse e a frustração e, no fim das contas, da insatisfação?

Talvez seja uma questão de prioridades. O que realmente vale a pena perseguir? Do que realmente precisamos? De acordo com o Arcebispo e o Dalai Lama, quando percebemos como precisamos de pouco — amor e conexão —, o desejo de ter e possuir que pensamos ser tão essencial para o nosso bem-estar assume o seu lugar de direito e não é mais o foco ou a obsessão da nossa vida. Devemos tentar ser conscientes sobre como vivemos e não nos deixar levar pelo transe moderno, pela marcha implacável, pelo acelerador ansioso. Para o Dalai Lama, urge que sejamos mais realistas para que possamos chegar a algum senso de paz interior agora, em vez de estarmos sempre em busca de nossas expectativas e ambições para o que vem depois.

Sintomas de estresse crônico são sentimentos de fragmentação e de estar correndo atrás do tempo — de não ser capaz de estar presente. O que estamos procurando é um estado estável, de contentamento de ser, e precisamos dar espaço a esse estado. O Arcebispo me disse certa vez que as pessoas acham que ele precisa de tempo para rezar e refletir porque é um líder religioso. Ele disse que as pessoas que sobrevivem do mercado de trabalho — comerciantes, profissionais e trabalhadores — precisam ainda mais.

À medida que o estresse crônico se torna uma epidemia global, a nossa resposta ao estresse está sendo intensivamente estudada para se verificar se é possível descobrir seus mistérios. Acontece que a nossa perspectiva tem uma quantidade surpreendente de influência sobre a resposta do corpo ao estresse. Quando transformamos uma *ameaça* em um *desafio*, o nosso corpo tem uma resposta muito diferente.

A psicóloga Elissa Epel, uma das mais importantes pesquisadoras do estresse, me explicou de que maneira o estresse deve funcionar. A nossa resposta ao estresse evoluiu para nos salvar de ataques e do perigo, como um leão faminto ou uma avalanche. Cortisol e adrenalina correm nas nossas veias, fazendo com que nossas pupilas se dilatem para que enxerguemos de forma mais nítida, o nosso coração e a nossa respiração se aceleram para que possamos responder mais rápido, o sangue se desvia dos órgãos internos e segue para os músculos mais longos para que possamos fugir ou lutar. Essa resposta ao estresse evoluiu como uma experiência rara e temporária, mas para muitos no nosso mundo moderno ela é ativada constantemente. Epel e sua associada, a bióloga molecular vencedora do Prêmio Nobel, Elizabeth Blackburn, descobriram que o estresse constante na verdade desgasta os nossos telômeros, as cápsulas no nosso DNA que protegem as nossas células contra doenças e envelhecimento. Não é apenas o estresse que afeta os nossos telômeros, mas também os nossos padrões de pensamento em geral, e isso levou Epel e Blackburn a concluir que as nossas células, na verdade, "escutam os nossos pensamentos".

O problema não é a existência de fatores estressantes, que não podem ser evitados; o estresse é simplesmente a forma de o cérebro sinalizar que algo é importante. O problema — ou talvez a oportunidade — é a forma como reagimos a esse estresse.

Epel e Blackburn explicam que não é apenas o estresse que provoca danos aos nossos telômeros. É a nossa resposta ao estresse que é mais importante. Elas nos instigam a desenvolver uma *resiliência ao estresse*. Isso envolve transformar o que chamamos de "estresse à ameaça", ou a percepção de que um evento estressante é uma ameaça que nos fará mal, o que chamam de "estresse de desafio", ou a percepção de que um evento estressante é um desafio que nos ajudará a crescer. A remediação que elas oferecem é bastante direta. A pessoa apenas nota a resposta lutar ou fugir ao estresse no próprio corpo — o coração disparado, o sangue pulsando ou uma sensação de formigamento nas mãos e no rosto, a respiração ofegante —, então se lembra de que essas são respostas naturais ao estresse e que o corpo está apenas se preparando para o surgimento do desafio.

O que determina se vemos alguém ou alguma coisa como uma ameaça? O Arcebispo e o Dalai Lama estavam dizendo que grande parte do nosso estresse depende de nos vermos separados dos outros, o que talvez traga de volta a perda do nosso senso de conexão comunitária, de *Ubuntu*. Certa vez, perguntei ao Arcebispo como ele lidava com a preocupação e a insônia, e ele respondeu que pensava nas pessoas em todo o mundo que também estavam acordadas sem conseguir dormir. Pensar nos outros e se lembrar de que não estava sozinho diminuíam o estresse e as preocupações, enquanto ele fazia uma prece por eles.

"Quando era jovem, eu fazia doutrinações", explicou o Dalai Lama, descrevendo uma das experiências que lhe provocavam estresse e ansiedade. "Eu ficava muito nervoso porque não me via da mesma forma como as pessoas na audiência me viam. Então, depois de 1959, quando deixei o Tibete, comecei a pensar: 'Essas pessoas são exatamente como eu, seres humanos como eu'. Se pensamos que somos especiais ou que não somos especiais o suficiente, então surgem o medo, o nervosismo, o estresse e a ansiedade. Nós somos todos iguais."

"O que o Dalai Lama e eu estamos oferecendo", acrescentou o Arcebispo, "é uma forma de lidar com as preocupações: pensar nos outros. Você pode pensar nos outros que estão em uma situação semelhante ou talvez em uma situação ainda pior, mas que sobreviveram e até prosperaram. Ajuda muito quando você se vê como parte de um todo maior."

Novamente, o caminho do contentamento é a conexão, e o caminho da tristeza é a separação. Quando vemos os outros como separados de nós, eles se tornam uma ameaça. Quando vemos os outros como parte de nós, como se tivessem uma ligação e fossem interdependentes, não existe desafio que não possamos enfrentar — juntos.

"Quando eu conheço alguém", disse o Dalai Lama, voltando ao que se tornou um tema importante, "eu sempre tento me relacionar com aquela pessoa em um nível humano básico. Nesse nível, sei que, assim como eu, ele ou ela deseja encontrar a felicidade, ter menos problemas e enfrentar menos dificuldades na vida. Esteja eu conversando apenas com uma pessoa ou dando uma palestra para um grande grupo de pessoas, sempre me vejo primeiro e principalmente como outro ser humano. Dessa forma, não há na verdade a necessidade de uma apresentação.

"Se, por outro lado, eu me relaciono com os outros a partir de uma perspectiva em que sou diferente (um budista, um tibetano etc.), crio com isso muros para me manter separado dos outros. E se eu me relaciono com os outros achando que eu sou o Dalai Lama, vou criar a base da minha própria separação do mundo inteiro. Em comparação, se eu me vir primeiramente em termos de ser humano, terei mais de 7 bilhões de pessoas com quem posso sentir uma conexão. E isso é maravilhoso, não é? Do que você precisa ter medo ou com que precisa se preocupar quando você tem 7 bilhões de outras pessoas que estão ao seu lado?"

Frustração e raiva: tenho vontade de gritar

Mais de uma década antes de vir a Dharamsala, eu estava no carro com o Arcebispo em Jacksonville, Flórida — preso em um congestionamento. Você poderia dizer que essa foi, na verdade, uma das minhas maiores motivações para querer trabalhar com ele. Compreender: como um líder profundamente espiritual e moral dirige no trânsito?

Nós tínhamos deixado a casa na qual gravamos mais cedo uma entrevista sentados à beira de um lago de jacarés, com os pés pendurados perigosamente próximos das águas famintas. Paramos na rede de restaurantes Boston Market para um almoço rápido, e lá ele se desviou do caminho para cumprimentar e dar *oi* para todos os funcionários, que ficaram maravilhados com a celebridade que tinham como cliente que estava pedindo frango com purê de batata. Estávamos a caminho da universidade na qual ele era o palestrante convidado, e eu estava entrevistando-o enquanto seguíamos para lá, tentando aproveitar cada instante precioso do nosso tempo para juntar suas pérolas de sabedoria. Estávamos falando sobre muitas filosofias e teologias de altos princípios, mas o que eu realmente queria saber era como todas as suas crenças e práticas espirituais afetavam suas interações no dia a dia, como dirigir em um congestionamento.

De repente, um carro mudou de pista, cortando o nosso carro, e o Arcebispo precisou desviar para evitar uma colisão.

"Existem uns motoristas realmente incríveis na estrada!", exclamou o Arcebispo, exasperado, meneando a cabeça e soltando uma risada.

Perguntei a ele o que passava pela sua cabeça em momentos como aquele, e ele disse que talvez o motorista estivesse a caminho do hospital porque a esposa estava em trabalho de parto ou um parente estivesse doente.

Ali estava. Ele reagia com a surpresa inevitável e incontrolável, ou seja, com as nossas reações instintivas, mas, em vez de tomar a estrada mais baixa da raiva, ele tomava a estrada mais elevada do humor, da aceitação e até mesmo da compaixão. E tudo passou: sem acessos de raiva, frustração, nem elevação da pressão sanguínea.

Nós sempre pensamos em medo e raiva como duas emoções distintas, então fiquei surpreso ao ouvir o Dalai Lama ligar uma à outra.

"Onde há medo, a frustração chegará. A frustração desperta a raiva. Então, veja bem, medo e raiva são emoções muito próximas."

A perspectiva do Dalai Lama, conforme fiquei sabendo posteriormente, tem o apoio da biologia básica. Medo e raiva são dois polos da nossa resposta natural enquanto nos preparamos para fugir (medo) ou lutar (raiva).

O Dalai Lama estava respondendo a um dos alunos do colégio Tibetan Children's Village, aonde fomos posteriormente, durante a semana, para celebrar o aniversário dele. Um dos alunos mais velhos perguntou:

"Como Vossa Santidade controla sua raiva no dia a dia?"

O Arcebispo começou a gargalhar — não era apenas uma risada, ele estava praticamente se dobrando de tanto rir, presumivelmente divertindo-se muito com o desafio que a raiva constitui até mesmo para um homem sagrado.

"Quando eu ficava com raiva, eu gritava", contou o Dalai Lama, admitindo que até mesmo o Bodisatva da Compaixão pode perder a calma. As crianças também começaram a rir. "Eu tenho uma história: por volta de 1956 ou 1957, quando tinha vinte e poucos anos, eu tinha um velho carro que pertencera ao 13º Dalai Lama."

Ele estava se referindo a um dos poucos carros em Lhasa na época, que fora levado à capital peça por peça e remontado, uma vez que não existiam estradas para carros no Tibete naquela época, a não ser por pistas curtas dentro de Lhasa ou nas proximidades da cidade.

"Uma das pessoas que dirigia o carro também era responsável por consertá-lo quando quebrava", continuou ele. "Um dia, ele estava embaixo do carro consertando-o quando eu fui até lá falar com ele. Quando ele saiu de debaixo do carro, bateu com a cabeça no para-choque. Isso fez com que se descontrolasse. Ficou com tanta raiva que começou a bater com a cabeça no carro repetidas vezes. Bum, bum, bum." O Dalai Lama fingiu estar batendo com a cabeça no para-choque imaginário, para o deleite das crianças. "Isso é raiva. Para que serve? O motivo que causou a sua raiva foi ter batido com a cabeça no para-choque, e depois ele começa a batê-la no mesmo lugar de propósito, provocando mais dor em si mesmo. Isso é tolice. Quando a raiva cresce, pensem, qual é o motivo? E então pensem também: qual será o resultado da minha raiva, minha expressão de raiva ou meus gritos? Daí você percebe que a raiva não ajuda em nada."

O neuropsiquiatra Daniel Siegel explica que, quando ficamos com muita raiva, podemos "perder a cabeça", por assim dizer, perdendo o benefício do nosso córtex de pensamento crítico. Como resultado, o córtex pré-frontal, que é importante para a regulação das emoções e o julgamento moral, perde sua capacidade de controlar o nosso sistema límbico emocional. O motorista do Dalai Lama perdeu a cabeça e, como resultado, agiu de forma bastante tola, provocando ainda mais dor em si mesmo. Essa cena é engraçada por ser muito comum. Todos já passamos por isso. Então qual é a alternativa a "perder a cabeça"?

O Dalai Lama fez uma sutil e profunda conexão entre medo e raiva, explicando como o medo subjaz à raiva. É típico que a frustração e a raiva sejam causadas quando nos machucamos. O motorista batendo a cabeça é um exemplo óbvio. Além da dor física, também sofremos dores emocionais, que podem ser ainda mais comuns. Queremos alguma coisa que não conseguimos, com respeito ou bondade, ou recebemos algo que não queríamos, como desrespeito ou críticas. Subjacente a essa raiva, o Dalai Lama estava dizendo que há o medo de que não vamos conseguir aquilo de que precisamos, que não somos amados, que não somos respeitados, que não seremos incluídos.

Uma forma de escapar da raiva é perguntar: qual é o sofrimento que causou a nossa raiva, qual é o medo que sentimos? Os psicólogos costumam chamar a raiva de emoção secundária, porque ela surge como uma defesa contra a sensação de ameaça. Quando reconhecemos e expressamos o medo — como estamos nos sentindo ameaçados —, costumamos ser capazes de acalmar a raiva.

Mas precisamos estar dispostos a admitir nossa vulnerabilidade. Geralmente, sentimos vergonha desses medos e mágoas, achando que se fôssemos invulneráveis jamais teríamos de vivenciar a dor, mas isso, como disse o Arcebispo, não é a natureza do ser humano. Se conseguirmos sentir compaixão por nós mesmos e reconhecer que sentimos medo, mágoa ou ameaça, podemos ter compaixão pelos outros — possivelmente até por aqueles que despertaram a nossa raiva.

"Quando você define objetivos para si mesmo e se depara com obstáculos, é natural que se sinta frustrado", disse o Arcebispo. "Ou quando você está tentando fazer o seu melhor e aqueles com quem está trabalhando ou deveria estar trabalhando não cooperam tanto quanto você esperava, ou em casa, com sua família, quando algo que você faz é mal interpretado, isso tudo inevitavelmente leva à frustração e à raiva. Quando as pessoas criticam suas intenções e você sabe que suas intenções são nobres, é bastante doloroso. Você cerra os dentes e diz: 'Lá vêm eles de novo'.

"Ou, em maior escala, no meu país, quando estávamos envolvidos com a luta contra o apartheid e havia aqueles entre nós que usavam métodos que não eram aceitáveis, como um tipo de tortura e execução em que eles ateavam fogo em uma pessoa usando um pneu cheio de gasolina em volta do pescoço das vítimas e as matavam, e você queria explicar que não precisamos disso, que aquilo apenas facilitava para eles criticarem o nosso povo e o nosso movimento.

"Ou, de um jeito pessoal, quando você precisa lidar com doenças físicas e deseja ter um pouco mais de energia do que de fato tem. Nesse caso, a pessoa se lembra de sua própria humanidade e fragilidade."

"Certa vez, eu estava em Jerusalém", disse o Dalai Lama. "E me encontrei com um professor que costumava dizer a seus alunos: 'Quando estiver irritado ou zangado com alguém, você deve se lembrar que ele é feito à imagem e à semelhança de Deus'. Alguns dos alunos eram palestinos e tinham que cruzar postos de controle israelitas. Eles contaram ao professor que, quando ficavam nervosos ou irritados, pensavam que aqueles soldados eram a imagem de Deus e logo se sentiam melhores e mais relaxados. No nível físico, a pessoa precisa agir de acordo, mas, no nível mental, a pessoa pode permanecer calma e relaxada. É assim que se treina a mente."

Mesmo assim, a raiva deve ter um lugar, pensei. Às vezes, ela tem o papel de proteger a nós ou aos outros de ferimentos ou ofensas. Fiquei imaginando qual seria o papel da raiva justa? O Arcebispo, durante os assassinatos que geralmente manchavam os protestos pacíficos contra o apartheid, erguia o punho e fazia um discurso inflamado, clamando fogo e pedras contra os malfeitores da injustiça. Sua biografia, escrita pelo seu assessor de imprensa de longa data, John Allen, intitulada *Rabble-Rouser for Peace*, descreve sucintamente o paradoxo da luta do Arcebispo pela liberdade. Ele não tinha medo da raiva e da indignação justa na busca pela paz, pela justiça e pela igualdade em seu país de origem.

O Arcebispo explicou de forma simples e sucinta o poder e os limites do uso da raiva.

"A raiva justa não costuma ser sobre a pessoa. É sobre aqueles que a pessoa vê que estão sendo feridos e que a pessoa quer ajudar."

Para resumir: a raiva justa é uma ferramenta de justiça, uma foice de compaixão, mais do que uma emoção reativa. Embora possa ter suas raízes profundamente ligadas ao desejo de lutar ou fugir para proteger aqueles na nossa família ou em um grupo que estejam sendo ameaçados, trata-se de uma resposta escolhida, e não simplesmente uma reação incontrolável. E não se trata da própria autoimagem da pessoa sitiada ou do próprio sentimento de separação da pessoa, mas sim da responsabilidade da pessoa para com o coletivo, e do sentimento dessa pessoa de profunda conexão potencializadora.

"Agora", continuou o Dalai Lama, "os cientistas médicos dizem que o medo constante, a raiva constante e o ódio constante prejudicam o nosso sistema imunológico. Todo mundo tenta cuidar da própria saúde. Para isso, precisa de um corpo são e uma mente sã. Uma mente sã é uma mente tranquila. O medo e a raiva destroem a mente sã. Então você percebe que a raiva não ajuda a resolver problemas. Não vai ajudar. Só vai criar mais problemas.

Como consequência, por meio do treinamento da própria mente e usando a razão, podemos transformar as nossas emoções."

O Dalai Lama acrescentou ainda:

"Simples e claro assim."

Como se o medo e a raiva, essas partes fundamentais da experiência humana, essas fontes de tanta emoção negativa, tanto sofrimento, pudessem ser banidos com um aceno de uma mente racional. Eu sabia que ele estava descrevendo uma vida inteira de prática, na qual temos que lutar continuamente contra os mecanismos da raiva e do medo no nosso cérebro mamífero. Caso contrário, tendemos a perder a cabeça de forma cada vez mais constante do que gostaríamos de admitir.

Paul Ekman me contou uma história surpreendente em um jantar sobre como o Dalai Lama o curou de suas questões de raiva. Ekman não é budista e não tinha o menor interesse em conhecer o Dalai Lama, mas sua filha era fã e, quando ele ouviu que os cientistas foram convidados para a conferência bienal sobre a mente e a vida e que o Dalai Lama seria um dos convidados, aceitou o convite.

Ekman me explicou que costumava ser muito tímido e quieto quando criança, mas que se tornou um tipo de viciado em explosões de raiva depois de ser vítima da agressividade e da violência do pai e após o suicídio da mãe. Ekman tinha o que ele e outros clínicos da emoção chamam de "incidentes lamentáveis", mergulhando em uma onda de fúria várias vezes por semana. Quando foi ver o Dalai Lama, algo muito estranho aconteceu.

O Dalai Lama pegou as mãos de Ekman, olhou amorosamente em seus olhos, e de repente Ekman disse que parecia que toda a raiva fora drenada para fora do seu corpo. Não teve nenhum outro incidente lamentável por seis meses, e, embora tenham voltado, eles passaram a ser muito menos frequentes. Ekman não sabe o que aconteceu com ele, mas disse que talvez a profunda compaixão do Dalai Lama tenha ajudado a curar alguma mágoa que ainda tinha e sua reação a ela. O Dalai Lama pediu que Ekman mapeasse a paisagem emocional para ajudar os outros a evitar o terreno rochoso das emoções negativas e encontrar mais facilmente o próprio caminho para a terra prometida de compaixão e alegria.

O Dalai Lama disse mais cedo que, se conseguirmos descobrir o nosso papel na criação das situações que nos chateiam, seremos capazes de reduzir nossos sentimentos de frustração e raiva. Além disso, quando conseguimos reconhecer que a outra pessoa tem os próprios medos e mágoas, suas próprias perspectivas humanas e frágeis, teremos uma chance de escapar do reflexo normal da raiva.

"Então, finalmente, às vezes é uma questão de estar no momento certo", disse o Dalai Lama, concluindo a nossa primeira sessão matinal quando estávamos prestes a fazer um intervalo para o chá. "O cansaço excessivo pode nos levar à frustração e à raiva. No meu caso, quando encontro alguma situação difícil pela manhã, a minha mente está tranquila, e é muito mais fácil. Quando a mesma situação chega no final da noite e eu estou um pouco cansado, daí me sinto irritado. Portanto, a sua condição física básica faz diferença, quando o seu corpo está descansado e a sua mente também. Isso mostra quanto se depende da própria percepção e da visão subjetiva limitada."

Planejamos discutir em seguida a tristeza e o pesar, sentimentos que muitos tentam evitar. Fiquei muito surpreso ao ouvi-los explicar como a estrada real para o contentamento passa diretamente por essas emoções.

Tristeza e pesar: os tempos difíceis nos unem ainda mais

"Logo no primeiro dia da Comissão de Verdade e Reconciliação", começou o Arcebispo, "quando uma das testemunhas veio nos contar sobre suas experiências, estávamos no final de um dia longo e cansativo. O homem estava tentando nos contar como o haviam torturado. Houve um momento em que tentava se lembrar do que tinham feito com ele e teve dificuldades de falar. Ele tinha desenvolvido um problema de fala. Eu não sei qual foi o motivo, as lembranças ou o problema de fala, mas a testemunha não conseguiu continuar. E ele começou uma frase, levou uma das mãos aos olhos e começou a chorar. E eu me juntei a ele.

"No final daquilo, eu disse para os meus colegas: 'Eu disse para vocês que não estou apto para presidir isso, e eu estava certo. Passei vergonha em público'. Eu sou um chorão. Acho que choro com facilidade... Suponho que também ame com facilidade.

"Então, eu acho que não deveríamos pensar que somos o Super-Homem ou a Mulher-Maravilha. Segurar as nossas emoções em um ambiente controlado como aquele não é inteligente. Eu diria 'vá em frente' e talvez até 'grite a sua tristeza e a sua dor'. Isso pode trazê-lo de volta ao estado normal. Trancá-las dentro de nós e fingir que não estão lá faz com que elas se inflamem e se tornem uma ferida. Eu não li isso em nenhum livro. É simplesmente como lidei com elas."

A tristeza é aparentemente o desafio mais direto ao contentamento, mas, como bem argumentou o Arcebispo, ela costuma nos levar mais diretamente à empatia e à compaixão e a reconhecer a necessidade que temos uns dos outros.

A tristeza é uma emoção muito poderosa e duradoura. Em um estudo, descobriu-se que a tristeza dura muito mais do que as emoções mais passageiras, como o medo e a raiva: enquanto o medo dura, em média, meia hora, a tristeza pode chegar a 120 horas, ou quase cinco dias. Enquanto o valor evolucionário da nossa resposta de luta (raiva) e fuga (medo) é claro, o valor da tristeza parece mais difícil de compreender.

Novos estudos conduzidos pelo psicólogo e pesquisador Joseph Forgas mostram que a tristeza leve pode, na verdade, trazer uma série de benefícios que poderiam refletir o seu valor. Em seus experimentos, as pessoas que estavam tristes demonstraram um melhor senso de julgamento e de memória, e estavam mais motivadas e sensíveis às normas sociais e eram mais generosas do que o grupo de controle mais feliz. As pessoas que estão em um estado considerado negativo de tristeza foram mais perspicazes sobre a própria situação e lembraram-se melhor de detalhes e estavam mais motivadas a mudar a própria situação. O que é particularmente interessante é que essa breve tristeza talvez gere mais empatia e generosidade. Os participantes do estudo jogaram um jogo, parte do qual envolvia decidir quanto dinheiro guardariam para si e quanto dariam para os outros. Os participantes tristes doaram uma quantia significativamente maior para os outros participantes.

Embora a depressão certamente feche o nosso ciclo de preocupação para dentro, a sensação periódica de tristeza talvez o amplie. Forgas concluiu que a tristeza pode trazer alguns benefícios para a nossa vida, o que talvez explique por que as pessoas são atraídas por música, arte e literatura que podem fazer com que se sintam tristes. Ele nos instiga a abraçar todas as nossas emoções, porque elas sem dúvida representam um papel necessário na nossa vida.

A tristeza é, de muitas formas, a emoção que faz com que procuremos uns aos outros em busca de apoio e solidariedade. O Arcebispo expressou isso magnificamente quando explicou:

"Nós não nos aproximamos dos outros se o nosso relacionamento é feito de momentos completamente satisfatórios. São os tempos difíceis, os tempos de sofrimento, a tristeza e o pesar que nos unem mais."

Um funeral talvez seja o exemplo mais óbvio desse entrelaçamento de relacionamentos que une a comunidade, mas até mesmo as lágrimas são um sinal para os outros de que precisamos de conforto e bondade, de que somos vulneráveis e precisamos de ajuda.

Tentamos com tanto afinco separar o contentamento da tristeza e colocá-los cada um em sua caixa, mas o Arcebispo e o Dalai Lama nos dizem que esses sentimentos estão inevitavelmente unidos. Nenhum deles advoga o tipo de felicidade fugaz, conhecida como *felicidade hedonista*, que exige apenas estados positivos e bane sentimentos como a tristeza para um exílio emocional. O tipo de felicidade que descrevem é chamado de *felicidade eudemonista*, que se caracteriza por autocompreensão, significado, crescimento e aceitação, incluindo os inevitáveis sentimentos de sofrimento, tristeza e pesar.

"As pessoas costumam me perguntar", disse o Dalai Lama, "sobre aquelas pessoas queridas, um amigo, um parente ou até mesmo um filho que já faleceu. Elas me perguntam: 'O que devo fazer?'.

"Compartilho com elas a minha própria experiência. Meu amado e principal mestre, que me ordenou monge, morreu, e eu realmente fui atingido por um enorme pesar. Enquanto ele estava vivo, eu sempre senti como se ele fosse a rocha sólida atrás de mim na qual eu poderia me apoiar. Eu realmente me senti muito, muito triste e tomado de pesar quando ele se foi.

"O caminho através da tristeza e do pesar que surge com uma grande perda é usar isso como uma motivação para gerar um senso mais profundo de propósito. Quando meu professor se foi, eu costumava pensar que eu agora teria ainda mais responsabilidades para cumprir os seus desejos, então a minha tristeza se traduziu em mais entusiasmo, mais determinação. Tenho dito para aqueles que perderam um amigo querido ou um membro da família que isso é muito triste, mas que essa tristeza deve se transformar em mais determinação para cumprir os desejos daqueles que se foram. Se a pessoa que você perdeu pudesse vê-lo, e você está determinado e cheio de esperança, ela ficaria feliz. Com a grande tristeza da perda, a pessoa pode viver uma vida ainda mais significativa.

"A tristeza e o pesar são, é claro, respostas humanas naturais à perda, mas, se o seu foco permanecer na pessoa amada que você acabou de perder, é menos provável que a experiência o leve ao desespero. Em comparação, se o seu foco durante o luto permanecer mais centrado em você mesmo, 'o que vou fazer agora?', 'como posso lidar com isso?', existirá um perigo maior de seguir pelo caminho do desespero e da depressão. Então, novamente, muita coisa depende de como respondemos à nossa experiência, mediante a perda e a tristeza."

O Dalai Lama mencionou a famosa história budista sobre a mulher que perdeu o filho e estava inconsolável no seu luto, carregando o filho morto pela terra, implorando que alguém ajudasse a curá-lo. Quando chegou ao Buda, implorou que ele a ajudasse. Ele disse para ela que poderia ajudá-la se ela colhesse sementes de mostarda para o remédio. Ela concordou ansiosamente, mas o Buda lhe explicou que as sementes de mostarda precisavam vir de uma casa que não tivesse sido tocada pela morte. Quando a mulher visitou cada casa em busca de sementes de mostarda que pudessem curar o seu filho, descobriu que não havia nem uma casa que não tivesse passado pela perda de um pai ou uma mãe, ou um cônjuge, ou um filho. Ao perceber que o seu sofrimento não era único, conseguiu enterrar o próprio filho na floresta e se libertar do luto.

Meu amigo Gordon Wheeler, que é psicólogo, explica que o pesar e o luto são um lembrete da profundidade do nosso amor. Sem amor, não há pesar. Quando sentimos o nosso pesar, por mais desconfortável e doloroso que possa ser, na verdade o sentimento é um lembrete da beleza daquele amor, agora perdido. Nunca vou me esquecer do dia em que liguei para Gordon, quando eu estava viajando, e o ouvi dizer que estava saindo para jantar sozinho depois da perda de um amigo querido, para que pudesse "sentir o próprio pesar". Ele sabia que, no mundo frenético da nossa vida, é fácil demais apagar o passado e seguir para os próximos momentos. Demorar-se na saudade, na perda, no desejo de estar junto é uma forma de sentir a textura rica e bordada da vida, o tecido rasgado do nosso mundo que está infinitamente sendo rasgado e remendado.

Desespero: o mundo está um turbilhão

Era chegado o momento de fazer a pergunta que as pessoas do mundo inteiro mais queriam que eu fizesse, uma pergunta não sobre o contentamento, mas sobre a tristeza, e não sobre a delas, mas a dos outros.

"As pessoas por todo o mundo querem saber como podem viver com contentamento em um mundo tão repleto de tristeza e sofrimento. Uma mulher chamada Dawn, que enviou uma pergunta, a fez da seguinte forma: 'O mundo está um turbilhão. Guerra, fome, terrorismo, poluição, genocídio. Meu coração dói com essas questões. Como posso encontrar contentamento diante de problemas tão grandes no mundo?'."

"Você é o mais velho", disse o Dalai Lama, fazendo um gesto para o Arcebispo.

"Você mostra a sua humanidade", começou o Arcebispo, "mostrando como você se vê não como se estivesse separada dos outros, mas a partir da sua ligação com os outros. Eu choro com frequência por coisas como as que você mencionou.

"Deus nos criou e disse: 'Vá, meu filho. Você é livre'. E Deus tem uma reverência tão incrível por essa liberdade que prefere muito mais que nós sigamos livremente para o inferno do que nos compelir a vir para o céu.

"Sim, somos capazes das atrocidades mais terríveis. Podemos catalogá--las. E Deus chora até que apareça alguém que diga: 'Eu quero fazer alguma coisa'. É bom também se lembrar que temos uma enorme capacidade para a bondade. Então você olha novamente. E você vê aqueles médicos e enfermeiras de outras partes do mundo que vão em direção a essas situações. O que eu quero dizer é: pense por exemplo nos Médicos Sem Fronteiras. Por que eles vão para esses lugares? Eles poderiam muito bem ficar na França ou seja lá onde praticam a sua maravilhosa profissão. Mas não ficam. Eles vão para alguns dos lugares mais pobres que existem.

"Você viu isso com a epidemia do ebola. As pessoas entrando em situações extremamente perigosas. Saindo de países onde não há ebola. E eles não têm nenhum motivo para ir para Serra Leoa ou qualquer outro lugar. Eles só estão nos mostrando o que todos somos capazes de ser. E por proximidade nós nos ligamos a eles e tentamos o máximo que podemos ser quem somos: um povo de compaixão.

"O que você pode fazer para mudar aquela situação? Você talvez não seja capaz de fazer muita coisa, mas comece por onde você está e faça o que você pode onde quer que esteja. E, sim, fique chocada. Seria horrível se nós olhássemos à nossa volta e víssemos todos os horrores e disséssemos: 'Ah, não importa de verdade'. É tão maravilhoso que possamos nos angustiar. Isso faz parte da grandeza de quem somos. O fato de você se angustiar por alguém que não é da sua família do jeito convencional. Ainda assim, você se angustia igualmente. É incrível como as pessoas podem sentir compaixão e ser generosas.

"Quando um desastre como o Onze de Setembro acontece, percebemos que somos uma família. Somos *uma* família. Aquelas pessoas nas Torres Gêmeas eram nossos irmãos e nossas irmãs. E, ainda mais alarmante, as pessoas que estavam pilotando aqueles aviões, eles eram nossos irmãos e nossas irmãs. Quando ocorreu o tsunami, você viu a efusão de amor, compaixão e preocupação? O que quero dizer é que você não conhece as vítimas nem nada. E as pessoas apenas doaram e doaram. Porque na verdade é isso que *realmente* somos.

"Depois do Onze de Setembro, você poderia esperar que aqueles que odeiam os Estados Unidos começassem a comemorar. Mas houve realmente pouquíssimas pessoas fazendo isso. As pessoas sentiram-se profundamente angustiadas.

"Se o presidente americano não tivesse revidado, talvez tivéssemos um mundo diferente. No final das contas, teremos um mundo diferente, é claro.

Mas apenas olhe para qualquer tragédia. Quando os mineiros ficaram presos na Rússia, as pessoas não diziam 'eu não falo russo', nem 'eu não sei nem onde fica esse lugar no mapa'. Existe compaixão que simplesmente aflora."

A convicção do Arcebispo e do Dalai Lama de que teríamos um mundo diferente no final das contas é impressionante. Vários meses depois das entrevistas, fiz uma visita ao Arcebispo na África do Sul quando aconteceram os ataques terroristas em Paris. Tantas pessoas desesperadas diante da óbvia inumanidade da humanidade. Quando perguntei o que ele diria para aqueles que estão presos em tamanho desespero, ele respondeu:

"Sim, nós temos derrotas, mas é preciso manter tudo em perspectiva. O mundo está melhorando. Pense nos direitos das mulheres ou em como a escravidão era considerada moralmente justificável alguns séculos atrás. Demora. Estamos todos crescendo e aprendendo a ser compassivos, a nos preocupar e a ser humanos."

Quase exatamente um mês depois, o mundo se uniu em Paris para ratificar os acordos de mudança climática que superaram as diferenças nacionais e a ganância financeira para dar ao nosso mundo uma chance melhor de sobrevivência. O Arcebispo gostava de citar um dos seus heróis, o dr. Martin Luther King Jr., que por sua vez estava citando um dos seus heróis, um ministro abolicionista chamado Theodore Parker, que disse: "O arco do universo moral é longo, mas ele se inclina em direção à justiça".

"Talvez aqui eu possa mencionar algo da minha própria experiência", disse o Dalai Lama. "Dez de março de 2008."

Todos os anos, a comunidade tibetana exilada comemora o 10 de março como o Dia da Insurreição Tibetana, lembrando o protesto de 1959 contra a ocupação chinesa que acabou levando à severa sanção contra o movimento da liberdade tibetana e à fuga do Dalai Lama para o exílio. Em 2008, próximo das Olimpíadas de Pequim, aquele dia se tornou violento, começando na capital tibetana de Lhasa e se espalhando por todo o Tibete e por cidades de todo o mundo.

"Como sempre, nos unimos para comemorar o 10 de março. Depois que a reunião terminou, recebi uma mensagem de Lhasa de que alguns moradores locais tinham começado demonstrações. Quando ouvi isso, fiquei muito preocupado e bastante ansioso. Eu não podia fazer nada. Senti-me impotente. Sabia que, se eles realmente continuassem com as demonstrações, aquilo só resultaria em mais sofrimentos e muito mais problemas. E foi exatamente o que aconteceu, com a violenta repressão, a morte e o aprisionamento de muitos tibetanos que fizeram parte dos protestos. No decorrer dos dias que se seguiram, durante a minha meditação, cheguei a visualizar algumas daquelas autoridades chinesas locais e realizei uma das nossas práticas, chamada *tonglen*, literalmente traduzida como 'dar e tomar'. Tentei tomar para mim seus medos, sua raiva e suas suspeitas e dar a eles o meu amor e o meu perdão. Certamente, isso não teria nenhum efeito físico e não mudaria a situação. Mas, veja bem, em termos mentais, foi muito, muito útil para acalmar a mente. Foi uma boa oportunidade para praticar o perdão e a compaixão. Então eu penso que cada pessoa tem esse mesmo tipo de oportunidade, essa mesma capacidade."

"Às vezes, eu fico muito zangado com Deus", acrescentou o Arcebispo, rindo.

"Alguns dos meus amigos", respondeu o Dalai Lama, "quando estão realmente enfrentando algum problema, às vezes reclamam do Buda. A ideia é a mesma."

"Isso", continuou o Arcebispo. "Geralmente eu ia à minha capela se alguma coisa tivesse realmente me chateado. Eu reprovava Deus. O profeta Jeremias dizia para Deus: 'Vós me enganastes. Chamastes a mim para ser um profeta, e eu respondi que não queria ser um profeta. E vós dissestes: não, eu estarei convosco. Tudo que me obrigastes a dizer para essas pessoas, pessoas a quem amo muito, é para condená-las'. E, sim, é assim que eu faço isso. Jeremias é o meu profeta bíblico favorito precisamente por causa da sua honestidade. Você pode se dirigir a Deus e falar tudo que precisa, desabafar exatamente como ele fez."

Fiquei imaginando quantas vezes o Arcebispo, assim como Jeremias, disse a Deus que não queria ser um profeta.

"Eu choro quando algo acontece e não posso fazer nada para ajudar. Eu reconheço que é algo em relação ao qual posso fazer muito pouco.

"Eu me lembro das vezes em que eu ficava em silêncio desesperado. Chris Hani era um dos mais incríveis jovens líderes. Não havia dúvida de que ele sucederia Nelson Mandela. Mas então ele foi assassinado um pouco antes da Páscoa, preparando o caminho para as nossas primeiras eleições democráticas.

"Eu estava na catedral da Cidade do Cabo quando recebi a notícia. Fiquei surpreso, assim como a maioria dos sul-africanos. Voltei para casa, em Bishopscourt. Leah me disse que recebemos várias ligações sobre Chris Hani. Eu desmoronei, e Leah me abraçou, como se eu fosse um bebê. Acho que isso ajudou, porque mais tarde eu tive que presidir o funeral dele. E recebemos uma multidão de pessoas que estavam com muita, muita raiva. Eu sabia como se sentiam porque eu passara pela mesma coisa. E eu poderia apelar para elas não de uma posição superior, mas de uma posição de alguém que estava com elas, que sentia a mesma angústia e a mesma dor que elas sentiam.

"Também é bom reconhecer, falando do ponto de vista da luta contra o apartheid, como as pessoas são incrivelmente nobres. Você sabe que os seres humanos são essencialmente bons. Você sabe que é por aí que deve começar. Que qualquer outra coisa é uma aberração. Qualquer coisa que se desvie disso é exceção, mesmo quando, ocasionalmente, seja muito frustrante. As pessoas são notavelmente boas e incríveis em sua generosidade, principalmente durante a Comissão de Verdade e Reconciliação na África do Sul. Foi incrível ouvir as pessoas que sofreram, sabe? Brancos também. Não apenas sul-africanos, mas americanos.

"Havia uma família cuja filha fora assassinada de forma brutal, e eles vieram e disseram que apoiavam a anistia para aqueles que mataram a filha deles de forma tão terrível. Os pais abriram uma organização sem fins lucrativos para ajudar as pessoas da cidade onde a filha fora morta, e até mesmo deram emprego a um dos homens que assassinaram sua filha e cuja anistia eles apoiaram.

"Sempre precisamos reconhecer que, apesar das aberrações, a questão fundamental da humanidade, dos seres humanos, das pessoas, é que elas são boas e realmente querem ser boas.

"Sim, existem muitas, muitas coisas que podem nos deprimir. Mas também existem muitas coisas que são fantásticas neste mundo. Infelizmente, a mídia não publica essas histórias porque não parecem notícia."

"Acho que você está certo", opinou o Dalai Lama. "Quando coisas ruins acontecem, elas se tornam notícias, e é fácil sentir que a nossa natureza humana básica é matar ou estuprar ou ser corrupto. Então podemos sentir que não há muita esperança para o nosso futuro.

"Todas essas coisas acontecem, mas são incomuns, e é por isso que se tornam notícia. Existem milhões e milhões de crianças que são amadas pelos pais todos os dias. Na escola, os professores cuidam delas. Tudo bem, talvez existam alguns professores ruins, mas a maioria deles é realmente bondosa e carinhosa. No hospital, todos os dias, milhões de pessoas recebem cuidados imensos. Mas isso é tão comum que não se torna notícia. Nós consideramos isso como algo certo.

"Quando vemos as notícias, devemos ter um ponto de vista mais holístico. Sim, que coisa horrível foi isso ou aquilo. Sem dúvida, existem coisas muito negativas, mas ao mesmo tempo existem muitas coisas positivas acontecendo no mundo. Devemos ter um senso de proporção e uma perspectiva mais ampla. Então não nos desesperaremos quando virmos essas coisas tristes."

Nenhum desses dois homens estava pedindo que olhássemos para o mundo através de lentes cor-de-rosa ou não víssemos o mundo de qualquer outra forma que não fosse com uma visão insensivelmente honesta. O Arcebispo até desencoraja as pessoas de serem otimistas.

"Arcebispo, o senhor explicou de forma muito poderosa sobre como a esperança não é o mesmo que otimismo. O senhor poderia nos falar um pouco dessa distinção que faz?"

"Esperança", começou o Arcebispo, "é muito diferente de otimismo, que é muito mais superficial e propenso a se transformar em pessimismo quando as circunstâncias mudam. A esperança é algo muito mais profundo.

"Falei um pouco mais cedo sobre Chris Hani, cujo assassinato aconteceu em um momento muito crítico das negociações de uma nova e democrática África do Sul. Estávamos na ponta de um precipício. Foi uma coisa tão séria que o então presidente, o presidente branco da África do Sul, F. W. de Klerk, pediu a Nelson Mandela para falar à nação.

"Aquele incidente poderia ter destruído as negociações, mas na verdade não foi o que aconteceu. Tínhamos a sorte de ter alguém como Nelson Mandela.

"Agora, se você tivesse sido otimista, você teria dito: 'Bem, o assassinato de Chris Hani vai realmente acabar com tudo'. O que fez as pessoas querer seguir adiante, com muito esforço, não foi o otimismo, mas a esperança: a esperança obstinada e inextinguível.

"Digo para as pessoas que não sou otimista, porque isso, de certa forma, é algo que depende mais de sentimentos do que da realidade. Nós nos sentimos otimistas ou nos sentimos pessimistas. Agora, a esperança é diferente no sentido de que não se baseia na efemeridade dos sentimentos, mas no firme solo da convicção. Eu creio com uma fé inabalável que nunca haverá uma situação que é completa e totalmente sem esperança. A esperança é mais profunda e muito, muito próxima do imperturbável. Está no fundo do seu estômago. Não está na sua cabeça. Está tudo aqui."

Ele apontou para a barriga antes de continuar:

"O desespero surge de uma tristeza profunda, mas também pode ser uma defesa contra os riscos de amargas decepções e sofrimento esmagador. A resignação e o cinismo são mais fáceis, são posturas mais reconfortantes que não exigem a vulnerabilidade bruta e o risco trágico da esperança. Escolher a esperança é dar um firme passo adiante em ventos uivantes, expondo-se aos elementos, sabendo que, em algum momento, a tempestade vai passar."

Como o Arcebispo explicou, a esperança é o antídoto do desespero. Ainda assim, a esperança exige fé, mesmo que a fé nada mais seja do que a natureza humana ou a persistência da vida de encontrar um caminho. A esperança também é cultivada pelos relacionamentos, pela comunidade, seja essa comunidade literal ou criada a partir de uma longa memória da luta humana, cujos membros incluem Gandhi, Martin Luther King, Nelson Mandela e muitos outros. O desespero nos faz encolher dentro de nós mesmos. A esperança nos envia para os braços dos outros.

Então o Arcebispo se virou para mim, tornando tudo muito pessoal, mas ao mesmo tempo universal.

"De muitas formas, é a mesma coisa que o amor. Por que você pediu Rachel em casamento? O que o fez pensar que isso ia durar? Você sabe que não tinha nenhuma evidência. Muitas pessoas estão loucamente apaixonadas, do mesmo modo que você estava no início. E, alguns anos mais tarde, elas se divorciam. Mas você sabia, no fundo do coração, que ela era para você, e ela também disse: 'Ele foi feito para mim'. E, bem...", continuou ele com uma risada, "tudo deu certo."

Solidão: não precisa de apresentação

"Em toda a nossa sociedade, as pessoas sentem uma grande solidão", disse o Dalai Lama quando começamos a discussão logo depois do chá.

Estávamos conversando sobre solidão e alienação e algumas estatísticas recentes preocupantes. Um estudo realizado pela socióloga Lynn Smith-Lovin descobriu que o número de amigos próximos que as pessoas afirmam ter se reduziu de três para dois. Embora talvez tenhamos centenas de amigos no Facebook, o número de amigos próximos está diminuindo. Talvez o mais preocupante de tudo seja o fato de uma a cada dez pessoas ter dito que não tem nenhuma amizade.

"Na verdade, nos Estados Unidos e também na Índia", continuou o Dalai Lama, "as pessoas nas cidades grandes estão muito ocupadas e, embora elas talvez vejam o rosto dos outros ou até conheçam as outras pessoas há vários anos, elas não têm praticamente nenhuma ligação humana. Então, quando alguma coisa acontece, as pessoas se sentem solitárias porque não têm a quem procurar para pedir ajuda ou apoio."

Tendo sido criado em Manhattan, cercado por 7 milhões de nova-iorquinos, eu sabia exatamente do que o Dalai Lama estava falando. Quando eu era criança, nunca cheguei a conhecer as pessoas que moravam no mesmo andar que nós. Às vezes, eu as ouvia fechar a porta com um som metálico seco e trancá-la em seguida. Se as víssemos enquanto esperávamos o elevador, algumas poucas palavras eram ditas e os olhares eram desviados.

Sempre me espantou essa fuga intencional, por fim concluí que devia ser uma defesa contra aglomeração de tantas pessoas juntas.

"Nas zonas rurais, os fazendeiros tinham um senso mais forte de comunidade", explicou o Dalai Lama. "Quando alguém ou alguma família estava enfrentando um problema, você sentia que podia pedir ajuda aos seus vizinhos. Até mesmo em cidades grandes, com milhões de pessoas, ainda temos responsabilidade uns com os outros, conhecendo-os ou não."

Pensei nas portas trancadas no nosso andar do prédio. Como poderíamos ter responsabilidade para com pessoas que nem sequer conhecíamos? Aquelas portas fechadas, aquelas pessoas que não víamos atrás delas eram um lembrete constante de que não tínhamos nenhuma ligação. Agora, enquanto o Dalai Lama falava, fiquei pensando que os olhares desviados da minha infância, enquanto esperávamos o elevador ou o metrô, talvez fossem a vergonha de estar fisicamente próximos mas emocionalmente distantes.

"Nós somos todos seres humanos", disse o Dalai Lama, voltando a um dos seus refrões mais profundos. "Não precisamos de apresentação. Temos o mesmo rosto humano, quando vemos uns aos outros sabemos na hora que se trata de um irmão ou uma irmã humano. Conhecendo-os ou não, você pode sorrir e dizer *oi*."

Pensei nas vezes em que sorri e falei de forma calorosa com a pessoa esperando o elevador ou o metrô. Sim, às vezes a minha oferta para uma conexão humana era recebida com confusão, já que não constitui uma expectativa social, mas em geral era recebida com um sorriso aliviado, como se tivéssemos saído de um transe e uma vez mais estivéssemos reconhecendo a nossa ligação humana.

"Toda a nossa sociedade possui uma cultura materialista", disse o Dalai Lama. "No modo de vida materialista, não existe o conceito de amizade, não existe o conceito de amor, apenas de trabalho, 24 horas por dia, como uma máquina. Dessa forma, na sociedade moderna, acabamos nos tornando parte dessa enorme máquina em movimento."

O Dalai Lama estava dando um nome a uma dor profunda no peito da vida moderna, mas uma dor que é tão comum que nos esquecemos de que ela não é normal. Pensei no que o Arcebispo disse sobre *Ubuntu*, como somos quem somos através uns dos outros, como a nossa humanidade está ligada de pessoa para pessoa.

O Dalai Lama explicou que, no budismo, existe um reconhecimento da nossa interdependência em todos os níveis — social, pessoal, subatômico. O Dalai Lama sempre enfatizou que nascemos e morremos totalmente dependentes uns dos outros, e que a independência que acreditamos ter nesse meio-tempo não passa de um mito.

"Se enfatizamos o nível secundário das diferenças, o meu país, a minha religião, a minha cor, então notamos as diferenças. Como neste momento agora na África, há muita ênfase nessa ou naquela nação. Eles deviam pensar que somos todos os mesmos africanos. Além de os mesmos seres humanos. O mesmo se aplica à religião: xiitas e sunitas, cristãos ou muçulmanos. Todos somos seres humanos. Essas diferenças entre religiões são questões pessoais. Quando nos relacionamos uns com os outros a partir da compaixão, chegamos ao primeiro nível, o nível da humanidade, não ao nível secundário da diferença. Daí você pode ter compaixão pelo seu inimigo.

"Todos nós temos o mesmo potencial para a afeição. E agora os cientistas estão descobrindo que a nossa natureza humana básica é compassiva. O problema é que as crianças vão para as escolas e nelas não aprendem a cultivar esses valores humanos mais profundos; com isso seus potenciais humanos básicos ficam dormentes."

"Talvez as nossas sinagogas, nossos templos e nossas igrejas", acrescentou o Arcebispo Tutu, "não sejam tão receptivos quanto deveriam. Eu realmente acho que precisamos que essas associações façam muito mais para que aqueles que estão solitários venham e compartilhem. Não de forma agressiva, ou, como era antigamente, para aumentar o número de adeptos, mas intensamente interessados em uma pessoa que chega e recebe aquilo que não tinha antes: calor e companheirismo. Esses são programas feitos para acabar com a solidão."

Geralmente estamos sozinhos sem nos sentirmos solitários, e nos sentimos solitários quando não estamos sozinhos, como quando estamos em uma multidão de estranhos ou em uma festa com pessoas que não conhecemos.

Claramente, a experiência psicológica da solidão é bem diferente da experiência física de estar sozinho. Podemos sentir contentamento quando estamos sozinhos, mas não quando estamos solitários. Depois da nossa pausa para o chá, voltamos a esse assunto.

"Vossa Santidade, terminamos a nossa última seção falando sobre a solidão, e eu queria voltar ao assunto para fazer mais uma pergunta. Monges passam muito tempo sozinhos. Então qual é a diferença de estar sozinho e estar solitário?"

O Dalai Lama voltou-se para o Arcebispo para ver se ele queria responder.

"Não, eu não fui um monge. Pode começar."

"Os monges se separam do mundo material, não apenas fisicamente, mas também mentalmente. De acordo com a religião dele", disse o Dalai Lama apontando para o Arcebispo, "os monges cristãos estão sempre pensando que estão na luz de Deus e dedicam-se a servi-Lo. Não podemos tocar em Deus de forma direta, então o único jeito é servir os filhos de Deus, a humanidade. Assim, nunca estamos realmente solitários.

"Depende muito da sua atitude. Se você está repleto de julgamento negativo e raiva, então vai se sentir separado das outras pessoas. Você vai se sentir solitário. Mas se você tem um coração aberto e está repleto de confiança e amizade, mesmo que esteja fisicamente sozinho, até mesmo vivendo a vida como um eremita, você nunca vai se sentir sozinho."

"É irônico não é?", lancei, lembrando-me do Lama Tenzin, que nos disse, enquanto comprávamos *donuts* a caminho de Dharamsala, que tinha um desejo de morar em uma caverna durante o período tradicional de mais de três anos. "Você pode passar três anos, três meses e três dias em uma caverna e não estar solitário, mas você pode estar solitário no meio de uma multidão."

"Isso mesmo", respondeu o Dalai Lama. "Existem pelo menos 7 bilhões de pessoas, e o número de seres sencientes é ilimitado. Se estiver sempre pensando em 7 bilhões de seres humanos, você nunca experimentará a sensação de solidão.

"A única coisa que trará felicidade é afeição e afeto. Isso realmente traz a força interior e a autoconfiança, reduz o medo, desenvolve a confiança, a qual traz a amizade. Somos animais sociais, e a cooperação é necessária à nossa sobrevivência, mas a cooperação se baseia completamente na confiança. Quando existe confiança, as pessoas se unem. Nações inteiras se unem. Quando você tem uma mente compassiva e cultiva o afeto, toda a atmosfera à sua volta se torna mais positiva e amigável. Você enxerga amigos em todos os lugares. Se você sente medo e desconfiança, então as outras pessoas vão se afastar. Também se sentirão cautelosas, desconfiadas e receosas. Com isso, chega o sentimento de solidão.

"Quando alguém é afetuoso, sempre está completamente relaxado. Se você vive com medo e se considera especial de alguma forma, então você automática e emocionalmente se distancia dos outros. Você cria a base para sentimentos de alienação dos outros e a solidão. Por isso, mesmo quando estou dando uma palestra para uma grande multidão, eu nunca me considero especial. Sou a '*Sua Santidade*, o Dalai Lama'", diz ele, debochando do seu próprio status venerado. "Eu sempre enfatizo que, quando me encontro com as pessoas, somos todos seres humanos. Mil pessoas: os mesmos seres humanos. Dez mil ou 100 mil: os mesmos seres humanos. Em nível mental, emocional e físico. Assim você não enxerga nenhuma barreira. Então a minha mente permanece completamente calma e relaxada. Se enfatizo muito o eu, começo a pensar que sou especial de alguma forma, e assim chegam a ansiedade e o nervosismo.

"O paradoxo é que, embora o impulso subjacente a um foco excessivo em si mesmo seja a busca de mais felicidade para si mesmo, o resultado acaba sendo o oposto. Quando o seu foco está muito em si mesmo, você se torna desconectado e alienado dos outros. No fim, você também se aliena de si mesmo, já que a necessidade de conexão com os outros é uma parte tão fundamental de quem somos como seres humanos.

"Esse foco excessivo em si mesmo também é ruim para a saúde. Muito medo e desconfiança, muito foco em si mesmo levam ao estresse e elevam a pressão arterial. Muitos anos atrás, eu estava em uma reunião de cientistas médicos e pesquisadores da Columbia University, em Nova York. Um dos cientistas disse durante a sua apresentação que quem usa desproporcionalmente os pronomes de primeira pessoa (*eu, eu, eu, mim, mim, mim* e *meu, meu, meu*) apresenta um risco muito maior de sofrer um ataque cardíaco. Ele não explicou o porquê, mas senti que isso deve ser verdade. Essa é uma descoberta profunda.

Com um excessivo foco em si mesmo, a sua visão se torna estreita, e até mesmo um problema pequeno parece desproporcional e insuportável.

"Além disso, o medo e a desconfiança surgem a partir de um foco excessivo em si mesmo. Isso fará com que você sempre se mantenha separado dos seus irmãos e de suas irmãs humanos. Provoca solidão e dificuldade de comunicação com as outras pessoas. Afinal, você faz parte da comunidade, então precisa lidar com ela. Os seus interesses e o seu futuro dependem de outras pessoas. Se você se isolar delas, como conseguirá ser feliz? Você apenas tem mais preocupações e mais estresse. Às vezes eu digo que excesso de egocentrismo fecha a porta interior e torna difícil se comunicar com outras pessoas. Quando nos preocupamos com o bem-estar dos outros seres humanos, essa porta interior se abre, e somos capazes de nos comunicar de forma muito fácil com as outras pessoas."

O Dalai Lama estava dizendo que, quando alguém pensa nos outros com bondade e compaixão, nunca está solitário. A sinceridade — o afeto — é o antídoto para a solidão. Costumo ficar espantado com a possibilidade de um dia caminhar pela rua sendo crítico e julgando as outras pessoas, sentindo-me separado e solitário, e no dia seguinte caminhar pela mesma rua com uma postura de aceitação mais sincera e compaixão e, de repente, todos parecerem calorosos e amigáveis. É quase como se o meu estado de espírito interior e o meu coração mudassem completamente o mundo físico e social à minha volta.

Esse foco na importância do afeto ecoa na pesquisa dos psicólogos sociais Chen-Bo Zhong e Shira Gabriel, que descobriram que, quando as pessoas estão se sentindo solitárias ou socialmente rejeitadas, elas buscam calor de uma forma literal, como ao tomar uma sopa quentinha. O que o Dalai Lama e o Arcebispo estavam dizendo é que podemos gerar esse calor simplesmente ao abrirmos o nosso coração e voltarmos a nossa atenção e a nossa preocupação para as outras pessoas.

"Arcebispo, o senhor gostaria de acrescentar mais alguma coisa? Eu sei que o senhor não foi monge, mas já passou muito tempo sozinho em oração e meditação."

"Certamente, no nosso tipo de oração", explicou o Arcebispo, "nunca é um solitário falando com um solitário. Nosso conceito de Deus é de um Deus que é um, mas que também é uma comunidade, a trindade. E somos feitos a imagem e semelhança desse Deus, você está incorporado nessa comunidade. Então, mesmo quando você sai para um retiro, você não está sozinho."

"É muito parecido com o que o Dalai Lama está dizendo", disse eu. "Se você se conecta, mesmo que a comunidade seja de 7 bilhões de pessoas, então você não se sente sozinho."

"Isso, isso", respondeu o Arcebispo. "É algo como um paradoxo estar sozinho. Mas consigo entender muito bem quando você se sente alienado, quando você não está na mesma onda que estamos. E as pessoas querem entrar nesse senso de solidariedade. Eu não acho que ajudamos as pessoas ao fazê-las se sentir culpadas. Queremos tentar ser o mais acolhedores possível e dizer que a experiência que elas têm é algo que muitas pessoas também têm. Sentir-se solitário não é algo que fazemos de forma deliberada. Não acho que você não vai dizer: eu quero me sentir solitário. Isso apenas acontece. E acontece por muitos motivos.

"Você quer fazer as pessoas se sentir como elas realmente são, especiais. E aceitar como são e ajudá-las a se abrir. Consigo muito bem compreender a incrível agonia e dor que alguém sente ao se confinar em um quarto por temer sair e ser rejeitado. E você apenas tem esperança e reza para que ele encontre uma comunidade de pessoas que o aceite e o acolha. É maravilhoso ver pessoas que são fechadas se abrir como uma linda flor no calor e na aceitação daqueles à sua volta."

O que aprendi com a nossa conversa foi que não precisamos esperar que os outros abram seu coração para nós. Ao abrir o nosso coração para eles, conseguimos sentir uma conexão com eles, seja no alto de uma montanha ou no meio de Manhattan.

Inveja: aquele cara passando de novo na sua Mercedes-Benz

"Não é que você acorda em determinado dia e diz: agora vou ser invejoso. Isso é algo que surge de forma espontânea", começou o Arcebispo, argumentando novamente sobre a naturalidade das nossas emoções e da autocompaixão. "O que quero dizer é que você acorda e está tentando ser uma pessoa legal e aquele cara passa de novo, pela terceira vez na semana, com sua Mercedes-Benz ou algum outro carro muito caro. Você vem tentando não sentir inveja cada vez que ele passa naquele carro, mas o sentimento simplesmente surge."

A comparação na verdade é um traço humano — até mesmo além de humano; é natural em todo o mundo animal. Como o Dalai Lama diria, até mesmo cachorros, quando estão comendo juntos em paz, de repente começam a comparar o tamanho de suas porções com as do outro, e uma briga pode começar com latidos e dentes arreganhados. Mas é para os seres humanos que a inveja pode se tornar uma grande fonte de insatisfação. Existe um ensinamento budista tibetano que diz que o que causa sofrimento na vida é, em geral, um padrão de como nos relacionamos com os outros: "A inveja em relação ao superior, a competitividade com o igual e o desdém em relação ao inferior".

A equidade parece estar embutida nos nossos genes, então nos sentimos muito desconfortáveis diante de qualquer tipo de iniquidade. O primatólogo Frans de Waal tem um vídeo de um experimento com macacos caiarara, nossos parentes distantes que costumam ser usados em testes psicológicos como representantes de seres humanos. No vídeo, que se tornou viral, um dos macacos cinza de cabeça pequena e membros compridos dá ao pesquisador uma pedra e recebe uma fatia de pepino como pagamento. O macaco fica muito feliz de fazer isso repetidas vezes, até perceber que o seu vizinho está realizando a mesma tarefa de entregar pedras mas recebendo uma uva. No mundo dos macacos caiararas, uma uva é melhor e mais doce que um pepino. Talvez para os seres humanos também. Depois que o primeiro macaco vê o seu vizinho ganhar uma uva, ele realiza a tarefa de dar uma pedra novamente, embora de forma mais ansiosa dessa vez, sua cabeça agora erguida, esperando receber uma uva como recompensa. No entanto, conforme exigido nesse experimento de comparações sociais, o pesquisador lhe dá outra fatia de pepino em vez de uma uva.

O macaco olha para o pepino na sua mão, joga a cabeça para trás em uma aparente descrença e então atira o pepino de volta para o pesquisador. Com uma raiva incontrolável, o macaco agarra as grades da jaula e as sacode. Este vídeo se tornou muito popular na época dos protestos em Wall Street, nos Estados Unidos, por revelar de forma tão sucinta e sagaz como nossos instintos fundamentais por equidade funcionam e por que a iniquidade é tão estressante e prejudicial à sociedade.

O Arcebispo e o Dalai Lama falaram com frequência no decorrer das conversas da semana sobre a necessidade de tratar a iniquidade em um nível social. No entanto, por mais que tratemos os grandes desequilíbrios globais, como o Arcebispo bem disse, sempre haverá pessoas que têm mais do que nós, ou que são mais bem-sucedidas ou mais talentosas ou mais inteligentes ou mais bonitas do que nós.

Em geral, não nos comparamos com o bilionário dos fundos de investimento, nem com cientistas geniais, nem com supermodelos. Tendemos a nos comparar com aqueles que vivem no mesmo círculo social que nós. Como diz o antigo ditado: "Se você quer ser pobre, encontre alguns amigos ricos. Se quer ser rico, encontre alguns amigos pobres". Acompanhar a família Jones é algo que acontece dentro de um grupo de pares.

Jinpa me contou que, nos anos 1990, os Estados Unidos concederam o Green Card para cerca de mil tibetanos na Índia como parte de um programa especial para refugiados. Quando esses tibetanos começaram a enviar dólares para suas famílias no Tibete, os vizinhos começaram a ficar com inveja porque, de repente, aquelas famílias tinham uma renda maior e podiam reformar suas casas e comprar motocicletas para os filhos. Não é que aquelas famílias que não tinham ninguém nos Estados Unidos tivessem ficado mais pobres; é que de repente seus vizinhos com família nos Estados Unidos ficaram mais ricos.

De acordo com a pesquisa sobre a felicidade, "comparações para cima" são particularmente corrosivas ao bem-estar. A inveja não deixa espaço para o contentamento. A palavra tibetana para inveja é *trakdok*, que significa "ombros pesados ou contraídos", e, realmente, o sentimento de inveja deixa a pessoa com uma sensação contraída de descontentamento e ressentimento com traços de culpa. O budismo considera a inveja tão corrosiva que a compara com uma cobra venenosa que nos envenena. Na tradição judaico-cristã, um dos dez mandamentos proíbe "cobiçar" as coisas alheias.

O Arcebispo e o Dalai Lama não concordaram em como reagir à inveja, com o Arcebispo indo mais para o lado da aceitação e do perdão a si mesmo:

"O que eu quero dizer é que você realmente não tem como controlar esse sentimento. Acredito que, com muita frequência, somos duros demais com nós mesmos. Esquecemos que muitas dessas coisas afetam a todos nós universalmente. Eu gostaria que pudéssemos ajudar as pessoas a dissipar a culpa que elas também tendem a ter, porque quase todo mundo, quando sente inveja, também sente culpa. Eu diria que o que queremos falar para os filhos de Deus por aí é: 'Pelo amor de Deus, existem coisas sobre nós que não conseguimos controlar'."

O Arcebispo então continuou ofertando um remédio poderoso contra a inveja: a gratidão.

"Eu acho que uma das melhores maneiras de começar a revidar é aquela forma antiga de contar suas bênçãos. Isso pode soar, muito, muito, muito antigo, tipo coisa de avô, mas, sim, isso ajuda. Você sabe que talvez não tenha uma casa tão grande quanto a daquela pessoa, mas sabe do que mais? Você não está vivendo em um barraco. Então, ser grato pelas coisas que você tem de fato pode ajudar."

E sugeriu ainda outro remédio: a motivação.

"Certamente com a inveja, que também pode ser um estímulo, sabe? Pode ajudá-lo a dizer: eu não tenho um carro nem uma casa como a daquele cara, então por que não trabalho com o objetivo de tentar conseguir algo parecido?"

Como disseram o Arcebispo e o Dalai Lama, esses objetivos externos não nos trarão o verdadeiro contentamento ou a felicidade suprema, mas a motivação para melhorar a própria situação é certamente melhor do que invejar a de outra pessoa.

Em seguida o Arcebispo ofereceu o último e mais eficaz remédio: recompor-se.

"A melhor coisa é ser capaz de se perguntar: 'Por que eu quero uma casa que tem sete quartos quando nossa família só tem três pessoas? Por que eu quero ter isso?'. E você pode revirar isso de ponta-cabeça e olhar como estamos em um verdadeiro desastre em termos de mudanças climáticas por causa do nosso consumo galopante, o que para o meio ambiente tem sido nada menos do que desastroso. Então, se você compra um carro elétrico pequeno, em vez de um carro grande, e diz 'Não, eu não preciso nem quero um carro grande e luxuoso', em vez de isso ser seu inimigo, torna-se seu aliado."

Jinpa traduziu o que o Arcebispo disse para o Dalai Lama.

"Isso foi exatamente o que eu disse", brincou o Arcebispo com uma gargalhada.

"Felizmente, você não entende tibetano", devolveu o Dalai Lama com um sorriso rápido. E então eu o vi fazer o que cada um fez durante todas as conversas quando chegavam a um ponto em que não concordavam: reafirmou o relacionamento e elogiou o outro. Isso me fez pensar nas observações dos cientistas de relacionamento John Gottman e Julie Schwartz de que em conflitos bem-sucedidos há um "início suave" ou uma entrada delicada na área de desentendimento.

"Eu acho que, do meu ponto de vista, a explicação do meu irmão espiritual é maravilhosa, maravilhosa. Veja bem, no instante em que a inveja ou o ciúme se desenvolve, você não consegue mais manter a paz de espírito. O ciúme na verdade destrói a sua paz de espírito. Então ele se torna corrosivo ao relacionamento. Mesmo com seu bom amigo, se você desenvolver algum tipo de ciúme, isso será muito prejudicial à sua amizade. Mesmo entre marido e mulher, se algum tipo de ciúme surge, isso será prejudicial ao casamento. Nós podemos ver isso inclusive com cachorros que estão comendo em uma atmosfera feliz até que um fica com ciúme do outro; e o que temos: conflito e briga.

"É importante cultivar qualquer emoção que traga um estado de contentamento e paz de espírito. Devemos aprender a evitar, desde o início, qualquer tipo de emoção que perturbe essa felicidade e essa paz de espírito.

"Acredito que é um erro apenas considerar essas emoções negativas, tais como raiva ou ciúme e inveja, como partes normais da nossa mente, algo sobre o que não podemos fazer muita coisa a respeito. O excesso de emoções negativas destrói a nossa própria paz de espírito, a nossa saúde, e cria problemas na nossa família, com os nossos amigos e na nossa comunidade.

"Em geral, a inveja surge porque estamos muito focados em posses materiais, e não nos nossos verdadeiros valores internos. Quando focamos na experiência ou no conhecimento, há muito menos inveja. Mas o mais importante é desenvolver um senso de preocupação para com o bem-estar dos outros. Se você possui uma genuína bondade ou compaixão, então, quando alguém consegue algo ou tem mais sucesso, você consegue se alegrar com a boa sorte do outro. Pois uma pessoa que está comprometida com a prática da compaixão e tem um verdadeiro senso de preocupação com o bem-estar dos demais vai se alegrar com a boa fortuna dos outros porque estará feliz com o fato de aquela pessoa ter conseguido o que desejava."

O Dalai Lama estava descrevendo o conceito budista de *mudita*, que costuma ser traduzido como "contentamento empático" e descrito como o antídoto contra a inveja. *Mudita* é tão importante no budismo que é considerado um dos Quatro Incomensuráveis, qualidades que podemos cultivar infinitamente. Os outros três são bondade amorosa, compaixão e equanimidade.

Jinpa explicou como o *mudita* funciona: se alguém tem algo que desejamos, digamos, uma casa maior, podemos ficar conscientemente contentes pela boa sorte dessa pessoa dizendo para nós mesmos: "Que bom para ela. Assim como eu, ela também sustenta a família, e eu quero que tenha mais sucesso". O *mudita* reconhece que a vida não é um jogo de soma zero, que não existe apenas uma fatia de bolo na qual alguém recebe mais e nós menos. *Mudita* vê o contentamento como algo infinito.

Como mencionamos antes, *mudita* é o oposto de *schadenfreude*, a palavra alemã para designar o sentimento de satisfação ou prazer ao ouvir o sofrimento dos outros. *Schadenfreude* nos vê em uma constante luta uns contra todos os outros, e, se outra pessoa é bem-sucedida ou consegue algo, então nos sentimos de alguma forma diminuídos, menos bem-sucedidos, menos aceitáveis, menos amados. *Schadenfreude* é um desenvolvimento natural da inveja. *Mudita* é um desenvolvimento natural da compaixão.

Mudita se baseia no reconhecimento da nossa interdependência, ou *Ubuntu*. O Arcebispo explica que nas aldeias africanas uma pessoa cumprimenta a outra perguntando: "Como estamos?". Essa compreensão percebe que as conquistas de outras pessoas ou sua felicidade são nossas também de uma forma muito real. O Arcebispo costuma se maravilhar com a beleza e o talento extraordinários que nós, humanos, temos. "Olhe como vocês todos são lindos", diz ele para a multidão reunida. Infelizmente, porém, a maioria de nós quer diminuir os outros até o nosso próprio tamanho percebido, e nós nos vemos como terrivelmente pequenos e fracos. Quando nos lembramos da nossa interdependência, descobrimos que somos incrivelmente grandes e fortes.

"Existe uma antiga história da época do Buda", disse o Dalai Lama. "Certo dia, um rei convidou o Buda e seus monges para almoçar. A caminho do palácio, o Buda passou por um mendigo que estava elogiando o rei e sorrindo enquanto falava sobre a beleza do castelo. Depois que o rei serviu uma longa refeição, com muitos pratos, para o Buda e seus monges, chegou o momento de fazer a dedicação de méritos. O Buda recitou uma oração para dedicar o mérito, ou o bom carma, da refeição. Entretanto, em vez de consagrar o mérito do anfitrião, o rei que fez a oferta tão generosa de uma refeição para o Buda e seus monges, como era o costume, o Buda escolheu o mendigo que estava do lado de fora. Chocado, um dos seus monges mais velhos perguntou-lhe por que ele escolhera aquele mendigo para a oração de dedicação de mérito. O Buda respondeu que o rei estava cheio de orgulho ao exibir o seu reino, ao passo que o mendigo, que nada tinha, era capaz de se alegrar com a boa fortuna do rei. Por esse motivo, o mendigo criou mais mérito do que o rei. Até hoje, na Tailândia, eles mantêm essa tradição de dedicar o mérito da oferta de uma refeição. Durante a minha visita a esse país, no início da década de 1970, tive a honra de participar de um desses almoços, no qual um dos monges mais velhos fazia uma oração ofertando a dedicação de mérito. Então, ficar contente pela boa sorte dos outros realmente traz muitos benefícios positivos."

Perguntei ao Dalai Lama:

"Como as pessoas cultivam o *mudita*?"

"Em primeiro lugar, devemos reconhecer a nossa humanidade compartilhada. Estes são nossos irmãos e nossas irmãs humanos, que possuem o mesmo direito e o mesmo desejo de terem uma vida feliz. Não se trata de algo espiritual. Somos parte dessa mesma humanidade. Quando a humanidade está feliz, ficamos felizes. Quando a humanidade é pacífica, nossa própria vida é pacífica. Exatamente como quando a nossa família está feliz, estamos em melhor situação.

"Se temos um forte senso de divisão entre *eu* e *eles*, é difícil praticar o *mudita*. Precisamos desenvolver o senso de *nós*. Quando você consegue desenvolver esse senso da humanidade comum e de unidade da humanidade, então você naturalmente vai querer que todos os outros fiquem livres do sofrimento e aproveitem a felicidade. O desejo de felicidade é um instinto natural compartilhado por todos. É simplesmente um senso de preocupação, novamente, pelo bem-estar dos outros."

"Obviamente a inveja não é uma virtude", disse o Arcebispo, cauteloso novamente com a possibilidade de nosso desenvolvimento pessoal poder nos levar a uma repressão pessoal. "Mesmo assim, eu gostaria que não fizéssemos alguém se sentir culpado, pelo menos a princípio, sobre algo que surge espontaneamente. Você não pode fazer muita coisa em relação a tal sentimento, mas pode lutar contra ele."

"É como a doença física", insistiu o Dalai Lama. "Medidas preventivas são o melhor caminho. Sim, se alguma doença já se desenvolveu, então não há outra escolha, a não ser tomar o remédio. De forma semelhante, uma vez que a pessoa desenvolve uma forte emoção negativa, como raiva ou ciúme, é muito difícil lutar contra ela naquele momento. Por isso, a melhor coisa é cultivar a sua mente por meio da prática para que você aprenda a evitar que essa emoção negativa surja. Por exemplo, uma das grandes forças da raiva é a insatisfação e a frustração. No momento, quando uma emoção como a raiva está em plena explosão, mesmo que tentemos usar a nossa experiência e o nosso conhecimento para reduzi-la, vamos encontrar uma grande dificuldade para controlá-la. A ponto de ser como uma enchente. Precisamos começar cedo na primavera e investigar o que está provocando a enchente e tentar construir muros de contenção para evitar o desastre.

"De forma semelhante, em relação à nossa saúde mental também, quanto mais cedo começarmos a praticar medidas preventivas, mais fáceis e mais eficazes elas se tornam. Quando já estamos doentes, é difícil se lembrar do conselho do nosso médico. Acho que nenhum médico diria: 'Se você ficar com mais raiva, vai ficar mais saudável'. O seu médico diz isso?"

"Não", concordou o Arcebispo.

"Os médicos sempre nos aconselham a relaxar. Relaxar significa uma mente calma. Sem muita agitação, que destruirá o seu relaxamento. Além disso, muito apego vai destruir a sua paz de espírito", disse o Dalai Lama, retornando à inveja e ao ciúme. "Você pode ter uma boa casa com um ótimo quarto e uma boa banheira, e tocar uma música relaxante, mas, se estiver cheio de raiva, cheio de ciúme, cheio de apego, nunca vai conseguir relaxar. Por outro lado, você pode estar sentado em uma pedra, sem nada, mas a sua mente está completamente em paz, então você pode relaxar."

Jinpa me contou que existe um inesquecível verso, em um texto tibetano conhecido, escrito pelo primeiro Lama Panchen. Esta é a linda oração que Jinpa usa para cultivar o *mudita*:

Quanto ao sofrimento, não desejo nem o menor;
Quanto à felicidade, nunca estou satisfeito.
Nisso não há nenhuma diferença entre mim e os outros.
Abençoe-me para que eu seja capaz de sentir contentamento pela felicidade dos outros.

Sofrimento e adversidade:
passando pelas dificuldades

"Existe um ditado tibetano que diz que as adversidades podem se tornar boas oportunidades", explicou o Dalai Lama ao responder à minha pergunta sobre como é possível sentir contentamento mesmo em épocas de sofrimento e adversidade. "Até mesmo uma situação trágica pode se tornar uma oportunidade. Existe outro ditado tibetano que diz que na verdade são as experiências dolorosas que jogam luz na natureza da felicidade.

"É possível ver isso em uma geração inteira que passou por grandes dificuldades, como você, Arcebispo", disse o Dalai Lama. "Quando conquistou a sua liberdade, você realmente foi tomado por um estado de contentamento. Agora, a nova geração, que nasceu depois, não conhece o verdadeiro contentamento da liberdade e reclama mais."

Eu me lembro de ver filas de pessoas que tinham esperado por horas e horas para votar na primeira eleição democrática em 1994. As filas serpenteavam por quilômetros. Eu me lembro de pensar na época que a apresentação de eleitores americanos para votar foi de menos de 40% da população, e de me perguntar por quanto tempo aquele sentimento de contentamento e apreciação pelo direito de voto duraria e se havia alguma forma de reacendê-lo nos Estados Unidos entre aqueles que nunca tiveram o direito ao voto negado.

"Creio que na Europa também", continuou o Dalai Lama. "A geração mais velha realmente passou por grandes dificuldades. Foram endurecidos e fortalecidos por todas aquelas experiências dolorosas. Isso mostra que o ditado tibetano é verdadeiro."

Enquanto o Dalai Lama estava falando, não consegui evitar de pensar em como nos esforçamos tanto, com o nosso instinto paternal natural, para salvar nossos filhos de todas as dores e do sofrimento, mas, ao fazer isso, nós lhes roubamos a capacidade de crescer e aprender com a adversidade. Eu me lembrei da psicóloga e sobrevivente de Auschwitz Edith Eva Eger dizer que as crianças mimadas foram as primeiras a morrer no campo de concentração. Elas ficavam esperando que os outros viessem salvá-las e, quando ninguém vinha, desistiam. Não tinham aprendido como se salvar.

"Muitas pessoas acham que o sofrimento é um problema", disse o Dalai Lama. "Na verdade, é uma oportunidade que o destino lhes deu. Apesar das dificuldades e do sofrimento, você pode permanecer firme e manter a compostura."

Entendi o que o Dalai Lama estava dizendo, mas como realmente abraçamos o nosso sofrimento para conseguir vê-lo tal qual uma oportunidade enquanto estamos no meio dele? Certamente é mais fácil dizer do que fazer. Jinpa mencionou que, em um ensinamento espiritual tibetano conhecido como Sete Pontos do Treinamento Mental, três categorias de pessoas são identificadas como sendo objetos especiais de foco porque são as mais desafiadoras: os membros da sua família, seus professores e seus inimigos. "Três objetos, três venenos, três raízes da virtude." Jinpa explicou o significado dessa expressão críptica e intrigante: "Em geral, é nas nossas interações diárias com esses três objetos que surgem os três venenos do apego, da raiva e da desilusão, que são a origem de tanto sofrimento. Com o treinamento espiritual, temos a oportunidade de transformar nosso comprometimento para com nossa família, nossos professores e nossos adversários no desenvolvimento das três raízes da virtude: não apego, compaixão e sabedoria".

"Muitos tibetanos", continuou o Dalai Lama, "passaram anos em *gulags* chineses, campos de trabalho forçado, nos quais foram torturados e obrigados a fazer trabalhos pesados. Alguns deles me disseram que aquele tinha sido um bom momento para testar a pessoa verdadeira e sua força interior. Alguns perderam a esperança; outros seguiram em frente. O nível de educação teve pouco a ver com quem sobreviveu. No final, foi o espírito interior, ou afeto, que fez a verdadeira diferença."

Eu esperava que o Dalai Lama dissesse que tinha sido a determinação impetuosa que fizera a diferença. Era fascinante ouvir que foi o que ele chamou de espírito interior ou afeto que permitiu que as pessoas enfrentassem as adversidades dos *gulags*.

O Arcebispo respondeu ao Dalai Lama com uma pergunta, ecoando a que eu tinha feito no início da nossa discussão. Tínhamos sido claros desde o começo que este livro seria sobre o contentamento diante do sofrimento inevitável da vida, e não sobre alguma teoria abstrata e ambiciosa a respeito do contentamento. Nosso desejo é que os leitores saibam como manter o contentamento nos momentos mais desafiadores da vida, não apenas quando tudo está, nas palavras do Arcebispo, "cem por cento".

"Ele está perguntando como podemos ajudar as pessoas que realmente querem chegar ao contentamento, que realmente querem ver o mundo se tornar um mundo melhor. Elas olham para o mundo e veem os terríveis problemas que existem. E elas enfrentam adversidades extraordinárias na própria vida. Por que você mantém um estado de contentamento mesmo quando enfrenta esses problemas e esses desafios? Existem muitas, muitas pessoas no mundo que querem ser boas, que querem contentamento, que querem ser como você. O que quero dizer é: como elas conseguem vivenciar essa calma no meio de tudo? E, sim, eu sei que você é eloquente. Mas elas querem que a gente traduza essa eloquência para uma linguagem que consigam entender."

E então, como se estivesse inspirado a responder à própria pergunta, o Arcebispo continuou:

"Eis o que quero dizer para todos. Dizemos que você vai ficar surpreso com o contentamento no instante em que parar de ser tão egocêntrico. É claro que é necessário ser um pouco egocêntrico, porque o Senhor que eu sigo diz nas Escrituras: '*Ama ao próximo como...*'."

"Você", disse o Dalai Lama, completando o famoso ensinamento.

"Isso", concordou o Arcebispo, "'*como a ti mesmo*'. Amar aos outros como você se ama."

"Sim, sim", concordou o Dalai Lama, assentindo com a cabeça.

O Arcebispo traduziu a escritura para uma frase mais contemporânea:

"Você deve desejar o melhor para aquela outra pessoa, como desejaria o melhor para você mesmo."

"Isso mesmo", disse o Dalai Lama.

"Eles olham para você e veem um maravilhoso guru ou um professor, e não apenas um professor, mas uma personificação. E eles desejam ser capazes de ter a mesma calma e o mesmo contentamento, ainda que todos tenham tantas, tantas, tantas frustrações, como você encontrou."

"Acho que é uma discussão pertinente", respondeu o Dalai Lama. "Veja bem, na realidade, assim como o nosso corpo físico precisa de tempo para crescer, o mesmo ocorre com o nosso desenvolvimento mental, minuto a minuto, dia a dia, mês a mês, ano a ano, década a década. Talvez seja melhor eu contar uma história da minha vida.

"Quando eu tinha dezesseis anos, perdi a minha liberdade de duas formas. O Dalai Lama anterior não havia assumido a responsabilidade política até ter dezoito anos, mas, no meu caso, as pessoas pediram que eu me tornasse o líder do governo mais cedo porque a situação estava muito séria, uma vez que o governo chinês já havia invadido a parte oriental do Tibete. Quando as autoridades chinesas chegaram a Lhasa, as coisas ficaram ainda mais delicadas, e eu perdi a minha liberdade de uma segunda forma, quando eles restringiram cruelmente as minhas ações.

"Essa responsabilidade política também prejudicou enormemente os meus estudos. Enquanto eu estava fazendo as minhas provas *geshe* nas maiores universidades monásticas de Lhasa, na região central do Tibete, os soldados tibetanos tinham que ficar de guarda em uma montanha próxima. Então a minha prova final era ficar no pátio do templo central em Lhasa. Havia algumas preocupações com os militares chineses, e alguns oficiais tibetanos queriam mudar o local porque achavam que era perigoso demais, mas eu disse que não achava que aquilo fosse necessário. Porém, durante o debate, senti muita ansiedade e preocupação, não apenas em relação à minha segurança, mas também à do meu povo.

"Então, com 24 anos, quando fugi para a Índia, em março de 1959, perdi o meu próprio país. De certa forma, isso me deixou muito triste, principalmente quando penso sobre a séria questão da própria sobrevivência do Tibete, como nação com sua própria e singular herança cultural. A civilização tibetana existe há 10 mil anos, e, em algumas regiões do planalto tibetano, seres humanos vivem há mais de 30 mil anos. E a situação atual do Tibete constitui a mais séria crise em toda a história da nação. Durante a Revolução Cultural, alguns oficiais chineses fizeram uma promessa de que no prazo de quinze anos o idioma tibetano seria eliminado. Então eles queimaram livros, como o cânone de trezentos volumes das escrituras tibetanas trazidos da Índia, assim como milhares de volumes escritos pelos próprios tibetanos. Contaram-me que os livros queimaram por uma ou duas semanas. Nossas estátuas e monastérios estavam sendo destruídos. A situação era muito, muito séria.

"E quando viemos para a Índia como refugiados, em 1959, éramos estranhos em um novo lugar. Como diz o ditado tibetano: 'As únicas coisas que nos eram familiares eram o céu e a terra'. Mas nós recebemos uma ajuda imensa do governo indiano e de algumas organizações internacionais, incluindo algumas organizações cristãs, que reconstruíram a comunidade tibetana para que pudéssemos manter vivos a nossa cultura, o nosso idioma e o nosso conhecimento. Passamos por muitos problemas, muitas dificuldades, mas, quando trabalhamos e nos deparamos com mais dificuldades e, então, vemos alguns resultados, o contentamento é ainda maior, não é?"

O Dalai Lama fez essa pergunta voltando o olhar para o Arcebispo em busca de confirmação.

"É", respondeu o Arcebispo, claramente emocionado com o sofrimento que o Dalai Lama enfrentou.

"Veja bem, se não existem dificuldades e você está sempre relaxado, você reclama mais", disse o Dalai Lama, agora rindo da ironia de que nós poderíamos ter mais contentamento diante de uma grande adversidade do que quando a vida parece fácil e sem problemas.

O Arcebispo também estava rindo. Contentamento, ao que parece, era uma estranha alquimia da mente sobre a matéria. O caminho para o contentamento, assim como com a tristeza, não nos leva para longe do sofrimento e da adversidade, mas sim através deles. Como o Arcebispo disse, nada de belo chega sem sofrimento. Jinpa compartilhou como o Dalai Lama sempre viu o seu exílio como uma oportunidade.

"Sua Santidade costuma dizer que, ao se tornar um refugiado, você se aproxima mais da vida", disse Jinpa, falando também, sem dúvida, de sua própria experiência, "porque não há espaço para fingimento. Dessa forma, você se aproxima mais da verdade."

"Arcebispo", disse eu, "talvez pudéssemos agora ouvi-lo um pouco a esse respeito. O Dalai Lama está dizendo que você pode sentir, na verdade, mais contentamento depois de ter sido bem-sucedido diante da oposição…" Parei quando percebi que o Arcebispo olhava para o Dalai Lama com uma expressão maravilhada.

"Eu realmente me sinto muito humilde diante das palavras de Sua Santidade", disse o Arcebispo, "porque eu costumo descrever para as pessoas a sua serenidade, a sua calma e o seu contentamento. Nós provavelmente poderíamos dizer 'apesar das' adversidades, mas parece que ele está dizendo 'por causa' das adversidades é que ele conseguiu se desenvolver."

O Arcebispo estava segurando afetuosamente a mão do Dalai Lama, dando tapinhas e acariciando-a amorosamente.

"Isso só aumenta a minha admiração pessoal por ele. Parece quase perverso, mas alguém poderia querer agradecer a invasão do Tibete pelos chineses. Sim, porque eu não acho que teríamos tido o mesmo contato. Certamente não teríamos tido a mesma amizade." E, vendo o humor irônico na história, o Arcebispo começou a rir. "Você provavelmente não teria recebido o Prêmio Nobel da Paz."

O Dalai Lama agora também estava rindo enquanto faziam graça sobre esses prêmios estimados, como se dissessem que nunca podemos saber o que, no final, poderá advir dos nossos sofrimentos e adversidades, o que é bom e o que é ruim.

Certamente ele não estava dizendo que o Prêmio Nobel da Paz ou que a amizade deles de algum modo justificaria o sofrimento causado a milhões de pessoas pela invasão chinesa, mas, de uma forma estranha, o Dalai Lama jamais teria se tornado um líder espiritual mundial sem ter sido perseguido e sem ter fugido do seu reino enclausurado.

Isso me fez lembrar da famosa história chinesa sobre o fazendeiro cujo cavalo foge. Seus vizinhos são rápidos em falar sobre sua falta de sorte. O fazendeiro responde que ninguém pode saber o que é bom e o que é ruim. Quando o cavalo volta com um garanhão selvagem, os vizinhos são rápidos em falar sobre a boa sorte do fazendeiro. Novamente o fazendeiro responde que ninguém pode saber o que é bom e o que é ruim. Quando o fazendeiro quebra a perna tentando domar o cavalo selvagem, os vizinhos têm certeza da sua má sorte. Novamente ele retruca que ninguém tem como saber o que é bom e o que é ruim. Quando começa a guerra, todos os jovens com corpo sadio são recrutados para a batalha, exceto o fazendeiro, que foi poupado por causa da perna quebrada.

"Mas voltando à sua pergunta", disse o Arcebispo, "fiquei pensando enquanto o Dalai Lama estava falando sobre algo que era pessoal, embora talvez você possa extrapolar isso de forma mais geral. Estou pensando em Nelson Mandela. Como já dissemos, Mandela, quando foi para a prisão, era um rapaz muito nervoso e muito jovem ainda. Ele era o comandante da ala militar do partido CNA, como já dissemos. Ele acreditava firmemente que o inimigo precisava ser dizimado, e ele e seus companheiros foram condenados em uma paródia de justiça. Aquele foi o cara que entrou, agressivo e zangado. Ele foi enviado para a ilha Robben, onde foi maltratado, como a maioria dos que eram mandados para lá. Hoje as pessoas vão até lá e veem sua cela e há uma cama. Eles não tinham cama. Dormiam no chão, não havia colchão, apenas uma coisinha fina."

O Arcebispo fez um gesto com o polegar e o indicador para enfatizar a falta de conforto, a dor e o sofrimento que Mandela enfrentou, mesmo durante o sono. E continuou:

"Essas eram pessoas sofisticadas, educadas. O que elas fizeram? O que foram obrigadas a fazer? Elas foram obrigadas a sair e escavar em uma mina. E estavam usando roupas inadequadas. Nelson Mandela e todos os outros usavam short, mesmo no inverno. Eram obrigados a realizar trabalhos quase irracionais, quebrando pedras e costurando bolsas de correspondência. Ele era um advogado altamente qualificado. E estava lá, sentado, costurando."

Durante uma visita à ilha Robben com Ahmed Kathrada, um dos colegas de Mandela e outros prisioneiros, ele nos mostrou no refeitório as rações diferentes que eram servidas aos prisioneiros — com base em sua raça —, um lembrete diário do fascismo racial obsessivo contra o qual lutavam: "Duzentos gramas de carne para pessoas de cor/asiáticos e 150 gramas para os bantos (negros); três gramas de geleia ou melado para as pessoas de cor/asiáticos e nada para os bantos".

"O que quero dizer é que isso deve tê-lo frustrado sobremaneira, feito com que sentisse muita, muita raiva. Deus foi bom e disse: 'Você vai ficar aqui por 27 anos'. E, depois desses 27 anos, ele surgiu do outro lado como alguém de imensa magnanimidade, porque de uma forma extraordinária seu sofrimento o ajudara a crescer. Eles acharam que iam acabar com ele, mas na verdade o ajudaram. Aquilo o ajudou a ver sob o ponto de vista do outro. Vinte e sete anos depois, ele saiu como uma pessoa bondosa, preocupada e pronta para confiar no seu antigo inimigo."

"Então, como ele conseguiu isso?", perguntei. "Por que o senhor acha que ele foi capaz de ver o próprio sofrimento como algo que o enobreceu em vez de o amargurar?"

"Ele não viu. Aconteceu."

"Então por que aconteceu para ele? Porque para outros não foi o que aconteceu."

"Sim, é claro. Algumas pessoas ficariam amarguradas."

O Arcebispo certa vez me explicou que o sofrimento pode nos tornar pessoas amarguradas ou enobrecidas e que a diferença está na capacidade de encontrar um significado para o nosso sofrimento. Sem esse significado, quando nosso sofrimento parece sem sentido, podemos facilmente nos tornar pessoas amarguradas. Mas, quando somos capazes de encontrar um traço de significado ou redenção no nosso sofrimento, isso pode nos enobrecer, como aconteceu com Nelson Mandela.

"As pessoas aprendem de muitas formas", continuou ele, "que para crescermos em termos de generosidade espiritual precisamos passar, de uma forma ou de outra, por uma diminuição, uma frustração. Você talvez nem sempre perceba o que está acontecendo. Existem poucas vidas que passam de forma tranquila do início ao fim. Elas precisam ser refinadas."

"O que precisa ser refinado?"

"A nossa resposta quase natural é: 'Quando alguém me bate, eu revido'. Ao ser refinado, você quer descobrir o que impeliu o outro a fazer o que fez. Então você se coloca no lugar do outro. É quase um axioma; a generosidade do espírito parece exigir que a pessoa passe por um contratempo para remover o refugo.

"Remover o refugo", o Arcebispo continuou, "e aprender, sim, a se colocar no lugar do outro. E, quase invariavelmente, parece que a generosidade do espírito exige que você tenha vivenciado se não o sofrimento, pelo menos frustrações, coisas que parecem querer nos impedir de seguir na direção que escolhemos. Você não segue facilmente em linha reta dessa forma. Existem coisas que o forçam a sair do seu curso, e você precisa voltar."

O Arcebispo fazia um gesto com a mão direita frágil e delicada, a qual foi paralisada pela poliomielite que teve quando criança, um exemplo vívido do sofrimento pelo qual passou em tenra idade.

"É provavelmente algo como o seu músculo", concluiu ele. "O que estou dizendo é que, se você quer tônus muscular, você trabalha contra ele, oferecendo resistência, e ele vai crescer. Se você é coxo, ele não vai crescer. Você não pode expandir a sua capacidade respiratória ficando sentado. Você precisa subir montanhas. Existe uma medida contra a qual lutar, a sua natureza. O seu desejo natural de permanecer sentado. Mas, se fizer isso, você vai acabar virando a estampa do sofá ou criando raízes no sofá, isso vai aparecer. Então o que é verdade para o corpo é, de uma forma maravilhosa, verdade para o espírito também. No fundo, crescemos em bondade quando a nossa bondade é testada."

"Exatamente, exatamente", concordou o Dalai Lama, balançando levemente o corpo para a frente e para trás e de um lado para o outro, olhando para baixo com uma expressão pensativa e a ponta dos dedos se tocando.

"Isso me faz lembrar do meu amigo que me contou sobre ter sido enviado para um *gulag* chinês na época em que fugi do Tibete. Na noite em que fugi do palácio de Norbulingka, fui a uma capela para prestar a minha derradeira homenagem, sabendo que provavelmente aquela seria a última vez que eu estaria lá. Meu amigo, que já era um monge sênior no monastério de Namgyal, estava lá na capela. Lopon-la, como era conhecido carinhosamente entre os seus colegas monges, não sabia que era eu porque a minha visita foi totalmente secreta, e eu não podia contar a ele. Então, logo que saí do palácio, o bombardeio chinês começou. Eles prenderam muitas pessoas, e cerca de 130 foram enviadas para uma região muito remota, do mesmo modo que durante o governo de Stalin as pessoas eram enviadas para a Sibéria. Depois de dezoito anos de trabalho forçado, Lopon-la conseguiu vir para a Índia e me contou o que aconteceu durante aquele tempo no campo de trabalho.

"Eles não tinham sapatos, mesmo durante os dias mais frios. Às vezes, estava tão frio que, quando você cuspia, a secreção chegava congelada ao chão. Eles estavam sempre com fome. Certo dia, ele estava com tanta fome que tentou comer o corpo de um dos prisioneiros que tinha morrido, mas a carne estava congelada e era dura demais para morder.

"Durante todo o tempo, eles torturavam os prisioneiros. Havia métodos de tortura soviéticos, japoneses e chineses, e naquele campo eles combinavam todos eles criando um tipo de tortura extremamente cruel.

"Quando ele deixou o campo, apenas vinte pessoas haviam sobrevivido. Ele me contou que durante aqueles dezoito anos enfrentou verdadeiros riscos. Achei, é claro, que estivesse falando sobre os riscos de vida.

"Ele me disse que estava correndo o risco de perder... sua compaixão pelos guardas chineses."

Consegui ouvir o suspiro audível na sala diante dessa frase extraordinária, que o maior risco para aquele homem foi o de perder a compaixão, perder o seu coração, perder sua humanidade.

"Ele ainda está vivo e tem 97 anos, e sua mente ainda funciona muito bem, afiada e saudável. Então, como você mencionou, a espiritualidade desse monge e sua experiência reforçaram sua capacidade de compaixão, suas qualidades humanas. Existem alguns casos nos quais os tibetanos que passaram muitos anos nos *gulags* de trabalho forçado da China me disseram que aquele foi o melhor período para a prática espiritual, para desenvolver a paciência e a compaixão. Um dos meus médicos pessoais, o dr. Tenzin Choedrak, que conseguiu vir para a Índia, era muito inteligente. No *gulag*, ele foi impedido de ter o rosário e forçado a ler *O livro vermelho*, do presidente Mao. Então ele usou as sílabas das palavras como seu rosário e recitava orações budistas, mas, aos olhos dos guardas chineses, ele estava seriamente estudando o livro de Mao!

"Portanto, assim como no caso de Nelson Mandela, quando se vira um prisioneiro, como você disse, é normal que passe por grandes dificuldades. Mas essas experiências podem, com a forma certa de pensar, levá-lo a ter uma grande força interior. Então eu acho que isso é algo muito útil, particularmente quando você está passando por dificuldades."

Fiquei bastante surpreso com a expressão usada pelo Dalai Lama, "passando por dificuldades". Costumamos sentir que o sofrimento vai nos engolir ou que nunca vai acabar, mas, se conseguirmos perceber que ele também vai passar, ou, como os budistas dizem, que ele é impermanente, seremos capazes de sobreviver mais facilmente e, talvez, prezar o que temos a aprender com ele, encontrar um significado para ele para que saiamos do outro lado sem amargura, mas sim enobrecidos. A profundidade do sofrimento também pode resultar na elevação do nosso contentamento.

Shantideva, o monge e estudioso budista, descreveu as virtudes do sofrimento. Por causa do choque que o sofrimento nos provoca, nossa arrogância cai por terra. O sofrimento também dá lugar à compaixão por todos os outros que também estão sofrendo e, por causa da nossa experiência com o sofrimento, nós evitamos ações que possam provocar sofrimento nos outros. Lopon-la e o dr. Choedrak conheciam esses ensinamentos de Shantideva e talvez tenham se apegado a eles durante os anos de provação e sofrimento aparentemente infinito, encontrando significado em algo que, às vezes, deve ter parecido apenas uma agonia sem sentido.

O Dalai Lama e o Arcebispo estavam enfatizando que algum grau de tolerância e aceitação é essencial, assim como perceber que essas tristezas acontecem com todo mundo, não apenas com a gente, e não porque tenhamos feito algo de errado. No ano anterior a essa conversa, meu pai caiu de uma escada e sofreu um traumatismo craniano. Os médicos explicaram que, em relação ao osso quebrado, nós sabemos exatamente o tempo que vai levar para curar, mas em relação ao cérebro nunca se sabe como ele irá se curar e se irá se curar completamente. Ele ficou por mais de um mês na unidade de tratamento intensivo e na reabilitação neurológica, em vários estados delirantes, enquanto nos preocupávamos se ele voltaria a ser quem ele era, com sua grande mente e seu grande coração. Nunca vou me esquecer da primeira ligação que recebi do hospital, já que não sabíamos se ele um dia voltaria a se comunicar conscientemente. Quando meu irmão estava visitando o meu pai, ele disse:

"Sinto muito que você tenha tido que passar por essa horrível experiência."
Meu pai respondeu:
"Ah, não. Tudo isso é parte do meu currículo."

Doença e medo da morte: prefiro ir para o inferno

A VIAGEM TEVE QUE SER REMANEJADA por causa de funerais. Tivemos que mudar o itinerário de voo para a Índia duas vezes porque amigos queridos do Arcebispo Tutu morreram. Embora fossem funerais de homens que tiveram vida boa e longa, foram um lembrete apropriado da morte e do tempo limitado que cada um de nós tem. Certamente a doença e a mortalidade são duas grandes realidades e fontes de sofrimento na nossa vida.

"Tenha cuidado. Muitos dos meus amigos estão morrendo", disse o Arcebispo, balançando o dedo para o Dalai Lama, assim que chegamos ao aeroporto. Em seguida ele começou a dizer que grande homem Philip Potter, um dos falecidos, tinha sido. "Ele foi o primeiro secretário-geral negro do Conselho Mundial de Igrejas", explicou.

Mas, com o Arcebispo, a santidade e a leviandade, a morte e a vida, eram amigos próximos, então, mesmo enquanto honrava o amigo, começou a contar uma piada:

"Ele era um homem formidável, muito mais alto que você ou eu. Ontem eu estava olhando para o seu caixão. Era uma coisa enorme. Nós dois caberíamos ali. E eu teria ido para o céu. E você, para onde teria ido?"

"É mais provável que para o inferno", respondeu o Dalai Lama.

A conversa sobre a morte e quem ia para o céu e quem ia para o inferno foi uma das brincadeiras que eles fizeram durante toda a semana, fazendo graça de suas tradições e devoções conflitantes.

Pedi a eles para tornarem o assunto de doença e morte mais pessoais.

"O que pensam sobre a própria morte? Ambos estão com mais de oitenta anos, e isso é uma realidade ou, pelo menos, uma possibilidade. Espero que em um futuro distante."

"Você é muito educado", disse o Dalai Lama com uma risada.

"Bem, ele não se importa muito", interveio o Arcebispo, apontando um dedo para o Dalai Lama. "Porque para ele tem a reencarnação."

"Com a reencarnação", respondeu o Dalai Lama, "eu não tenho muita certeza de onde eu renascerei, há muita incerteza. Mas você certamente vai para o céu."

"Já que os chineses dizem que vão decidir onde você vai reencarnar", retrucou o Arcebispo, "então é melhor você ser legal com eles."

Em seguida, o Arcebispo baixou o olhar como se estivesse se concentrando na seriedade da pergunta — a sua própria mortalidade.

"Devo dizer que, por um longo tempo, a ideia da minha partida foi algo que despertou muita ansiedade. Sei que tive algumas doenças quase fatais. Quando criança, tive pólio, e dizem que meu pai saiu para comprar madeira para fazer o meu caixão, e minha mãe foi comprar roupas pretas porque achavam que era o fim. Na adolescência, tive tuberculose e fui para o hospital especializado, no qual notei que a maioria dos pacientes que tinham hemorragia e tossiam sangue acabava tendo sua maca levada para o necrotério. Eu devia ter uns quinze anos mais ou menos quando comecei a tossir e tossir sangue também. Estava sentado com um receptáculo diante de mim, e, toda vez que tossia, o sangue saía pela minha boca. Eu disse: 'Deus, se este é o Seu desejo, se este é o fim para mim, tudo bem'. Sou obrigado a admitir que fiquei surpreso com a calma e a paz que senti. Bem, vocês sabem, é claro, que a minha maca não acabou no necrotério.

"Muitos anos depois, eu me encontrei com o Arcebispo Trevor Huddleston, que costumava me visitar quando eu estava no hospital. Ele me visitou uma vez por semana durante meses. Muitos anos mais tarde, quando ambos éramos arcebispos, ele me contou que o médico tinha dito: 'O seu jovem amigo', referindo-se a mim, 'não vai sobreviver'. Bem, acho que consegui sobreviver um bom tempo desde então."

Costumo pensar na força que o Arcebispo ganhou enfrentando a doença e a morte tão cedo na vida. A doença é uma das fontes mais comuns de sofrimento e adversidade que as pessoas enfrentam; ainda assim, mesmo aqui, tal como com o meu pai, as pessoas encontram significado e crescimento espiritual nessa situação. De muitas formas, talvez seja a motivação mais comum para as pessoas reavaliarem e transformarem a própria vida. É quase um clichê que as pessoas com doenças sérias ou aquelas que correm risco de vida comecem a saborear mais cada momento e se tornem vivas de uma forma mais completa. Trabalhei em um livro alguns anos atrás com um médico que cuidava de pessoas muito doentes e já à beira da morte. Ele fez uma distinção poderosa entre sarar e curar. A cura envolve a eliminação de uma doença, mas nem sempre é possível. Sarar, disse ele, era se tornar inteiro e poderia acontecer mesmo nos casos de doenças incuráveis.

O Arcebispo explicou que planejava ser cremado, para conservar espaço, e queria um funeral simples para encorajar outros no seu país a evitar caixões caros e as cerimônias tradicionais. Mesmo na morte, líderes morais ensinam com suas escolhas. Então o Arcebispo olhou para mim e disse com determinação e bom senso:

"A morte é um fato da vida. Você vai morrer. Na verdade, é uma coisa maravilhosa fazer o que chamam de testamento em vida, dar instruções para quando o fim chegar. Não é ser mórbido. Você está dizendo que isso é um fato da vida. Eu mesmo já celebrei vários funerais e cheguei a um estágio em que digo: 'Aliás, este é o lugar para onde você virá. Esse poderia ser muito bem você agora'. Sim, é claro, existe um tipo de nostalgia em relação às coisas que você teve e das quais vai sentir falta. Eu vou sentir saudade da minha família. Vou sentir saudade da pessoa que foi minha companheira durante esses sessenta anos. Existem muitas coisas das quais sentirei saudade. Mas, na tradição cristã à qual pertenço, eu vou entrar em uma vida mais completa.

"É maravilhoso. Veja bem, imagine se não morrêssemos. O nosso pobre mundo não seria capaz de carregar esse peso. Não está sendo capaz de carregar o peso de 7 bilhões do jeito que está. O que quero dizer é que eu tive um início, tive um meio e terei um fim. Existe uma simetria adorável nisso tudo. Simetria."

Ele ria enquanto se demorava na palavra e a repetia, antes de continuar:

"Se não morrêssemos, imagine o número de pessoas que existiriam no mundo agora. Espero que as coisas em que acredito sobre o céu sejam verdade: que eu vou encontrar meus entes queridos, meus pais, meu irmão mais velho, a quem não conheci porque morreu criança. Vou me encontrar com muitas pessoas corajosas e maravilhosas. Quero conhecer santo Agostinho. Quero conhecer são Tomás de Aquino e muitos outros que tanto nos ensinaram sobre a oração.

"Porque Deus é Deus, porque Deus é infinito, porque nenhum de nós que somos criaturas jamais será capaz de compreender a infinitude do que é Deus, o céu será para sempre um lugar de novas descobertas."

Os olhos do Arcebispo estavam fixos e distantes. E ele continuou:

"Eu diria: 'Deus, o senhor é tão lindo'. E eu vou chamar e chamar: 'Venham, venham e vejam', e outra pessoa vai responder: 'Você já viu como Deus é lindo?'."

E o Arcebispo ficou em silêncio.

Talvez a morte e o medo da morte sejam realmente os maiores desafios para o contentamento. Bem, quando estamos mortos, isso realmente não importa, mas são o medo de sua aproximação, do sofrimento que a precede e basicamente o medo do esquecimento e a perda da nossa identidade que nos amedrontam. Muitos psicólogos dizem que o medo da morte é subjacente a todos os outros medos, e muitos historiadores da religião argumentam que a religião surgiu justamente para tentar elucidar o mistério da morte. A vida moderna mantém esse medo contido, já que não interagimos com pessoas muito velhas ou muito doentes, nem com a doença e a fragilidade, e a morte fica escondida atrás de barreiras institucionais, afastada do nosso dia a dia.

Depois de alguns momentos, o Dalai Lama começou a falar:

"Acho que, por milhares de anos, a mente humana tem uma curiosidade em relação à morte, e muitas tradições têm muitas ideias e conceitos do que virá depois. O céu, como você mencionou, é bonito e compreensivo. O xintoísmo no Japão também traz essa ideia de que depois da morte você vai automaticamente para o céu, onde seus ancestrais vivem.

"Quando muitas pessoas pensam sobre a morte, elas sentem muito, muito medo. Em geral, eu lhes digo que devem aceitar a morte como parte da vida. Existe um começo e existe um fim, como você mencionou. Então, ao aceitarmos isso como uma coisa normal que vai acontecer mais cedo ou mais tarde, a nossa atitude muda. Algumas pessoas ficam envergonhadas quando alguém pergunta sua idade, ou fingem ainda ser jovens. Isso é tolice. É enganar a si mesmo. Devemos ser realistas."

"Sim, sim", concordou o Arcebispo.

"Se uma pessoa está doente", continuou o Dalai Lama, "é muito melhor aceitar que tem algum tipo de doença e procurar um tratamento médico do que ficar dizendo que não há nada de errado e ficar se enganando."

Enquanto o Arcebispo estava em Dharamsala, marcamos para ele se consultar com Yeshi Dhonden, um dos médicos do Dalai Lama. Rachel é uma das médicas integrantes e estava interessada em saber se aquele respeitado curandeiro tinha alguma recomendação útil para o Arcebispo em relação ao seu câncer de próstata, que havia voltado.

Em uma coincidência surpreendente, o dr. Dhonden tinha ajudado a curar a leucemia da minha mãe quando estava visitando Nova York há muitos anos, quando eu ainda estava no ensino médio. Quando estive em Dharamsala em janeiro para organizar a visita, me disseram que o dr. Dhonden tinha morrido, mas eu tinha acabado de saber que ele ainda estava vivo e com quase noventa anos. Eu tinha ficado animado de poder encontrá-lo para agradecer por ele ter ajudado a salvar a vida da minha mãe e para ver se ele poderia talvez ajudar o Arcebispo.

Ele veio ao quarto do Arcebispo no hotel, sua cabeça careca e suas orelhas grandes fazendo com que parecesse um Yoda um pouco mais alto do que o do filme *Guerra nas estrelas*. Seu rosto estava impassível, e suas mãos possuíam uma delicadeza poderosa enquanto tomavam o pulso do Arcebispo, que estava deitado na cama *king size*. Pela janela, os vales de Dharamsala se estendiam até colinas de carvalhos e sempre-vivas, terminando com uma vista das vastas planícies abaixo.

Com a ajuda de um tradutor, o dr. Dhonden começou a descrever as questões de saúde que o Arcebispo enfrentou décadas antes que levaram ao câncer de próstata de agora. O Arcebispo pareceu surpreso, ao passo que Rachel, que estava familiarizada com muitos sistemas tradicionais de medicina, explicava o que o dr. Dhonden estava dizendo de uma forma que fizesse sentido para a compreensão da medicina moderna do corpo.

Depois de um exame de cerca de quinze ou vinte minutos, o dr. Dhonden apontou para uma lata de Coca Zero na mesinha de cabeceira.

O Arcebispo tinha aberto mão do rum e da Coca-Cola de que tanto gostava, mas ainda gostava muito de Coca Zero, tendo concordado que tomar refrigerante light reduziria o seu consumo de açúcar. De acordo com o dr. Dhonden, a Coca Zero não estava contribuindo em nada para sua saúde e deveria ser retirada de sua dieta.

Quando a orientação lhe foi traduzida, o Arcebispo se levantou da cama de forma enérgica e foi abanando as mãos e dizendo com ar de brincadeira:

"Acho que está na hora de o senhor ir embora."

Rachel assegurou ao Arcebispo que, embora tenha tentado fazer com que ele largasse o hábito de beber Coca Zero há tempos, aos 84 anos ele tinha permissão para comer e beber o que quisesse. O dr. Dhonden fez mais algumas recomendações adicionais, fotos foram tiradas ao lado do famoso médico e do famoso paciente, e então o bom médico se foi.

"Como praticante do budismo", disse o Dalai Lama, "eu levo muito a sério a contemplação do primeiro ensinamento do Buda sobre a inevitabilidade do sofrimento e a natureza passageira da nossa existência. Além disso, o último ensinamento do Buda na época de sua morte termina com a verdade da impermanência, lembrando-nos de como é a natureza de todas as coisas: vêm à existência para chegar a um fim. O Buda nada mais disse.

"Assim, é importante que, na nossa prática diária de meditação, continuemos a pensar sobre a nossa própria mortalidade. Existem dois níveis de impermanência. Em um nível mais geral, a vida continua mudando e as coisas deixam de existir, incluindo nós. Em um nível mais sutil, a cada instante, tudo está mudando, até mesmo no nível atômico e subatômico. Nosso corpo está em estado constante de mudança; nada permanece estático e nada se mantém permanente. Na verdade, como o Buda nos lembra, as mesmas causas que deram origem a algo, como a nossa vida, criaram o mecanismo, ou a semente, para o fim daquela determinada coisa. Reconhecer essa verdade é uma parte importante da contemplação da impermanência.

"Então eu pergunto: por que a impermanência acontece? A resposta é: por causa da interdependência. Nada existe de forma independente. Então esse tipo de contemplação faz parte da minha prática diária usual de meditação. Essa prática é, na verdade, para ajudar a preparar a pessoa para a morte, o estado intermediário, e, depois, o renascimento; então, para continuar a prática de forma eficaz, você precisa refletir sobre essas coisas e visualizar o processo da morte.

"Por fim, acho que você mencionou que nós, os idosos, devemos nos preparar para a morte, e é importante abrir espaço para o futuro, para as novas gerações. O que é importante lembrar é que mais cedo ou mais tarde a morte chega, e devemos tornar a nossa vida significativa enquanto estamos vivos. Acho que o tempo máximo de vida é de cem anos. Em comparação com a história da humanidade, cem anos é muito pouco. Então, se usarmos esse curto período para criar mais problemas para este planeta, a nossa vida não terá tido nenhum significado. Se pudéssemos viver um milhão de anos, *então* talvez valesse a pena criar alguns problemas. Mas a nossa vida é curta. Veja bem, somos convidados neste planeta, visitantes que vieram por um curto período, por isso precisamos usar nossos dias com sabedoria para tornar o mundo um lugar um pouco melhor para todos."

Jinpa explicou que há um profundo ensinamento por um antigo mestre tibetano: a verdadeira medida do desenvolvimento pessoal é como a pessoa enfrenta sua própria mortalidade. A melhor maneira é quando a pessoa é capaz de se aproximar da morte com contentamento; a segunda melhor maneira é sem medo; e a terceira é pelo menos não ter arrependimentos.

"Então, eu estava explicando mais cedo sobre a noite em que fugi de Norbulingka", disse o Dalai Lama, agora voltando para suas próprias experiências de enfrentar o medo da morte. "Para mim, aquela foi a noite mais aterrorizante da minha vida, a de 17 de março de 1959. Naquela época, a minha vida realmente estava em perigo. Ainda me lembro do estado de alerta da minha mente quando saí do Palácio de Norbulingka disfarçado, vestido com as roupas de leigo tibetano. Todos os meus esforços para acalmar a situação em Lhasa tinham fracassado. Uma grande multidão de tibetanos tinha se reunido do lado de fora do palácio, no desejo de bloquear qualquer tentativa por parte da força militar chinesa de me prender. Tentei ao máximo, mas os dois lados, o chinês e o tibetano, estavam profundamente arraigados em suas posições. É claro que o lado tibetano era profundamente devoto e estava tentando me proteger."

O Dalai Lama fez uma pausa e pareceu reflexivo enquanto se recordava da devoção do seu povo e do sacrifício que fizeram pela segurança dele.

Aquela reunião espontânea de tibetanos do lado de fora do Palácio de Norbulingka foi o ponto culminante da rebelião iniciada em 10 de março de 1959 contra a ocupação da China comunista. Daquela vez, o povo tinha ido para evitar que as autoridades chinesas tirassem o Dalai Lama do Palácio de Norbulingka, supostamente para sua própria segurança pessoal. Algo tinha que acontecer. A situação estava explosiva, e o Dalai Lama sabia que aquilo só poderia terminar em massacre.

"Então, naquela noite de 17 de março de 1959, o plano para a minha fuga foi colocado em ação. Saímos à noite e, disfarçados, seguimos pela estrada que acompanha um rio. Do outro lado do rio estavam as barracas dos militares chineses. Conseguíamos ver os guardas. Ninguém no nosso grupo tinha permissão para usar lanternas, e tentávamos minimizar o barulho dos cascos dos cavalos. Mesmo assim, havia o perigo. Se eles nos vissem, atirariam em nós, e seria o fim.

"Ainda assim, como um praticante budista, pensei no conselho um tanto firme de Shantideva: se existe uma forma de superar uma situação, então, em vez de sentir tristeza demais, medo demais ou raiva demais, faça um esforço e mude a situação, assim não haverá necessidade para medo, tristeza nem raiva. Então eu disse para mim mesmo, naquele momento, que, mesmo que acontecesse alguma coisa comigo, tudo ficaria bem.

"Você enfrenta os fatos, a realidade. E fazer uma tentativa de fugir foi a melhor resposta diante daquela realidade. Na verdade, o medo faz parte da natureza humana; é uma reação natural que surge diante do perigo. Mas, com coragem, quando realmente verdadeiros perigos se aproximam, você pode ser mais destemido, mais realista. Por outro lado, se deixar sua imaginação correr solta, daí você piora a situação ainda mais, o que gera ainda mais medo.

"Muitas pessoas neste planeta se preocupam com a possibilidade de ir para o inferno, mas isso não adianta muita coisa. Não há necessidade de ter medo. Enquanto estivermos na Terra, preocupar-se com o inferno, com a morte, com todas as coisas que podem dar errado só provocará muita ansiedade, e nunca encontraremos contentamento e felicidade. Se você realmente tem medo do inferno, você precisa viver a sua vida com algum propósito, principalmente ajudando os outros."

Para finalizar, o Dalai Lama deu uns tapinhas no punho do Arcebispo e disse em tom de brincadeira:

"Então eu prefiro ir para o inferno a ir para o céu. Posso resolver mais problemas no inferno. Posso ajudar mais pessoas lá."

MEDITAÇÃO: AGORA EU CONTO UM SEGREDO PARA VOCÊ

CHEGAMOS AO COMPLEXO DO DALAI LAMA de manhã cedo, enquanto o sol ainda estava surgindo. Passamos pelos seguranças de vigia, o que nos lembrava que nem todos eram amorosos em relação ao Dalai Lama como ele era em relação a eles. Resolvi considerar a revista, não muito diferente daquela a que nos sujeitamos nos aeroportos, como uma breve massagem em vez de uma invasão ao meu espaço pessoal ou uma acusação do meu perigo potencial. Eu já estava aprendendo alguma coisa sobre como a perspectiva de alguém muda sua realidade.

Cruzamos a pequena distância até a residência particular do Dalai Lama. Mais tarde, fomos informados de que algumas pessoas que trabalham com o Dalai Lama há mais de trinta anos nunca tiveram permissão para entrar em sua casa. Aquele era o seu retiro, um dos poucos lugares onde aquele homem tão público poderia vivenciar a solitude, e foi um grande privilégio ser bem-vindo no seu santuário.

Do lado de fora, a casa do Dalai Lama é uma estrutura de concreto pintada de amarelo com um telhado verde, como muitas casas em Dharamsala. Portas duplas e janelas com muitos vidros para permitir a entrada da luz do dia. No telhado, há uma varanda na qual o Dalai Lama pode fazer uma caminhada matinal e olhar para sua amada estufa cheia de plantas em tons de roxo, rosa e branco e cravos amarelos florescendo como pequenos sóis. Um pouco além, ele tem uma vista panorâmica das planícies verdejantes da

Índia, e, do outro lado, as torres glaciais das montanhas Dhauladhar, cobertas com neve branca durante todo o ano. Embora bem menos grandiosa do que o palácio de Potala da sua juventude, sua residência possui uma elegância modesta e uma receptividade que o palácio de mil cômodos, com quartos vazios e assombrados, não deve ter tido.

Seguimos o Dalai Lama e o Arcebispo para a casa enquanto a luz agora brilhante passava através dos vidros das janelas. As cortinas estavam abertas e amarradas, e o teto era pintado de preto e vermelho. No corredor estreito por causa de prateleiras cheias de livros com a lombada dourada dos textos sagrados, havia *thangkas* coloridas penduradas.

"Agora, este é o meu... como se diz? A minha sala de estar, uma sala de orações", explicou o Dalai Lama.

Parecia muito adequado o fato de sua sala de estar ser uma sala de orações, uma vez que ele passa grande parte de sua vida em oração e meditação. Quando entramos no aposento, vimos um grande altar envidraçado com uma estátua de um Buda um pouco emaciado. Nas laterais do altar havia os tradicionais textos tibetanos sagrados, que pareciam mais blocos retangulares. Aquele altar se parecia com uma cristaleira ocidental que poderia estar cheia de objetos de prata ou de porcelana. Em uma das prateleiras, havia um relógio que indicava as horas.

Quando entramos no aposento, vimos um altar ainda maior, que também era fechado com vidro.

"Agora, esta estátua", disse o Dalai Lama, mostrando para o Arcebispo o Buda em pé no meio, "é do século VII. Não estou certo?", perguntou ele, dirigindo-se a Jinpa.

"Exatamente. Século VII", confirmou Jinpa.

"Ele foi membro do monastério onde esta estátua ficava", contou o Dalai Lama apontando para Jinpa.

Conhecida como "Kyirong Jowo", literalmente o irmão de Kyirong, aquela estátua de Buda é venerada como um dos tesouros religiosos mais preciosos para o povo tibetano. Estava vestida com a túnica tradicional do Tibete e coroada com um ornato de ouro e pedras preciosas. Estava cercada por dezenas de estátuas menores de Buda e outras figuras sagradas e tinha uma armação de orquídeas roxas. A estátua era lindamente esculpida em sândalo, e o rosto, pintado de dourado. Os olhos eram amplos, as sobrancelhas, finas; os lábios, curvados; o rosto inteiro, sereno. A mão direita da estátua estava estendida, com a palma voltada para cima, em um gesto gentil de boas-vindas, aceitação e generosidade.

"*Maravilhosa*", elogiou o Arcebispo.

"Originalmente, havia duas estátuas muito parecidas, ambas esculpidas do mesmo pedaço de sândalo. E, desde a época do quinto Dalai Lama, uma ficava no palácio de Potala", explicou o Dalai Lama.

O Grande Quinto, como costuma ser chamado, viveu no século XVII e uniu o Tibete central, acabando com suas muitas guerras civis. Ele é o Carlos Magno do Tibete — bem, talvez Carlos Magno e o Papa combinados.

"Enquanto uma estátua ficava em Potala", continuou ele, "a outra ficava na região ocidental do Tibete. Eram como dois irmãos gêmeos. Então, por fim, quando o exército chinês destruiu Potala, aquela foi morta." Talvez tenha sido uma palavra usada de forma errada, mas sua personificação da estátua e de sua morte pareceu bastante pungente. "Daí, os monges da região leste do Tibete tiraram essa do Tibete e a trouxeram para a Índia. Com isso, houve a questão se ela deveria seguir para o monastério com os monges, no sul da Índia, onde eles foram realocados, ou ficar aqui comigo. Fiz algumas investigações sobre os modos misteriosos, profecias, as quais acredito que você também tenha na cultura africana. Então, esta estátua... Como se diz?"

Ele falou em tibetano com Jinpa, que traduziu:

"A profecia revelou que a estátua preferia ficar com aquele que é mais famoso."

Todos riram.

"Agora eu vou contar um segredo, algo bastante singular. Todas as manhãs, vejam vocês, eu rezo para esta estátua e vejo sua expressão mudar." O Dalai Lama tinha um olhar travesso, e era difícil saber se estava brincando com o Arcebispo.

"*Sério?*", perguntou o Arcebispo, tentando não soar incrédulo demais. O Dalai Lama balançou a cabeça para um lado e para o outro como quem diz: talvez sim, talvez não, quem sabe? Então, o Arcebispo perguntou: "Ela sorri?".

"Sim, ela está sorrindo agora como você. Sério", disse o Dalai Lama enquanto se inclinava de forma que sua testa tocasse na do Arcebispo. Balançando o indicador, acrescentou rapidamente: "Ah, mas não como os seus olhos tão grandes e redondos". O Dalai Lama arregalou os olhos fazendo uma expressão que poderia ser de surpresa, medo ou raiva. "Tudo bem, agora vamos à nossa sessão."

No entanto, enquanto caminhávamos até a sua cadeira, ele parou em outro altar no meio do aposento. Sobre uma mesa redonda havia um crucifixo esculpido em mármore branco, com pregos negros saindo da palma das mãos. Havia ainda uma estátua de Nossa Senhora.

"Esta é uma Nossa Senhora negra do México." A imagem era de Maria usando um manto dourado e uma coroa e segurando um globo dourado do mundo. No seu colo, o pequeno menino Jesus. "Maria é o símbolo do amor", disse o Dalai Lama, fazendo um gesto para a imagem com a mesma palma aberta do Buda de Sândalo. "É maravilhoso."

Também havia um globo em um tom profundo de azul sobre um suporte dourado, um outro símbolo sagrado talvez de outro tipo, um lembrete tangível da compreensão budista da interdependência. A preocupação e a prática de oração do Dalai Lama, assim como a do Arcebispo, envolviam o mundo inteiro.

O Dalai Lama levou o Arcebispo até uma poltrona bege com muitas almofadas e um espaldar alto. O Arcebispo usava uma camisa azul-marinho tibetana com um botão no canto, próximo ao ombro, que fazia a camisa parecer uma bolsa na qual ele tinha sido confortavelmente enfiado. Um alfaiate talentoso, o pai de Lama Tenzin, fizera a camisa como um presente para ele. O Arcebispo se sentou, sua forma pequena praticamente desaparecendo na cadeira enorme.

O restante de nós começou a se sentar no chão, e o Dalai Lama perguntou se queríamos cadeiras, mas respondemos que estávamos bem.

"Antigamente, eu também costumava me sentar no chão", disse o Dalai Lama. "Mas comecei a ter problemas no joelho. Então, agora eu prefiro isto." Ele fez um gesto para uma cadeira larga envolvida em veludo vermelho. Ele puxou um pouco a túnica e se sentou. Atrás dele uma *thangka* amarela, vermelha e verde estava pendurada na parede. À sua frente, havia uma mesa baixa de madeira com uma pilha de textos budistas, parecendo blocos literários horizontais. Dois abajures finos e compridos de cada lado da mesinha, provavelmente para iluminar a mesa e as longas escrituras tibetanas no fim da madrugada, quando o Dalai Lama começava sua prática. Um vaso com tulipas cor-de-rosa e uma tigela dourada para a cerimônia do arroz davam um colorido. Por fim, dois *tablets* finos também estavam sobre a mesa cheia, um para mostrar o clima e outro para ouvir a BBC News.

"Por causa do nosso compromisso de hoje, comecei a meditação às duas e meia da manhã."

"Hum", respondeu o Arcebispo, talvez ainda maravilhado com esse hábito de acordar tão cedo.

"Então, como sempre, tomei banho e continuei a minha prática de meditação. Agora, você está bem? A temperatura está agradável?", perguntou o Dalai Lama, estendendo as mãos em um gesto de preocupação.

O Arcebispo sorriu e ergueu os polegares.

"Obrigado", agradeceu ele enquanto se acomodavam um ao lado do outro.

"Esta parte é uma luz clara da meditação da morte", disse o Dalai Lama, como se estivesse prestes a nos guiar para uma meditação, concentrando-se na respiração, e não na forma do corpo. "Estamos treinando a nossa mente ao seguir por um processo bastante detalhado do que vamos vivenciar no momento da nossa morte."

"Hum", respondeu o Arcebispo com olhos arregalados, como se tivesse acabado de ser convidado para um aquecimento das Olimpíadas espirituais com uma pequena maratona.

"De acordo com a psicologia budista Vajrayana, existem diferentes níveis de consciência", explicou o Dalai Lama, referindo-se à tradição budista esotérica, cujo objetivo é ajudar o praticante a descobrir a verdade suprema. "Existe uma dissolução que ocorre quando os níveis mais gerais dos nossos estados mental e corpóreo chegam ao fim, e quando níveis muito, muito mais sutis se manifestam. No nível mais interior ou mais sutil, esse estado de luz clara surge no momento em que estamos morrendo. Não é a morte. É estar morrendo. O sentimento físico acaba completamente. A respiração para. O coração para, não está mais batendo. O cérebro também para de funcionar. Níveis ainda sutis, muito sutis de consciência continuam, preparando-se para outro destino da vida."

A consciência do momento da morte que o Dalai Lama estava descrevendo é livre de dualidade e conteúdo e subsiste na forma de pura luminosidade. (Na conhecida comédia hollywoodiana *Clube dos pilantras*, há uma cena na qual o personagem de Bill Murray, Carl, descreve uma história exagerada sobre ter carregado tacos de golfe para o 12º Dalai Lama em uma geleira. Carl pede uma gorjeta depois do jogo, e ele diz que o Dalai Lama respondeu: "Ah, não vai ter dinheiro, mas, quando morrer, no seu leito de morte, você vai receber uma consciência total". Talvez os roteiristas soubessem de alguma coisa sobre a luz clara da meditação da morte.)

"No pensamento budista", explicou o Dalai Lama, "nós falamos sobre a morte, o estado intermediário e o renascimento. No meu caso, faço esse tipo de meditação cinco vezes por dia, e é como se eu passasse pela morte e pelo renascimento; cinco vezes eu parto e cinco vezes eu retorno", disse o Dalai Lama. "Então, creio que quando eu realmente morrer, devo estar preparado!" Com essas palavras, seus olhos brilhantes e o sorriso travesso se tornaram pensativos e afáveis. "Mas eu não sei. Quando a morte de verdade chegar, espero ter a capacidade de aplicar essa prática de forma eficaz. Eu não sei. Então eu preciso da oração de *vocês*."

"Os chineses dizem que você não vai decidir quem será a sua próxima reencarnação", disse o Arcebispo, voltando para uma fonte de brincadeiras durante a semana.

Para o Arcebispo, a pessoa não podia querer perder a oportunidade de ligar oração à política, e meditação ao ativismo, ou a uma boa piada. Certamente a declaração de que o governo chinês, o qual não sanciona nem aceita religião, poderia escolher a próxima reencarnação do Dalai Lama era um estímulo para outra grande risada.

"Eu prefiro que, depois da minha morte", respondeu o Dalai Lama, rindo, "*você* procure a minha reencarnação, que você lidere a investigação em vez do governo comunista e ateísta e contrário às religiões."

"Sim", aceita o Arcebispo depois de uma pausa, talvez perguntando-se como ele iria realizar uma investigação para encontrar o próximo Dalai Lama.

"Eu costumo dizer", continuou o Dalai Lama, "meio brincando, meio falando sério, que o Partido Comunista Chinês precisa primeiro aceitar a teoria do renascimento, daí eles iriam reconhecer a reencarnação do presidente Mao Tsé-tung, depois a reencarnação de Deng Xiaoping, e por fim poderiam ter o direito de se envolver na reencarnação do Dalai Lama."

"Sim." O Arcebispo estava se divertindo. "Eu fiquei muito interessado porque eles alegam ser ateus e tudo mais, porém dizem que vão decidir se você vai reencarnar. Isso é uma coisa." O Arcebispo estava rindo e meneando a cabeça diante do absurdo que era o governo chinês tentar restringir os movimentos do Dalai Lama mesmo na próxima vida.

Então as palavras se foram, a conversa e as brincadeiras se transformaram em uma tranquila contemplação.

O Dalai Lama tirou os óculos. Seu bonito rosto era tão familiar e, ao mesmo tempo, de repente diferente. Parecia longo e oval, por causa da careca ampla, sobre as sobrancelhas triangulares e os olhos ligeiramente abertos, o nariz largo e as bochechas altas que pareciam cinzeladas agora e desgastadas como a encosta de um penhasco ou de um dos cumes do Himalaia, então seus lábios retos e contraídos, terminando em um queixo suave e arredondado. Ele baixou o olhar, como se as cortinas de sua mente tivessem descido e ele agora se preocupasse apenas com a jornada interior.

O Dalai Lama esticou a testa, e eu me senti aliviado por ele não ser um devoto austero que negaria suas ânsias e seus sofrimentos. Ele ajeitou melhor o manto nos ombros e se acomodou no silêncio, pousando as mãos no colo.

No início, a minha mente começou a se agitar, e eu estava tendo dificuldade de manter o foco, pensando em todas as perguntas que eu faria, a câmera que estava filmando, as outras pessoas no aposento, e se tudo estava como deveria estar e se todos tinham tudo de que precisavam. Então observei o rosto do Dalai Lama, e o meu próprio sistema de neurônios-espelho parecia ressoar com um estado mental que eu estava testemunhando. Os neurônios-espelho permitem que imitemos os outros e vivenciemos o seu estado interior, desempenhando dessa forma um importante papel na empatia. Comecei a sentir um formigamento na testa, depois um foco aguçado enquanto várias partes do meu cérebro começaram a se aquietar e a se tranquilizar, como se a atividade tivesse começado a se concentrar naquilo que os adeptos chamam de terceiro olho, ou o que os neurocientistas chamam de córtex pré-frontal medial.

Daniel Siegel me explicou que a integração neural criada por essa área crucial do cérebro liga muitas áreas díspares e é o local de tudo, desde a regulação emocional até a moralidade. Ele e outros cientistas propõem que a meditação ajuda esses processos. Ele explicou que as fibras integrantes do córtex pré-frontal medial parecem se expandir e aquietar as estruturas emocionais mais reativas do cérebro. Nós herdamos essa reatividade dessa parte do nosso cérebro, e particularmente a amígdala sensível, dos nossos ariscos ancestrais e seu instinto de fuga ou luta. Mesmo assim, grande parte da nossa jornada interior significa nos libertarmos dessa resposta evolucionária para que não tenhamos uma reação exagerada ou percamos nossa cabeça diante de situações estressantes.

O verdadeiro segredo da liberdade pode ser simplesmente ampliar esse pequeno espaço entre o estímulo e a resposta. A meditação parece alongar essa pausa e ajudar a expandir a nossa capacidade de escolher a resposta. Por exemplo, podemos expandir a pausa momentânea entre as palavras irritadas de nosso cônjuge e a nossa reação zangada ou magoada? Podemos mudar o canal no sistema mental de TV de indignação de superioridade moral — como essa pessoa se atreve a falar comigo dessa forma? — para uma compreensão mais compassiva — a pessoa deve estar muito cansada. Nunca vou me esquecer de ver o Arcebispo fazer exatamente isso — parar e escolher a sua resposta — durante um desafio proposital que lhe lancei alguns anos atrás.

Estávamos envolvidos havia dois dias inteiros e exaustivos de entrevistas, esperando criar um projeto de legado sobre o seu trabalho pioneiro com a Comissão de Reconciliação e Verdade na África do Sul. Estávamos conversando havia horas com a equipe de filmagem, e ele estava visivelmente cansado e, para ser sincero, um pouco irritado. Não era fácil trabalhar para tentar descrever sistematicamente o processo de verdade, perdão e reconciliação que ele usou de forma tão eficaz, mas em geral indistinta, para curar o seu país.

Em um momento particularmente tenso, perguntei-lhe sobre sua decisão de voltar da Inglaterra para a África do Sul, um evento com profundas implicações para o movimento anti-apartheid e a libertação do seu país, mas que também teve consequências dolorosas para sua esposa, Leah, e seus filhos. Não apenas eles estavam deixando o país onde eram cidadãos livres e iguais para voltar para uma sociedade opressiva e racista, mas também estavam escolhendo quebrar a própria família. O governo do apartheid criara uma educação banta para os negros e outros não brancos, um sistema educacional que tinha o objetivo específico de educar os estudantes para empregos servis. Era a subjugação mental proposital de gerações de estudantes. Isso jamais seria tolerado pelo Arcebispo e por Leah, e eles tinham consciência de que precisariam enviar seus filhos para colégios internos na Suazilândia.

Aquele foi um dos momentos mais difíceis do casamento deles e quase os separou. Certamente, provocou uma enorme dor em Leah. Depois de dizer que algumas discussões matrimoniais são justificáveis pela história, perguntei ao Arcebispo se ele já tinha se desculpado com Leah pela dor que sua decisão causara à esposa. Ele defendeu sua decisão com a verdadeira justiça da causa e talvez um pouco de direito de posse de um homem de sua geração. Eu o pressionei mais sobre por que ele não tinha se desculpado pela angústia que provocara em Leah, mesmo que sua decisão tenha sido a correta.

À medida que o meu ataque verbal ficou mais direcionado e desafiador, percebi que sua reação foi afastar a cabeça, talvez em uma postura defensiva. A maioria de nós talvez tivesse discutido de forma mais dura ou revidado o ataque diante de tal discórdia, mas foi como se eu pudesse enxergar o Arcebispo — em uma pausa de um milésimo de segundo — recuperar sua consciência, refletir sobre suas opções e escolher a sua resposta, refletida e comprometida em vez de simplesmente reativa e rejeitadora. Foi um dos exemplos mais profundos do que uma vida de oração e meditação pode nos dar — aquela pausa, a liberdade de responder em vez de reagir. Algumas semanas mais tarde, ele me escreveu que tinha conversado sobre a experiência com Leah e pedido desculpas à esposa. Ela lhe disse que já o perdoara havia anos. Casamentos, até mesmo os melhores — talvez especialmente estes —, constituem um processo contínuo de perdão, expresso ou não.

O Arcebispo segurou com cuidado a mão direita com a esquerda. Baixou a cabeça em concentração. O objetivo era a meditação, mas eu nunca soube muito bem onde a meditação termina e a oração começa ou onde a oração termina e a meditação começa. Já ouvi dizer que oração é quando conversamos com Deus, e a meditação é quando Deus responde. Seja Deus respondendo ou alguma parte mais sábia da nossa própria inteligência, não tenho certeza se isso realmente importava para mim, enquanto eu apenas tentava aquietar o som interno e ouvir através do silêncio pesado e envolvente.

Depois que o Dalai Lama terminou a meditação, foi a vez de o Arcebispo compartilhar sua prática espiritual. O Arcebispo começa o seu dia com uma oração e uma meditação na pequena capela do tamanho de um closet na sua casa na Cidade do Cabo. Antes de se tornar o Arcebispo da cidade, ele e sua família moravam em Soweto, uma antiga cidade de negros próxima a Joanesburgo, que foi tão central na luta contra o apartheid e o local da revolta de Soweto. Lá ele tinha uma capela um pouco maior e independente da casa, com um vitral e bancos de igreja. Era um espaço recluso e adorável, e nós passamos alguns lindos momentos de quietude juntos ali. Era como se estivéssemos na sede espiritual da luta contra o apartheid, o local onde o Arcebispo se voltou tantas vezes para Deus tomado de agonia e incerteza e encontrou uma direção.

Enquanto o Arcebispo e Mpho preparavam o pão e o vinho, o Dalai Lama disse:

"Um monge budista não toma vinho e nenhuma bebida alcoólica... A princípio. Mas hoje, com você, vou tomar um golinho." Depois acrescentou: "Não se preocupe, você pode ficar tranquilo porque não vou ficar bêbado".

"Mas não vou deixar você beber e dirigir", retrucou o Arcebispo.

"Essa é a primeira vez que vamos rezar juntos", disse o Dalai Lama. "Um budista, um cristão, irmãos. Eu já disse para você que, desde 1975, tenho feito peregrinações para diferentes tradições religiosas. Às vezes é necessário um grande desastre para seguidores de todas as diferentes fés se unirem e verem que somos todos iguais, irmãos e irmãs humanos. Considero que o que estamos fazendo hoje é parte do mesmo tipo de peregrinação. Quando olho para essa imagem de Jesus Cristo, me emociono de verdade. Acredito que este professor trouxe uma imensa inspiração para milhões de pessoas. Agora é o momento da sua meditação."

O Arcebispo e Mpho entregaram os livretos de oração e realizaram a Eucaristia, também chamada Comunhão Sagrada. O rito é considerado uma reprodução da Última Ceia, que era uma celebração da refeição do *Pessach* judaico. Acredita-se que Jesus disse que seus seguidores deveriam comer o pão e beber o vinho em sua memória, e, para muitos cristãos, o pão se transforma no corpo de Cristo, e o vinho, no seu sangue. A Eucaristia celebra o próprio sacrifício de Jesus. Eu me uni muitas vezes ao Arcebispo para a Eucaristia, geralmente como o único judeu, um fato que o Arcebispo gostava de lembrar, acrescentando que eu estava lá para me certificar de que a Eucaristia tinha sido preparada de acordo com os preceitos judaicos. Como um não cristão, eu não recebia a Comunhão, então fiquei surpreso ao ver o Arcebispo e o Dalai Lama quebrarem as convenções de ambas as tradições.

Muitas denominações cristãs proíbem os não cristãos, ou até mesmo os cristãos que não fazem parte de sua denominação específica (aqueles com quem não estão em comunhão completa), de compartilhar a Eucaristia. Em outras palavras, assim como em muitas tradições religiosas, isso define quem faz parte do grupo e quem não faz. Esse é um dos maiores desafios que a humanidade enfrenta: remover as barreiras entre quem vemos como "nós" e quem vemos como "os outros". A última pesquisa de varredura cerebral sugere que temos uma compreensão bastante binária sobre o eu e o outro e que nossos circuitos de empatia não são ativados, a não ser que vejamos a outra pessoa como parte do nosso próprio grupo. Houve muitas guerras, e muitas injustiças foram cometidas porque banimos os outros do nosso grupo e, dessa forma, do nosso ciclo de preocupação. Eu me lembro do Arcebispo dizendo isso de forma incisiva durante a Guerra do Iraque, quando o número de mortes de americanos e iraquianos foi informado e avaliado de modo diferente na mídia nos Estados Unidos. Na contagem do Arcebispo, todos eram filhos de Deus, inseparáveis e com o mesmo valor.

O Arcebispo e o Dalai Lama são verdadeiramente duas das figuras religiosas mais inclusivas do mundo, e, no decorrer da semana, o tema subjacente aos seus ensinamentos era sobre transcender as nossas próprias definições estreitas e encontrar amor e compaixão por toda a humanidade. O compartilhamento de tradições das quais participamos naquela manhã foi um lembrete para deixarmos de lado as nossas próprias crenças estreitas sobre o eu e o outro, sobre o nosso e o deles, cristão e budista, hindu e judeu, crente e ateu. Na terra de Gandhi na qual estávamos, pensei nas suas palavras totêmicas quando lhe perguntaram se era hindu: "Sim, sou hindu. Mas também sou cristão, muçulmano, budista e judeu". Estávamos todos em busca da verdade humana, e iríamos beber da taça da sabedoria, seja lá de qual fonte ela vier.

"Está em inglês?", perguntou o Dalai Lama, olhando para o livreto.

"Sim, está em inglês. Você quer ler em xhosa?", perguntou o Arcebispo, referindo-se à sua língua materna, estalando a língua enquanto dizia a palavra.

"Esse idioma eu não conheço."

"Então, por você, vamos usar o inglês."

"Obrigado, obrigado", agradeceu o Dalai Lama.

"Mas o idioma falado no céu é o xhosa. Quando você chegar lá, terão que encontrar um tradutor para você."

"Existe uma ligação", disse o Dalai Lama. "Veja você, os historiadores dizem que os primeiros seres humanos vieram da África. Nossos verdadeiros ancestrais. Então, a criação de Deus começou na África."

"Não muito longe da minha casa", respondeu o Arcebispo. "O local onde dizem que fica o berço da humanidade. Portanto, embora tenha essa aparência, você na verdade é africano!"

"Os europeus, os asiáticos, os árabes, os americanos…", começou o Dalai Lama.

"São todos africanos", concluiu o Arcebispo. "Somos todos africanos. Alguns de nós estão mais longe do calor, e seus traços mudaram. Agora queremos ficar em silêncio."

"Sim. Primeiro você deve ficar em silêncio. Daí nós faremos o mesmo", respondeu o Dalai Lama, uma última provocação antes que o momento santificado descesse sobre nós, embora eu geralmente sentisse que, para aqueles dois homens, a santidade e a despreocupação fossem indivisíveis.

O Dalai Lama agora estava sentado ali com os lábios apertados de forma reverente. Quando a celebração começou, ele assentiu com a cabeça de modo atento. Quando levantávamos, ele levantava e ajeitava o manto vermelho à sua volta. Suas mãos se uniram, e ele entrelaçou os dedos. Eu sabia que cada líder estava acostumado a servir como representante de sua tradição inteira, e o Dalai Lama estava tentando prestar o seu respeito em nome de toda a comunidade budista tibetana — e talvez toda a comunidade budista.

Mpho Tutu estava com um vestido vermelho-vivo e um turbante vermelho combinando, assim como um manto negro. Ela começou com uma oração para todos aqueles lugares onde existem injustiças, onde existem discórdias, e continuou dedicando orações para curar todos aqueles que precisam. Concluiu abençoando o trabalho que estávamos fazendo juntos.

Terminamos as orações e afirmações da Eucaristia com as palavras: "Que a paz esteja convosco. Que a paz do Senhor esteja convosco". Todos no recinto se abraçaram e se beijaram. O Dalai Lama estava atrás da mesa de meditação. Fiquei pensando em quão poucos abraços ele receberia e fui até lá saudá-lo. Mpho fez o mesmo. Assim como o Arcebispo. Eles seguraram um a mão do outro e fizeram uma reverência com a cabeça.

Agora era a hora da Comunhão. O Arcebispo ergueu um pequeno pedaço do pão branco tibetano e o colocou na boca do Dalai Lama. Dava para ver a pulseira do Arcebispo na qual se lia *U-B-U-N-T-U*, afirmando a nossa conexão e a nossa interdependência. Tratava-se de um lembrete de que podemos estar em comunhão com todo mundo. Depois, Mpho se aproximou com uma taça de vinho tinto. O Dalai Lama mergulhou a pontinha do dedo mínimo esquerdo na taça e levou uma gota à boca.

Após ter dado a Comunhão a todos, o Arcebispo usou seu dedo para juntar todas as migalhas a fim de que nenhum pedacinho do corpo simbólico fosse jogado fora, despejou-as na taça de vinho e o tomou.

O Arcebispo terminou com uma bênção em xhosa, estalando a língua várias vezes na linda poesia sonora de sua língua materna, e fez o sinal da cruz em direção às pessoas ali reunidas.

"Vão em paz, vão para o mundo. Vão em paz e com amor e sigam o Senhor. Aleluia. Aleluia. Em nome de Jesus Cristo, Nosso Senhor. Amém. Aleluia. Aleluia."

Antes de irmos embora, o Dalai Lama parou para tomar alguns comprimidos, os quais ele explicou que eram remédios tibetanos. Ele os mastigou, contraindo o rosto por causa do amargor.

"É por isso que você está tão bonito", disse o Arcebispo.

"Por causa das graças de Deus", retrucou o Dalai Lama.

Rachel acrescentou:

"As graças de Deus enviam médicos tibetanos."

"Em termos de força física, Deus ama os não crentes mais do que os crentes!", exclamou o Dalai Lama, rindo.

O Arcebispo começou a gargalhar também, enquanto pegava sua bengala e começava a se afastar, mas então se virou.

"Não ria das suas próprias piadas."

"Você me ensinou a fazer isso." Então o Dalai Lama se levantou, arrumou o manto nos ombros e pegou o braço do Arcebispo. "Muito obrigado", agradeceu ele, referindo-se à cerimônia. "Muito impressionante."

"Obrigado pela sua hospitalidade", respondeu o Arcebispo.

Eles saíram pelo corredor com *thangkas*. A luz forte passava pelas janelas no final do corredor. Eles saíram da casa e desceram a escada de concreto, o Arcebispo movendo-se devagar, segurando-se no corrimão.

Havia um carro esperando, mas o Arcebispo e o Dalai Lama decidiram caminhar juntos até a sala de conferências, onde as entrevistas estavam sendo filmadas.

O Dalai Lama pegou a mão do Arcebispo, a que segurava a bengala. Eles caminharam juntos de maneira bastante rápida.

"Você já teve problemas com a segurança aqui?", perguntou o Arcebispo.

"Não, não", respondeu o Dalai Lama.

"Estou bastante surpreso", comentou o Arcebispo.

"Não", repetiu o Dalai Lama, confirmando sua segurança. "Eu costumo me descrever como o hóspede mais antigo do governo indiano, já faz 56 anos."

"Cinquenta e seis? Mas não houve nenhum invasor? Pessoas que queriam entrar e atacá-lo?" Sem dúvida ele estava pensando nas próprias ameaças de morte que recebera e no plano de assassiná-lo, que fora frustrado pela proteção de uma multidão de pessoas que o cercaram no aeroporto, impedindo que o possível assassino se aproximasse dele.

"Não, não. A Índia fornece proteção 24 horas por dia."

"Espantoso, mas mesmo assim eles podem ser muito espertos. Podem se infiltrar na segurança, e você acha que vem alguém para protegê-lo, e acaba que…"

"Até mesmo na Casa Branca", respondeu o Dalai Lama, "alguém já entrou sem ser notado."

"É maravilhoso que você tenha conseguido ficar em segurança aqui."

"O único perigo", disse o Dalai Lama, "é um terremoto."

Dias 4 e 5
Os oito pilares do contentamento

1. Perspectiva: existem diversos ângulos

"Como dissemos bem no início, o contentamento é um subproduto", começou o Arcebispo. "Se você se levanta e diz 'eu quero ser feliz', apertando os dentes com determinação, esse é o modo mais rápido de perder o ônibus."

Mas se contentamento e felicidade são subprodutos, eles são subprodutos exatamente do quê? Era chegado o momento de mergulhar mais fundo nas qualidades da mente e do coração que precisamos cultivar para pegar aquele ônibus.

"Já cobrimos a natureza do verdadeiro contentamento e os obstáculos para chegar a ele", disse eu quando começamos o quarto dia de conversas. "Agora estamos prontos para seguir para as qualidades positivas que nos permitem vivenciar mais contentamento."

Já tínhamos discutido o assunto da imunidade mental na redução do medo e da raiva e outros obstáculos para o contentamento, mas o Dalai Lama tinha explicado que a imunidade mental também era sobre encher a nossa mente e o nosso coração com sentimentos e pensamentos positivos. À medida que o nosso diálogo avançava, chegamos aos oito pilares do contentamento. Quatro eram as qualidades da mente: *perspectiva, humildade, humor* e *aceitação*. Quatro eram as qualidades do coração: *perdão, gratidão, compaixão* e *generosidade*.

No primeiro dia, o Arcebispo levara os dedos de sua mão direita ao coração para enfatizá-lo como elemento central. Nós terminaríamos, no final das contas, com compaixão e generosidade, e realmente ambos insistiriam que essas duas qualidades eram talvez as mais essenciais para qualquer felicidade suprema. Mesmo assim, precisávamos começar com algumas qualidades fundamentais da mente que permitiriam que nos voltássemos mais fácil e frequentemente para uma resposta mais compassiva e generosa à vida. Como o Dalai Lama disse no início das nossas conversas, criamos a maioria dos nossos sofrimentos, então deveríamos ser capazes de criar mais contentamento. A chave, explicou ele, eram a nossa perspectiva e nossos pensamentos, nossos sentimentos e nossas ações que vêm como resultado.

Pesquisas científicas apoiam consistentemente muitas partes das conversas que ocorreram ao longo da semana. Os fatores que a psicóloga Sonja Lyubomirsky descobriu terem maior influência na nossa felicidade apoiam vários desses oito pilares. O primeiro tem a ver com a nossa perspectiva diante da vida, ou, como Lyubomirsky descreve: nossa capacidade de recompor a nossa situação de forma mais positiva. Nossa capacidade de sentir gratidão e nossa escolha de sermos gentis e generosos para com os outros.

Uma perspectiva saudável realmente constitui a base do contentamento e da felicidade, porque a maneira como enxergamos o mundo é aquela como vivenciamos o mundo. Mudar a maneira como enxergamos o mundo, por sua vez, muda a maneira como nos sentimos e como agimos, o que muda o próprio mundo. Ou, como o Buda disse no *Dammapada*: "Com a nossa mente, criamos o nosso próprio mundo".

"Para cada evento na vida", disse o Dalai Lama, "existem muitos ângulos diferentes. Quando você olha para o mesmo evento a partir de uma perspectiva mais ampla, o seu senso de preocupação e ansiedade se reduz, e você tem mais contentamento." O Dalai Lama discutiu a importância de uma perspectiva mais ampla quando estava nos contando sobre como conseguiu ver a calamidade do seu país como uma oportunidade. É de ficar boquiaberto ouvi-lo "recompor de forma mais positiva" o seu exílio de mais de meio século. Ele foi capaz de enxergar não apenas o que perdeu, mas também o que ganhou: um contato mais amplo e novos relacionamentos, menos formalidade e mais liberdade para descobrir o mundo e aprender com os outros. "Desse modo, se olhar por um ângulo, você sente: 'Oh, que ruim, que triste'. Mas se você olhar de outro ângulo para a mesma tragédia, para o mesmo evento, verá como ele lhe deu novas oportunidades."

Edith Eva Eger conta a história da visita a dois soldados no mesmo dia no hospital William Beaumont Army Medical Center, no Forte Bliss. Ambos tinham ficado paraplégicos em combate. O diagnóstico e o prognóstico eram idênticos. O primeiro veterano, Tom, estava deitado na cama em posição fetal, insultando a vida e reclamando do próprio destino. O segundo, Chuck, estava fora da cama, sentado na sua cadeira de rodas, explicando que sentia que tinha recebido uma segunda chance na vida. Enquanto passeava na cadeira de rodas pelo jardim, percebeu que estava mais próximo das flores e que podia olhar diretamente nos olhos das crianças.

Eger costuma citar um colega sobrevivente de Auschwitz, Viktor Frankl, que disse que a nossa perspectiva diante da vida é a nossa liberdade final e suprema. Ela explica que a nossa perspectiva literalmente tem o poder de nos manter vivos ou provocar a nossa morte. Uma das suas companheiras no campo de concentração de Auschwitz estava muito doente e fraca, e outras na sua ala perguntaram como ela se segurava à vida. A prisioneira contou que tinha ouvido que seriam soltas no Natal. A mulher sobreviveu a todos os percalços, mas morreu no dia de Natal, quando não foram soltas. Não é de estranhar que, no decorrer da semana, o Dalai Lama chamou alguns pensamentos e sentimentos de tóxicos, até mesmo venenosos.

Jinpa explicou que, embora mudar nossas emoções seja muito difícil, mudar a nossa perspectiva é, na verdade, relativamente fácil. É uma parte da nossa mente sobre a qual exercemos influência. O modo como enxergamos o mundo e o significado que você dá ao que testemunhou mudam a maneira como você se sente. Pode ser o primeiro passo para "uma jornada espiritual e neural que resulta em cada vez mais serenidade e que o nosso estado-padrão seja de cada vez mais contentamento", como o psicólogo e escritor Daniel Goleman descreveu poeticamente em uma ligação anterior à viagem. A perspectiva, argumentou Jinpa, nada mais é do que a chave mestra que abre todas as trancas que aprisionam a nossa felicidade. O que é essa mudança de perspectiva que tem tanto poder? Qual é a perspectiva saudável que o Dalai

Lama e o Arcebispo trazem à vida que permite que eles a saúdem com tanto contentamento diante de tanta angústia?

O Dalai Lama usou as expressões *perspectiva mais ampla* e *perspectiva maior*. Ambas envolvem dar um passo para trás, dentro da nossa própria mente, para olhar para o quadro maior e se mover além da nossa autoconsciência e do nosso limitado interesse próprio. Cada situação que confrontamos na vida vem da convergência de muitos fatores contribuintes. O Dalai Lama explicou:

"Devemos olhar para qualquer situação ou problema pela frente e por trás, pelos lados, por cima e por baixo, de pelo menos seis ângulos diferentes. Isso nos permite ter uma visão mais completa e holística da realidade, e, se fizermos isso, a nossa resposta será mais construtiva."

Sofremos de uma miopia de perspectiva. O resultado disso é que somos míopes e não conseguimos enxergar a nossa experiência de uma forma mais ampla. Quando enfrentamos um desafio, costumamos reagir à situação com medo e raiva. O estresse pode dificultar que demos um passo para trás para ver outras perspectivas e outras soluções. Isso é natural, enfatizou o Arcebispo no decorrer da semana. Mas, se tentarmos, podemos nos tornar menos fixados ou apegados, para usarmos o termo budista, a um resultado e podemos usar meios mais habilidosos para lidar com a situação. Vemos que, na circunstância aparentemente mais limitadora, temos escolha e liberdade, mesmo se tal liberdade for, no fim das contas, a atitude que teremos. Como um trauma pode levar ao crescimento e à transformação? Como um evento negativo pode, na verdade, se tornar positivo? Estávamos sendo convidados a ver as bênçãos em uma desgraça ou contentamento na angústia. Jinpa ofereceu um pensamento de consolo diante de uma situação delicada para nos tirar da nossa perspectiva limitada: pense em algo ruim que aconteceu no passado, depois pense em algo bom que surgiu a partir disso.

Mas isso é simplesmente ser como a Poliana? Será que estamos enxergando o mundo de forma menos clara quando o vemos através de lentes cor-de-rosa? Não acredito que alguém possa pensar em acusar o Dalai Lama e o Arcebispo Tutu de não enxergarem as lutas que enfrentaram nem os horrores do nosso mundo com uma visão afiada e inflexível. O que eles estão nos lembrando é que, em geral, o que pensamos ser a realidade é apenas parte do quadro. Nós olhamos para as calamidades do nosso mundo, como o Arcebispo sugeriu, e então olhamos de novo e vemos todos aqueles que estão ajudando a curar os feridos. Essa é a capacidade de recompor a vida de forma mais positiva com base em uma perspectiva mais ampla, mais rica e mais sutil.

Com uma perspectiva mais ampla, podemos enxergar a nossa situação e todas as envolvidas em um contexto maior e a partir de uma posição mais neutra. Ao enxergarmos as muitas condições e circunstâncias que levaram a um evento, somos capazes de reconhecer que a nossa perspectiva limitada não é a verdade. Como disse o Dalai Lama, somos capazes até mesmo de enxergar o nosso próprio papel em qualquer conflito ou mal-entendido.

Ao dar um passo para trás, também conseguimos enxergar a visão maior e ter uma melhor compreensão das nossas ações e dos nossos problemas no quadro geral da nossa vida. Isso nos permite enxergar que, embora a nossa situação talvez pareça desafiadora agora, a partir de um ponto de vista mais vantajoso de um mês, um ano ou uma década, esses desafios vão parecer muito mais gerenciáveis. Quando o Arcebispo recebeu o prêmio Templeton em Londres, tive a oportunidade de conhecer o astrônomo real do Reino Unido, *Sir* Martin Rees, que me explicou que a nossa Terra vai existir pelo tempo equivalente ao que levamos para transformar de organismos unicelulares em seres humanos — em outras palavras, estamos apenas no meio da nossa evolução neste planeta. Pensar nos problemas do nosso mundo nesta longa linha da história planetária é a visão maior, que coloca nossas preocupações diárias em uma perspectiva muito mais ampla.

Essa perspectiva mais ampla também nos leva além da nossa própria autoestima. O egocentrismo é a nossa perspectiva mais predeterminada. É muito compreensível que ela derive do fato de que estamos no centro do nosso mundo. Mas, como o Dalai Lama e o Arcebispo demonstraram de forma tão poderosa, também temos a capacidade de considerar a perspectiva dos outros.

Eu me lembrei do Arcebispo imaginando se a pessoa que tinha lhe dado uma fechada no trânsito talvez estivesse indo para o hospital porque sua esposa estava em trabalho de parto ou porque algum ente querido estava morrendo.

"Eu às vezes digo às pessoas", disse o Arcebispo, "quando você está preso em um engarrafamento: você pode lidar com isso de duas maneiras. Você pode deixar a frustração consumi-lo. Ou você pode olhar à sua volta para os outros motoristas e perceber que um deles pode ter uma esposa que tem câncer no pâncreas. Não importa se você não sabe exatamente o que eles têm, mas você sabe que todos sofrem com preocupações e medos porque são seres humanos. E você pode animá-los e abençoá-los. Você pode dizer: 'Por favor, meu Deus, dê a cada um deles aquilo de que precisam'.

"O simples fato de não pensar sobre a sua própria frustração e dor faz algo. Eu não sei por quê. Mas isso fará com que você se sinta muito melhor. E eu acho que isso tem consequências terapêuticas na sua saúde física e espiritual. Mas em que a frustração ajuda? O que estou dizendo é que você a sente no fundo do seu estômago, a raiva. E você só fica mais zangado e, depois de um tempo, você vai desenvolver algumas úlceras no estômago só porque ficou irritado por estar preso em um engarrafamento."

Assumir uma "perspectiva do olhar do divino", como o Arcebispo poderia dizer, nos permite transcender a nossa identidade limitada e o nosso egoísmo limitado. Uma pessoa não precisa acreditar em Deus para experimentar essa mudança de perspectiva. O famoso "efeito da visão geral" talvez seja o exemplo mais profundo. Muitos astronautas relatam que, ao verem a Terra do espaço — uma bolinha azul flutuando na vastidão, sem mostrar as fronteiras definidas pelo homem —, eles nunca mais voltaram a olhar seus interesses pessoais ou nacionais do mesmo modo. Eles viram a unidade da vida terrestre e a preciosidade do nosso lar planetário.

Fundamentalmente, o Dalai Lama e o Arcebispo estavam tentando mudar a nossa perspectiva de focar no *eu*, no *mim* e no *meu*, para focar no *nós* e no *nosso*. Anteriormente na semana, o Dalai Lama mencionou um estudo clássico que sugere que o uso de pronomes pessoais de primeira pessoa do singular leva a um maior risco de ataque cardíaco. Em um estudo prospectivo multicêntrico sobre doenças cardíacas coronárias, o pesquisador Larry Scherwitz descobriu que as pessoas que dizem *eu*, *mim* ou *meu* com maior frequência têm um risco mais elevado de sofrer um ataque cardíaco e um risco maior de que esse ataque seja fatal. Scherwitz descobriu que o chamado "egoísmo" era um indicador melhor de morte do que o tabagismo, níveis elevados de colesterol ou pressão alta. Um estudo mais recente realizado pelo pesquisador Johannes Zimmerman descobriu que pessoas que usam com maior frequência os pronomes pessoais da primeira pessoa do singular — *eu*, *mim* e *meu* — têm maior probabilidade de sofrer depressão do que as pessoas que usam mais os pronomes da primeira pessoa do plural — *nós*, *nos* e *nosso*. Trata-se de uma evidência interessante de que ser egocêntrico demais pode realmente nos tornar infelizes.

Quando temos uma perspectiva mais ampla, também temos uma probabilidade menor de passar o nosso tempo perdidos em pensamentos autocentrados, ruminando. Jinpa ofereceu outro experimento mental desenvolvido para nos tirar da nossa concentração em nós mesmos, um que o Arcebispo disse ter usado quando estava no hospital recebendo tratamento contra o câncer de próstata, e que o Dalai Lama usou quando se dobrou de dor por causa da infecção na vesícula: pense no seu sofrimento na vida e pense nas outras pessoas que estão passando por situações semelhantes. Isso talvez seja quase literalmente o nascimento da compaixão, que significa "sofrer com". O mais incrível, disseram o Dalai Lama e o Arcebispo, foi que esse "sofrimento com" os outros nos lembra que não estamos sozinhos, e isso na verdade diminui a nossa própria dor. Esse reconhecimento da nossa interdependência começa a suavizar o nosso rígido senso de *eu*, as fronteiras que nos separam dos outros. O Dalai Lama disse anteriormente na semana:

"Se, por outro lado, eu me relaciono com os outros a partir da minha perspectiva como alguém diferente, um budista, um tibetano etc., então vou criar muros que me mantêm separado dos outros."

Estávamos de volta à conversa que iniciou a semana, quando tínhamos acabado de descer do avião e estávamos no saguão do aeroporto. O Dalai Lama perguntara: "Onde está o *eu* do bispo Tutu? Não conseguimos encontrá-lo". O Dalai Lama, em uma guinada tradicional do raciocínio budista, disse: "Este é o seu corpo, mas não ele mesmo. Esta é sua mente, mas não ela mesma". Os budistas seguem essa linha de questionamento para reduzir o nosso apego à nossa identidade, reconhecendo que, quanto menos apegados somos, menos defensivos e reativos seremos e mais eficazes e habilidosos podemos ser.

Como o Dalai Lama e o Arcebispo explicaram, a perspectiva mais ampla nos leva a uma serenidade e a uma equanimidade. Isso não significa que não tenhamos força para confrontar o problema, mas podemos confrontá-lo com criatividade e compaixão, em vez de com rigidez e reatividade. Quando consideramos a perspectiva dos outros, conseguimos sentir empatia por eles. A pessoa começa a enxergar a interdependência que nos envolve a todos, a qual nos revela que o modo como tratamos os outros, no final das contas, é como tratamos a nós mesmos. Também somos capazes de reconhecer que não controlamos todos os aspectos de nenhuma situação. Isso leva a um senso maior de humildade, humor e aceitação.

2. Humildade: tentei parecer humilde e modesto

"Quero responder ao seu comentário sobre estar no funeral", disse o Dalai Lama, referindo-se à história do Arcebispo sobre o sermão que fez no funeral de Chris Hani. "Você mencionou quando falou no funeral que não se considerava superior, que você era apenas um deles. Isso é muito, muito importante. Eu sempre me sinto do mesmo jeito quando faço uma palestra. Eu me considero simplesmente outra pessoa, exatamente igual àquelas que estão no auditório, o mesmo ser humano.

"De modo semelhante, eles devem me considerar também o mesmo ser humano, com o mesmo potencial para emoções construtivas e destrutivas. Quando conhecemos pessoas, a primeira e principal coisa de que devemos nos lembrar é que elas também têm o desejo de ter um dia feliz, um mês feliz, uma vida feliz. E todas têm o direito de conseguir isso.

"Então, veja você, a minha palestra talvez ofereça a elas algo relevante, mas, se eu me considerar especial de alguma forma, ou se elas me considerarem diferente e especial de alguma forma, daí a minha experiência não será de muita utilidade. Por isso é maravilhoso que, em você, Arcebispo, eu tenha encontrado um companheiro que compartilha completamente essa opinião."

O Dalai Lama e o Arcebispo não estavam interessados em status e superioridade. O Dalai Lama começou a contar uma história que era um lembrete pungente de que nem todos compartilham sua visão no mundo religioso.

"Você disse que sou uma pessoa brincalhona", disse ele, apontando para o Arcebispo. "Um dia, em uma grande reunião inter-religiosa em Délhi, um dos líderes espirituais indianos se sentou ao meu lado bem assim." O Dalai Lama empertigou o corpo e fez uma expressão dura e carrancuda. "Ele disse que seu assento deveria ser mais elevado do que o dos outros. Como se diz isto?", perguntou ele, apontando para a base da cadeira.

"As pernas", respondeu o Arcebispo.

"Isso, as pernas não eram altas o suficiente, então os organizadores tiveram de trazer alguns tijolos para tornar a cadeira daquele líder espiritual mais alta. Durante todo o tempo que fiquei ao seu lado, ele permaneceu imóvel, como uma estátua. Então pensei: se um dos tijolos fosse movido e ele caísse, daí nós veríamos o que aconteceria…"

"Você mexeu no tijolo?", perguntou o Arcebispo.

"Se eu tivesse…"

"Eu não acredito em você."

"Talvez você veja alguma força misteriosa mover o tijolo, porque eu vou rezar para Deus: 'Por favor, Senhor, vire esta cadeira'. Assim talvez aquele líder espiritual pudesse agir como um ser humano de verdade."

O Dalai Lama e o Arcebispo começaram a rir.

"Como mencionei antes, eu costumava ficar nervoso", continuou o Dalai Lama. "Quando eu era jovem e tinha que fazer alguma palestra com ensinamentos formais, porque eu não pensava que éramos todos iguais, eu sentia ansiedade. Eu esquecia que estava falando com um ser humano para irmãos seres humanos. Eu pensava em mim como alguém especial, e esse tipo de pensamento me isolava. É esse senso de separação que nos isola das outras pessoas. Na verdade, esse modo arrogante de pensar cria um senso de solidão e, depois, de ansiedade.

"Em 1954, logo depois que cheguei a Beijing para uma visita oficial, o embaixador indiano veio me ver. Também havia autoridades chinesas presentes. Essas autoridades comunistas chinesas, novamente, eram como estátuas. Todos muito sérios e reservados. Então, de alguma forma, uma tigela de fruta caiu da mesa. Eu não sei o que aconteceu. Daí aquelas autoridades de expressão séria ficaram de joelhos para pegar as frutas. Você percebe? Quando tudo sai como planejado, você pode fingir que é alguém muito especial. Mas quando algo acontece, algo inesperado, então somos obrigados a agir como seres humanos normais."

Comecei a fazer outra pergunta, quando o Dalai Lama olhou para o relógio que exibia a hora errada e perguntou se já não estava na hora da pausa para o chá. Expliquei que ainda tínhamos meia hora, mas perguntei para o Arcebispo, cujo nível de energia estávamos monitorando de perto, se ele precisava de uma pausa.

"Não."

"O senhor está bem?", perguntei uma vez mais, ciente de que o Arcebispo poderia se esforçar mais do que seria bom para a sua saúde.

"Ele está muito bem", respondeu o Arcebispo, referindo-se ao Dalai Lama. "Ele está se comportando como um ser humano."

"E você ainda me descreve como um brincalhão", devolveu o Dalai Lama. "Então, quando estou em uma reunião muito sagrada e formal, realmente penso que eu desejaria que alguma coisa saísse errado."

"Agora as pessoas vão saber que, quando o Dalai Lama entra no recinto, e talvez se sente ao lado de presidentes, ele está olhando à sua volta esperando que uma das cadeiras se quebre."

"Então, é por isso que", continuou o Dalai Lama, "quando fui conhecer o presidente Bush, nós imediatamente nos tornamos amigos próximos no nível humano, não no oficial. Estávamos sentados juntos, quando serviram alguns biscoitos. Então eu perguntei: 'Qual é o mais gostoso?'. E ele imediatamente apontou para um: 'Este aqui é muito bom'. Ele agiu como um ser humano normal, e desde então nos tornamos muito próximos. Alguns outros líderes, quando estamos em uma reunião, mantêm uma distância. Na segunda vez, aproximam-se um pouco mais e, na terceira, mais um pouco."

Cada vez que falava isso, aproximava a cabeça da do Arcebispo.

"Quando eu era muito jovem, em Lhasa, eu recebia exemplares da revista americana chamada *Life*. Uma das edições trazia uma fotografia da princesa Elizabeth, a futura rainha, em algum grande evento oficial. A princesa estava lendo uma mensagem, e o príncipe Philip estava ao seu lado. O vento levantou a saia da princesa bem assim." O Dalai Lama sacudiu a sua túnica. "Tanto a princesa Elizabeth quanto o príncipe Philip fingiram que nada tinha acontecido, mas um fotógrafo americano tirou uma foto. Quando vi a foto, eu ri. Achei que era muito engraçada. Às vezes, principalmente em ocasiões formais, as pessoas agem como se fossem diferentes e especiais. Mas todos nós sabemos que somos iguais, simples seres humanos."

"O senhor poderia explicar o papel que a humildade representa para se cultivar o contentamento?", perguntei, enquanto o Arcebispo começava a rir.

"Contam a história de um bispo", começou ele, "que estava prestes a ordenar candidatos ao sacerdócio. Estavam falando sobre virtudes, inclusive sobre a virtude da humildade. Um dos candidatos se aproximou do bispo e perguntou: 'Meu senhor, eu estive na biblioteca procurando um livro sobre humildade'. O bispo respondeu: 'Ah, sim, escrevi o melhor livro sobre o assunto'."

Achei que ele talvez fosse compartilhar também a piada que costuma contar sobre os três bispos: três líderes religiosos estavam diante do altar, batendo no peito e demonstrando grande humildade, dizendo como, diante de Deus, eles não eram nada. Logo depois, um dos coroinhas mais modestos da igreja se aproximou e começou a bater no peito e a dizer que ele também não era nada. Quando os três bispos ouviram, um cutucou o outro e disse: "Olhem quem acha que não é nada".

Essas histórias sobre falsa modéstia são engraçadas porque a humildade não é algo que se afirme ter. É por esse motivo que creio que o Arcebispo estava rindo sobre a pergunta, mesmo antes de eu terminar de fazê-la. Ele não queria proclamar-se um perito em humildade. Ainda assim, ele e o Dalai Lama estavam dizendo que a humildade é essencial para uma vida de contentamento. E é exatamente essa humildade que permite que esses dois homens sejam tão acessíveis, tão ligados aos outros e tão eficazes no seu trabalho no mundo.

"Existe uma oração tibetana", disse o Dalai Lama, "que faz parte dos ensinamentos de treinamento da mente. Um mestre tibetano diz: 'Sempre que eu vir alguém, permita que eu jamais me sinta superior. Do fundo do meu coração, que eu seja capaz de realmente apreciar a outra pessoa diante de mim'." Então, ele se virou para o Arcebispo e disse: "Às vezes, você fala para eu agir como...".

"Como um homem sagrado", completou o Arcebispo.

"Sim, como um homem sagrado", repetiu o Dalai Lama, rindo como se ser um homem sagrado fosse a coisa mais engraçada do mundo.

"Sim, sim", concordou o Arcebispo. "O que quero dizer é que as pessoas esperam que você tenha uma presença e se comporte de maneira adequada. Não pegue o meu chapéu e o coloque na sua cabeça, pois não é isso que as pessoas esperam de um homem sagrado."

"Mas você acha que você é apenas uma pessoa normal. Um ser humano entre 7 bilhões de outros. Veja bem, não há motivo para se surpreender ou sentir que eu deveria ser algo especial. Por isso, sempre que estou com reis ou rainhas ou presidentes ou primeiros-ministros ou mendigos, eu sempre me lembro que somos todos iguais."

"Então, quando as pessoas o tratam como Sua Santidade com tanta deferência", disse eu, "isso dificulta que mantenha a sua humildade?"

"Não. Eu não me importo com formalidade nem com protocolo. São coisas artificiais. Estou falando sério. Bispo, você nasceu do mesmo modo que todos os seres humanos. Não há nada de especial no modo como os bispos nascem. E eu acho que, quando o fim chegar, você também vai morrer como um ser humano normal."

"Sim", concordou o Arcebispo, "mas, quando as pessoas aparecem diante de você, elas não chegam da mesma forma como quando aparecem diante de mim."

"Acho que isso acontece porque venho de uma terra misteriosa, o Tibete. Algumas pessoas chamam o Tibete de 'Shangri-la', então talvez uma pessoa que passou muitos anos em Potala seja um tipo misterioso. E, então, acho que nesses dias você vê os linhas-duras chineses sempre me criticando. Isso também causa mais publicidade. Então isso tudo..." O Dalai Lama estava rindo de todo o seu mistério e sua fama mundial.

O Arcebispo o interrompeu:

"Veja bem... É exatamente isso que estou dizendo. Você ri diante do que normalmente seria uma fonte de agonia. E as pessoas dizem: 'Espero que quando eu me deparar com alguma agonia na vida eu possa responder do jeito que o Dalai Lama respondeu ao modo como os chineses o trataram'. Como você consegue cultivar isso? Como você cultivou isso? Você não nasceu assim."

"Verdade, foi por meio de treinamento e também da boa sorte de ter recebido o amor da minha mãe. Quando eu era jovem, nunca vi minha mãe zangada. Ela era muito, muito bondosa. Meu pai, porém, era pavio curto.

Em algumas poucas ocasiões eu até cheguei a receber sua bênção." O Dalai Lama fez o gesto de um tapa no rosto. "Quando eu era jovem", continuou ele, "eu seguia os modos do meu pai, permanecendo com pavio bem curto. Mas, à medida que fui ficando um pouco mais velho, comecei a favorecer os modos da minha mãe. Assim, consegui atender às expectativas do meu pai e da minha mãe!"

    O Dalai Lama e o Arcebispo insistiram que a humildade é essencial para qualquer possibilidade de contentamento. Quando temos uma perspectiva mais ampla, temos uma compreensão natural do nosso lugar nessa grande extensão de tudo que era e tudo que será. Isso leva naturalmente à humildade e ao reconhecimento de que, como seres humanos, não podemos resolver tudo nem controlar todos os aspectos da vida. Nós precisamos dos outros. O Arcebispo disse pungentemente que as nossas vulnerabilidades, nossas fragilidades e nossas limitações são um lembrete de que precisamos uns dos outros: não fomos criados para independência ou autossuficiência, mas sim para interdependência e apoio mútuo. O Dalai Lama estava dizendo que todos nascemos e morremos do mesmo jeito e, nesses momentos, somos totalmente dependentes dos outros, sejamos nós o Dalai Lama ou um mendigo, sejamos nós um arcebispo ou um refugiado.

    Com o discernimento aguçado de um amigo e colaborador de longa data, Daniel Goleman descreve a atitude do Dalai Lama em relação à vida: "O Dalai Lama parece se divertir com tudo à sua volta, apreciando com prazer qualquer coisa que esteja acontecendo, mas não encarando nada de forma pessoal demais e sem se preocupar ou se ofender com nada que esteja ocorrendo". O Dalai Lama nos alertou no decorrer de toda a semana para não ficarmos presos a papéis, e que a arrogância realmente é a confusão entre os nossos papéis temporários e a nossa identidade fundamental. Quando Juan, nosso técnico de som, preparou seu microfone remoto, o Dalai Lama deu uma puxada brincalhona no seu cavanhaque, o que fez todo mundo começar a rir, sendo que o que mais riu foi o próprio Dalai Lama. Ele estava dizendo: "Hoje você é o técnico de som e eu sou o Dalai Lama, da próxima vez talvez os nossos papéis estejam invertidos". A próxima vez talvez seja em um ano ou em outra vida, como a ideia da reencarnação nos lembra a todos que nossos papéis são temporários.

A palavra *humildade* vem do latim e é derivada da palavra *terra* ou *solo*: *humus* — que soa parecido e não deve ser confundida com o molho delicioso de grão-de-bico do Oriente Médio: homus. A humildade literalmente nos traz novamente ao chão, às vezes com um baque. O Arcebispo conta uma história de um voo de Durban para Joanesburgo durante a luta contra o apartheid. Uma comissária de bordo disse que um dos passageiros havia perguntado se ele poderia autografar um livro. Ele se recorda: "Tentei parecer humilde e modesto, embora estivesse pensando no meu coração que havia pessoas que reconheciam uma coisa boa quando a viam". Mas, quando ela lhe entregou o exemplar e ele pegou a sua caneta, a moça perguntou: "O senhor é o bispo Muzorewa, não é?".

Nenhum de nós está imune aos traços excessivamente humanos do orgulho e do ego, mas a verdadeira arrogância vem, na verdade, da insegurança. Precisar sentir que se é maior do que os outros vem de um medo irritante de sermos menores. Sempre que o Dalai Lama sente esse perigo, ele olha para um inseto ou alguma outra criatura e procura se lembrar que, de certa forma, aquela criatura é melhor do que nós, por ser inocente e livre de malícia.

"Quando você percebe que somos todos filhos de Deus", explicou o Arcebispo, "e que temos um valor igual e intrínseco, não precisamos nos sentir melhores nem piores do que ninguém." O Arcebispo foi categórico: "Ninguém é um acidente divino".

Embora não sejamos especiais, somos essenciais. Ninguém pode assumir o nosso papel, a não ser nós mesmos, no plano divino ou no desdobramento cármico.

"Às vezes confundimos humildade com timidez", explicou o Arcebispo. "Isso dá um pouco de glória para aquele que nos deu nossos dons. A humildade é o reconhecimento de que nossos dons vêm de Deus, e isso nos permite sentir relativamente livres em relação a esses dons. A humildade nos permite celebrar os dons dos outros, mas isso não significa que você precise negar os seus próprios dons ou evitar usá-los. Deus usa cada um de nós de acordo com nossos modos, e, mesmo que você não seja o melhor, você pode ser aquele que é necessário ou aquele que está lá."

Eu me lembrei de como, na noite anterior ao início das entrevistas, fiquei revirando de um lado para o outro na cama, me sentindo inseguro e nervoso. Eu ia entrevistar esses dois grandes mestres espirituais e precisava me certificar de fazer as perguntas certas. Nós tínhamos uma oportunidade de fazer isso certo — uma oportunidade de capturar esse encontro histórico e uma série de conversas para o mundo. Eu não era um âncora de jornal nem um jornalista. Certamente havia muitos outros mais qualificados do que eu para conduzir as entrevistas. Eu estava tentando fazer algo que nunca tinha feito antes, e sempre que nos desafiamos o medo e as dúvidas são inevitáveis. Não sei ao certo se superamos essas vozes. Sempre que estamos em uma situação crítica em relação às nossas capacidades e experiências, elas sussurram palavras de preocupação em nossos ouvidos. Consegui perceber que essas vozes estão na verdade tentando nos manter seguros e nos afastar do que não nos é familiar nem conhecido, mas isso não torna suas adagas de insegurança menos dolorosas. Finalmente consegui dormir quando percebi que o que estava para acontecer não era sobre mim nem sobre as minhas limitações. Eu seria apenas o representante que faria as perguntas em nome daqueles que queriam se beneficiar da sabedoria do Arcebispo e do Dalai Lama — e eu não ficaria sozinho durante as entrevistas nem ao escrever este livro. Como disse o Arcebispo, sendo o melhor ou não, eu era o que estava ali.

"Temos uma pergunta de um menino chamado Emory", disse eu. "Ela é para Vossa Santidade. Ele escreve: 'Citações de coisas que Vossa Santidade diz sempre me animam e me dão um objetivo quando estou para baixo. Qual é a melhor maneira de manter uma atitude positiva quando as coisas não estão bem para você?'. Eis aqui um garoto que fica para baixo, do jeito que todos ficamos. Como podemos lidar com as vozes autocríticas que todos temos dentro de nós?"

O Dalai Lama respondeu:

"Tantas pessoas parecem lutar para ser bondosas consigo mesmas. Isso realmente é triste. Veja bem, se você não tem um amor genuíno e uma bondade em relação a si mesmo, como pode esperar isso dos outros? Devemos lembrar as pessoas, como disse o Arcebispo, que a natureza humana básica é boa, é positiva, isso pode nos dar um pouco de coragem e autoconfiança. Como dissemos, foco excessivo em si mesmo provoca medo, insegurança e ansiedade. Lembre-se, você não está sozinho. Você faz parte de toda uma geração que constitui o futuro da humanidade. Então você vai conquistar um senso de coragem e objetivo na vida.

"Agora, nós também devemos perceber que o reconhecimento das nossas próprias limitações e fraquezas pode ser muito positivo. Isso pode ser sabedoria. Se você percebe que é inadequado de alguma forma, você se esforça. Se você acha que tudo está bem e eu estou bem do jeito que sou, então você não vai tentar se desenvolver mais. Existe um ditado tibetano que diz que a sabedoria é como a água da chuva: as duas empoçam em lugares baixos. Há ainda outro ditado que diz: quando o florescimento da primavera chega, por onde começa? Começa no alto das montanhas ou começa primeiro nos vales? O crescimento começa nos lugares mais baixos. De modo semelhante, se você continuar humilde, você tem a possibilidade de continuar aprendendo. Então eu costumo dizer para as pessoas que, embora tenha oitenta anos de idade, eu ainda me considero um estudante."

"Sério?", perguntou o Arcebispo com um sorriso torto.

"Sério. Todos os dias, aprendendo e aprendendo."

"Sim, você é maravilhoso."

"Oh." O Dalai Lama riu. "Eu espero esse tipo de comentário de você."

O Arcebispo riu também, tentando se manter humilde. Quando somos humildes, temos a capacidade de rir de nós mesmos. Foi surpreendente ver o Arcebispo e o Dalai Lama descreverem a importância de um senso de humor adequado e, principalmente, a capacidade de rir dos próprios defeitos, como uma parte essencial para se cultivar o contentamento.

3. Humor: riso, brincar é muito melhor

Um dos aspectos mais impressionantes da semana foi o tempo que passamos rindo. Às vezes o Dalai Lama e o Arcebispo pareciam ser tanto uma dupla de comédia quanto de veneráveis mestres espirituais. É a sua habilidade de brincar e rir e fazer graça das crenças comuns que tão corretamente quebra as expectativas. Quando o Dalai Lama e o Arcebispo entram em um bar, não se espera que sejam eles a contar piadas. Tendo trabalhado com muitos líderes espirituais, sinto-me tentado a ver o riso e o senso de humor como um índice universal de desenvolvimento espiritual. O Arcebispo e o Dalai Lama certamente estão no topo desse índice, e eles espetam a farsa, o status, a injustiça e o mal com o poder do humor. Eles e todos à volta deles estavam constantemente rindo, gargalhando, dando risadas durante toda a semana, à medida que momentos de grande leveza eram unidos com momentos de profundidade e santidade. Então, em geral, a primeira resposta que davam sobre qualquer assunto, não importava o quanto parecesse doloroso, era rir.

Ficou claro que o humor era uma parte central do estado de contentamento que eles vivem, mas por que o riso foi tão central?

"Trabalhei uma vez com um xamã mexicano", disse eu, introduzindo o assunto. "Ele disse que rir e chorar são a mesma coisa. Só que rir é muito melhor. É claro que o riso é central para o modo como vocês estão no mundo. E o Arcebispo estava dizendo há pouco, Vossa Santidade, que o senhor ri de coisas que poderiam ser comumente consideradas uma fonte de agonia."

"Isso mesmo. Isso mesmo."

"O senhor poderia discorrer sobre o papel do riso e do humor no cultivo do contentamento?"

"É muito melhor quando não há seriedade demais", respondeu o Dalai Lama. "O riso e a brincadeira são muito melhores. Assim, você pode relaxar completamente. Conheci alguns cientistas no Japão, e eles explicaram que o riso de corpo e alma, não o riso artificial, é muito bom para o coração e para a saúde em geral."

Quando disse "riso artificial", ele fingiu sorrir e forçou uma risada. Estava fazendo uma ligação entre o riso de corpo e alma e um coração sincero, o que ele já dissera ser a chave para a felicidade.

Certa vez, ouvi que o riso constituía a linha mais direta entre duas pessoas, e certamente o Dalai Lama e o Arcebispo usavam o humor para romper as barreiras sociais que nos separam. *Humor*, assim como *humildade*, é derivado da mesma raiz que temos para *humanidade*: *humus*.

A terra humilde e sustentável é a origem das três palavras. Será que é alguma surpresa que tenhamos que ter um senso de humildade para sermos capazes de rir de nós mesmos e que rir de nós mesmos nos lembra da nossa habilidade compartilhada?

"Eu acho que os cientistas estavam certos", concluiu o Dalai Lama. "As pessoas que estão sempre rindo têm um senso de despreocupação e sossego. A probabilidade de elas terem um ataque cardíaco é bem menor do que aquelas pessoas que são muito sérias e têm dificuldade de se conectar a outra. Essas pessoas muito sérias estão correndo um verdadeiro risco."

"No meu país...", acrescentou o Arcebispo, olhando para baixo pensativamente, recordando-se de épocas de sofrimento, "... quando estávamos em funerais de indivíduos que foram assassinados pela polícia, havia centenas e centenas de pessoas presentes. Era um estado de emergência. Não tínhamos autorização para nos reunir de nenhuma outra forma. Então os funerais se tornaram um tipo de reunião política. Descobrimos que o melhor modo de ajudar o nosso povo a levar suas energias em direções positivas era por meio do riso. Contar piadas, mesmo que à nossa custa, era uma mudança maravilhosa do nosso moral. É claro que algumas das coisas que aconteceram eram horrendas demais. Como eu estava contando ontem, sobre Chris Hani, o humor ajudou a acalmar uma situação muito, muito tensa, contar histórias que faziam as pessoas rir, principalmente de si mesmas.

"As pessoas estavam muito zangadas, e a polícia não estava muito longe; e a situação era explosiva. Qualquer coisa poderia sair errado. Minha artilharia, se é que se pode chamar assim, quase sempre era usar o humor, principalmente o humor autocrítico, quando você está rindo de si mesmo.

"Nós fomos a uma cidade próxima de Joanesburgo, onde as forças do apartheid forneciam armas para um grupo que tinha matado muitas pessoas. Estávamos tendo um encontro de bispos próximo dali, e eu era parte dos funerais das vítimas daquele massacre. Era bem nítido que as pessoas estavam extremamente zangadas, e eu me lembrei de uma história que tinha sido contada sobre como, no início da criação, Deus nos moldou do barro e, então, nos colocou em um forno, como se faz com os tijolos. Deus colocou um lote e foi ocupar-se de outros afazeres, esquecendo-se daqueles que tinha colocado no forno. Depois de um tempo, ele se lembrou e correu para lá e encontrou todo o lote queimado. Dizem que foi assim que os negros surgiram. Todos riram um pouco. Então eu disse: 'Depois, Deus colocou um segundo lote, e dessa vez ficou muito ansioso e abriu o forno rápido demais, e o segundo lote saiu meio cru. E foi assim que os brancos surgiram'."

O Arcebispo terminou com uma risadinha até começar a sua risada que sacudia todo o seu corpo, antes de continuar:

"Tendemos a querer inflar o nosso ego porque a maioria de nós costuma ter uma autoimagem ruim. Quando você estava em uma situação como a que estava acontecendo na África do Sul, onde havia discriminação contra você, era muito fácil perder o seu senso de indivíduo, e o humor parecia fazer algo para essas pessoas. O humor com certeza fez uma coisa boa: ele reduziu a tensão de uma situação particularmente tensa."

O Arcebispo visitou Ruanda logo depois de um genocídio e foi convidado a dar uma palestra para os Hutus e os Tutsis. Como alguém pode falar sobre uma ferida que ainda é tão fresca na alma de um povo? A solução do Arcebispo, como acontece com frequência, foi falar a verdade ao poder — por meio do humor. Começou contando uma história sobre o povo de nariz grande e o povo de nariz pequeno e como o de nariz grande excluía o de nariz pequeno. As pessoas na audiência começaram a rir e, enquanto riam, perceberam do que ele estava falando: a imbecilidade do preconceito e do ódio, seja no país dele ou no deles. O humor foi, como ele disse, uma arma muito poderosa.

O Dalai Lama visitou Belfast, na Irlanda do Norte, depois dos conflitos. Foi convidado a participar de uma reunião fechada na qual as vítimas e os perpetradores estavam presentes. A atmosfera era extremamente tensa, uma vez que o sofrimento era praticamente palpável no ar. Quando a reunião começou, um antigo militante protestante contou sobre como, quando estava crescendo, ouviu os outros legalistas falar que o que fizeram em oposição aos católicos era justificável porque Jesus era protestante, e não católico. Sabendo, é claro, que Jesus era judeu, o Dalai Lama riu tanto que mudou completamente a atmosfera. Sendo capazes de rir do absurdo dos preconceitos e do ódio, todos conseguiram se comunicar de forma mais honesta e compassiva uns com os outros.

"Quando aprendemos a nos levar um pouco menos a sério", continuou o Arcebispo, "isso ajuda muito. Podemos ver o ridículo em nós. Eu tive a ajuda de ter vindo de uma família que sempre gostou de fazer troça uns dos outros e que sempre gostou muito de apontar o ridículo, principalmente quando alguém estava sendo um pouco metido a besta. E eles tinham um jeito de atingir o seu senso de arrogância.

"O que estou dizendo é que é claro que não tem a menor graça não saber de onde a sua próxima refeição virá. Não tem a menor graça quando você acorda de manhã e não tem um emprego. Ainda assim, eram essas pessoas que muito frequentemente formavam parte das multidões que costumavam vir para as reuniões políticas, os funerais. E elas eram as pessoas que conseguiam rir de si mesmas. E então, quando riam dos outros, eram menos maliciosas. Elas não eram particularmente as primeiros no jardim de Deus, mas eram capazes de rir da vida diante de toda a sua crueldade e incerteza. O humor realmente é a graça da salvação.

"Recebo ajuda da minha esposa, Leah, que era muito… que é muito, muito boa em me manter humilde. Uma vez, estávamos no carro, e eu notei que ela estava um pouco mais convencida que o usual. Então olhei para o carro à nossa frente que tinha um adesivo que dizia: 'Qualquer mulher que queira ser igual ao homem não tem ambição'."

"Arcebispo", disse eu, "o humor também pode ser muito cruel. Mas o seu humor, como já testemunhei em todos esses anos de convívio, é sobre nos unir, e não nos separar e colocar alguém para baixo... a não ser talvez o Dalai Lama. Será que o senhor pode nos contar um pouco sobre de que maneira o humor pode nos unir e nos mostrar o nosso senso de ridículo compartilhado?"

"Bem, sim, se você deseja unir as pessoas, não vai conseguir sendo amargo. Sabe? É tão bom ver o ridículo em todos nós, realmente. Acho que assim conseguimos enxergar a nossa humanidade comum de muitas formas.

"Enfim, eu acredito que é sobre ser capaz de rir de si mesmo e ser capaz de não se levar a sério demais. Não é sobre o humor desdenhoso que deprecia o outro e exalta a si mesmo. É sobre trazer as pessoas a um lugar comum.

"Se você for capaz de se diminuir, se você for capaz de rir de si próprio e permitir que os outros façam o mesmo sem se sentir culpados por estarem rindo de você. O humor que não humilha é um convite para todos se juntarem ao riso. Mesmo que estejam rindo de você, eles estão se unindo a você no riso, e isso é bom."

"Quando o senhor e o Dalai Lama se provocam", acrescentei, "não parece nem um pouco humilhante."

"Sim, o Dalai Lama e eu nos provocamos, mas isso é uma declaração de confiança no relacionamento. Uma indicação de que existe uma reserva suficiente de boa vontade que diz: 'Eu confio em você. E você confia em mim, e sei que você não vai me desrespeitar nem ficar ofendido com o que eu disser'.

"Acabei de pensar que somos tão aptos a menosprezar uns aos outros porque também somos muito inseguros em relação a nós mesmos, e achamos que a melhor forma de nos autoafirmar é diminuindo o outro, ao passo que o nosso tipo de humor diz: 'Venha, fique aqui do meu lado e vamos rir de mim juntos, então podemos rir de você juntos'. Ele não menospreza a nenhum de nós, mais sim nos exalta, permite que reconheçamos e riamos da nossa humanidade compartilhada, das nossas vulnerabilidades compartilhadas, nossas fragilidades compartilhadas. A vida é difícil, sabe? E o riso é como conseguimos lidar com todas as ironias, crueldades e incertezas que enfrentamos."

A pesquisa científica sobre o humor é bastante limitada, mas parece haver um papel evolucionário para o riso e o humor para lidar com a ansiedade e o estresse em relação ao desconhecido. Piadas são engraçadas justamente por quebrar as nossas expectativas e nos ajudar a aceitar o inesperado. As outras pessoas são uma das maiores fontes de incerteza na nossa vida, então não é surpreendente que muito humor seja usado para lidar e massagear esses encontros. O Arcebispo e o Dalai Lama são mestres no uso do humor para se conectar e se unir quando estão se reunindo com outros.

Talvez esse seja um dos motivos pelos quais o tempo que passaram juntos tenha sido tão cheio de riso. Por todo o contentamento que sentiram por estarem juntos, foi algo inédito e, sem dúvida, uma experiência de incerteza se encontrar para passar uma semana juntos em Dharamsala. Eles se encontraram apenas meia dúzia de vezes antes, e foram ocasiões breves e muito formais. Líderes globais têm agendas cheias, e seu tempo juntos tinha um roteiro detalhado, então uma oportunidade para apenas brincar e ser eles mesmos era excessivamente rara.

"O que o senhor diz para as pessoas que dizem que não são engraçadas ou que não têm um bom senso de humor?", perguntei ao Arcebispo.

"Creio que existem muitas pessoas que acreditam que precisam ser sombrias porque isso lhes dá gravidade, e elas acham que é mais provável que sejam respeitadas se forem sérias. Mas acredito fervorosamente que uma das maneiras de chegar ao coração das pessoas é a capacidade de fazê-las rir. Se você é capaz de rir de si mesmo, então todos sabem que você não é pretensioso. Além disso, você raramente implica com alguém que já está implicando consigo mesmo. Você não vai provocar alguém que já está provocando a si mesmo.

"Não creio que eu acordei e instantaneamente era engraçado. Acho que se trata de algo a ser cultivado. Como qualquer outra coisa. É uma habilidade. Sim, ajuda se você já tiver a inclinação, principalmente se for capaz de rir de si mesmo. Realmente é o lugar mais rápido para começar. É sobre humildade. Rir de si mesmo e não ser pretensioso e sério. Se começar a procurar o humor na sua vida, você vai encontrar. Vai parar de se perguntar 'por que eu?', e passará a reconhecer que a vida acontece para todos nós. Isso torna as coisas muito mais fáceis, incluindo a sua capacidade de aceitar os outros e aceitar tudo que a vida lhe trouxer."

4. Aceitação: o único lugar onde a mudança pode começar

Quando visitamos a Tibetan Children's Village em janeiro, notamos uma parede exibindo uma citação que o Dalai Lama repetiu durante nossas conversas. Trata-se de uma tradução das famosas perguntas de Shantideva que Sua Santidade mencionou com uma tradução ligeiramente diferente: "Por que ser infeliz com algo, se isso pode ser remediado? E de que adianta ser infeliz com alguma coisa, se isso não pode ser remediado?". Nesse pequeno ensinamento está a profunda essência da abordagem do Dalai Lama à vida. Era a raiz de sua incrível capacidade de aceitar a realidade do seu exílio sem, como disse o Arcebispo, ser taciturno.

Uma vez que somos capazes de enxergar a vida a partir de uma perspectiva mais ampla, uma vez que somos capazes de enxergar o nosso papel no seu drama com certo grau de humildade, e uma vez que somos capazes de rir de nós mesmos, chegamos à quarta e última qualidade da mente, que é a capacidade de aceitar a vida e todas as suas dores, imperfeições e beleza.

É necessário dizer que a aceitação é o oposto da resignação e da derrota. O Arcebispo e o Dalai Lama são ambos os mais incansáveis ativistas da criação de um mundo melhor para todos os seus habitantes, mas seu ativismo vem de uma aceitação profunda do que o mundo é. O Arcebispo não aceitava a inevitabilidade do apartheid, mas aceitava, sim, sua realidade.

"Deveríamos viver em contentamento", explicou o Arcebispo. "Isso não significa que a vida será fácil e sem sofrimento. Significa que podemos virar o nosso rosto para o vento e aceitar que aquela é a tempestade pela qual devemos passar. Não conseguiremos ser bem-sucedidos negando que ela existe. A aceitação da realidade é o único lugar a partir do qual a mudança começa."

O Arcebispo disse que quando alguém cresce na vida espiritual "é capaz de aceitar qualquer coisa que lhe aconteça". Você aceita as inevitáveis frustrações e dificuldades como parte da trama do tecido da vida. A questão, disse ele, não é como escapamos disso, mas sim como podemos usar isso como algo positivo?

A prática de oração do Arcebispo envolve ler citações das Escrituras, assim como citações de santos e mestres espirituais da história. Uma de suas favoritas é da mística cristã Juliana de Norwich, cuja obra *Revelações do amor divino*, escrito logo depois de se recuperar de uma doença quase fatal em 1373, é considerado o primeiro livro escrito por uma mulher em inglês. Nele, ela diz:

> [...] fatos que nos parecem ruins acontecem, e as pessoas sofrem tantos terríveis males que não parece que nenhuma boa vontade virá delas; e nós consideramos tanto isso, angustiando-nos e afligindo-nos tanto em relação a isso que não conseguimos encontrar paz na contemplação abençoada de Deus como deveríamos; e este é o motivo: nossos poderes de raciocínio são tão cegos agora, tão pobres, tão simples, que não conseguimos enxergar a sabedoria superior, maravilhosa, o poder e a bondade da Santíssima Trindade. E foi isso que ele quis dizer quando falou: "Tu verás por ti mesma que todas as coisas hão de ficar bem", como se dissesse: Presta atenção nisso agora, com fé e confiança, e no final dos tempos tu realmente verás isso na plenitude do contentamento.

A aceitação — acreditemos ou não em Deus — permite que cheguemos à plenitude do contentamento. Permite que nos envolvamos com a vida nos seus próprios termos em vez de fazermos injúrias contra o fato de a vida não ser como desejamos que fosse. Permite que lutemos contra a corrente do dia a dia. O Dalai Lama nos disse que o estresse e a ansiedade vêm de nossas expectativas de como a vida deveria ser. Quando somos capazes de aceitar que a vida é como é e não como acreditamos que deveria ser, somos capazes de fazer uma jornada mais tranquila, de nos afastar do eixo acidentado (*du-*

kkha), com todo sofrimento, estresse, ansiedade e insatisfação, para o eixo suave (*sukha*), com mais tranquilidade, conforto e felicidade.

Então, muitas das causas do sofrimento vêm da nossa reação em relação às pessoas, aos lugares, às coisas e às circunstâncias na nossa vida, em vez de aceitá-las. Quando reagimos, ficamos presos no julgamento e na crítica, na ansiedade e no desespero, até mesmo na negação e no vício. É impossível vivenciarmos o contentamento quando estamos presos dessa forma. A aceitação é a espada que corta toda a resistência, permitindo-nos relaxar, enxergar claramente, responder de maneira adequada.

Muito da prática budista tradicional é direcionado para a capacidade de enxergar a vida de forma precisa, além de todas as expectativas, projeções, distorções que costumamos ter em relação a ela. A prática da meditação permite que aquietemos os pensamentos e os sentimentos perturbadores para que consigamos perceber a realidade e responder a ela de modo mais habilidoso. A capacidade de estar presente em cada momento é nada mais, nada menos que a capacidade de aceitar a vulnerabilidade, o desconforto e a ansiedade da vida diária.

"Com uma compreensão mais profunda da realidade", explicou o Dalai Lama, "você pode ir além das aparências e se relacionar com o mundo de uma forma muito mais adequada, eficaz e realista. Eu costumo dar o exemplo de como devemos nos relacionar com os nossos vizinhos. Imagine que você mora ao lado de um vizinho muito difícil. Você pode julgá-lo e criticá-lo. Você pode viver em ansiedade e desespero porque nunca vai ter um bom relacionamento com ele. Você pode negar o problema ou fingir que não tem um relacionamento difícil com o seu vizinho. Mas nada disso é muito útil.

"Em vez disso, você pode aceitar que a sua relação com o seu vizinho é difícil e que você gostaria de melhorá-la. Você não pode controlar o seu vizinho, mas você tem controle sobre os seus pensamentos e sentimentos. Em vez de raiva, em vez de aversão, em vez de medo, você pode cultivar a compaixão por ele, pode cultivar a bondade em relação a ele, pode cultivar o afeto em relação a ele. Essa é a única chance para melhorar o relacionamento. Com o tempo, ele pode ficar menos difícil. Talvez não. Isso você não pode controlar, mas você terá paz de espírito. Você será capaz de ter contentamento e felicidade, torne-se o seu vizinho menos difícil ou não."

Voltamos ao início da nossa discussão sobre as questões de Shantideva. O tipo de aceitação que o Dalai Lama e o Arcebispo estavam defendendo não é nada passivo. É poderoso. Não nega a importância de levar a vida a sério e trabalhar duro para mudar o que precisa ser mudado, redimir o que precisa de redenção.

"Você não deve odiar aqueles que fazem coisas prejudiciais", explicou o Dalai Lama. "O ato compassivo é fazer o que puder para impedi-los, pois eles estão prejudicando a si mesmos assim como àqueles que sofrem com suas ações."

Um dos paradoxos-chave no budismo é que precisamos de objetivos para nos inspirar, crescer e nos desenvolver, até mesmo para nos tornar iluminados, mas ao mesmo tempo não devemos ficar excessivamente fixados ou apegados a tais aspirações. Se o objetivo é nobre, o seu comprometimento para com o objetivo não deve ser uma contingência da sua capacidade de alcançá-lo, e na busca pelo nosso objetivo devemos libertar nossas rígidas pressuposições sobre como devemos chegar a ele. Paz e equanimidade vêm de liberarmos o nosso apego ao objetivo e ao método. Essa é a essência da aceitação.

Refletindo sobre esse aparente paradoxo, de buscar um objetivo, mas sem nenhum apego ao seu resultado, Jinpa me explicou que existe uma importante visão. Trata-se de um profundo reconhecimento de que, embora cada um de nós deva fazer tudo que estiver ao nosso alcance para atingir os objetivos que buscamos, se vamos ser bem-sucedidos ou não depende de muitos fatores além do nosso controle. Desse modo, a nossa responsabilidade é buscar o objetivo com toda a dedicação que conseguirmos, fazer o nosso melhor, mas sem nos tornarmos fixados com a noção preconcebida de um resultado. Às vezes, na verdade bastante frequentemente, nossos esforços nos levam a um desfecho inesperado que pode até ser melhor do que tínhamos pensado no início.

Pensei no comentário que o Arcebispo fez antes, de que leva tempo para construir nossa capacidade espiritual. "É como músculos que precisam ser exercitados para se fortalecer. Às vezes ficamos com raiva de nós mesmos achando que deveríamos ser perfeitos. Mas estar na Terra é um tempo para aprendermos a ser bondosos, aprendermos a ser mais amorosos, aprendermos a ter mais compaixão. E você aprende, não teoricamente. Você aprende quando algo acontece para testá-lo."

A vida é constantemente imprevisível, incontrolável e costuma ser bastante desafiadora. Edith Eva Eger explicou que a vida em um campo de concentração era uma fila de seleção infinita na qual ninguém nunca sabia se ia viver ou morrer. A única coisa que mantinha a pessoa viva eram a aceitação da realidade da sua existência e a tentativa de responder da melhor forma possível. A curiosidade sobre o que ia acontecer em seguida, mesmo quando foi dada como morta e descartada com uma pilha de corpos, costumava ser tudo que ela tinha para continuar seguindo viva e continuar respirando. Quando aceitamos o que está acontecendo agora, podemos ficar curiosos em relação ao que acontecerá em seguida.

A aceitação é o último pilar da mente e nos leva ao primeiro pilar do coração: o perdão. Quando aceitamos o presente, conseguimos perdoar e renunciar ao desejo de um passado diferente.

5. Perdão: libertando-se do passado

"Eu já vi exemplos notáveis de perdão concedido por pessoas que nós jamais pensaríamos que seriam capazes de concedê-lo", começou o Arcebispo. "Em uma ocasião, durante a Comissão de Verdade e Reconciliação, havia mães de alguns jovens que tinham sido atraídos por aqueles que trabalhavam com o sistema apartheid para uma armadilha, e aqueles jovens acabaram mortos. Uma das mães disse que estava trocando o canal de televisão quando viu o corpo do filho ser arrastado. E, além da agonia com a morte do filho, sentiu a profunda, profunda raiva de ver o corpo dele ser tratado como a carcaça de um animal.

"Sabe, quando aquelas mães chegaram à Comissão, elas foram surpreendentes, realmente surpreendentes, porque ninguém exigiu que elas perdoassem aquelas pessoas, elas os chamavam de *askaris*, que anteriormente tinham sido integrantes do partido Congresso Nacional Africano e, depois, mudaram e apoiaram as forças do governo. Quem traiu aqueles jovens veio e apareceu diante daquelas mães e pediu que elas o perdoassem. Quando a mãe do jovem que teve o corpo arrastado pela rua viu o traidor, ela tirou o sapato e *atirou-o* nele."

O Arcebispo contou isso rindo e fingindo atirar um sapato com a mão esquerda, antes de continuar:

"Tivemos que interromper a sessão por um tempo, mas durante o intervalo aconteceu um momento totalmente fantástico enquanto elas estavam sentadas ali, e sua porta-voz disse..."

O Arcebispo fechou os olhos, lembrando-se do poder inacreditável das palavras da mulher:

"'Meu filho', disse ela. Ela disse 'meu filho' para a pessoa responsável pela morte dos filhos delas. 'Meu filho, nós o perdoamos.' Quando perguntamos a ela sobre lhe conceder a anistia, ela respondeu: 'Do que vai nos adiantar se ele for para a prisão? Isso não vai trazer os nossos filhos de volta'. E existe um incrível tipo de nobreza e força. Sim, é difícil, mas aconteceu. Nós falamos sobre Nelson Mandela, porém havia aquelas mães e muitos outros que não são conhecidos, que demonstraram essa magnanimidade.

"Nesse grupo de mães, a que estava falando em seu nome se levantou e atravessou a sala em direção a esse homem que tinha sido responsável pelo assassinato dos filhos delas, o abraçou e disse 'meu filho'.

"Recentemente, recebi uma mensagem de uma mulher branca chamada Beth, que fora mutilada por um ataque de bomba por um dos movimentos de liberação e ainda tinha estilhaços no corpo. Muitos dos seus amigos tinham sido mortos ou mutilados. Ela precisava receber ajuda dos filhos para comer e tomar banho. Beth era apenas... Estou emocionado..."

O Arcebispo precisou parar por um momento antes de continuar:

"Beth disse... Beth disse... sobre o autor do ataque... 'Eu o perdoo e espero que ele me perdoe.'"

Então o Arcebispo me contou uma história conhecida sobre uma das minhas colegas de faculdade, Amy Biehl, que fora para a África do Sul depois de se formar para tentar ajudar. Ela foi brutalmente assassinada enquanto deixava um dos seus amigos em um dos distritos.

"Seus pais vieram da Califórnia até a África do Sul para apoiar a anistia aos autores do crime que tinham recebido duras penas de prisão. Eles disseram: 'Temos certeza de que nossa filha nos apoiaria quando dizemos que queremos que a anistia seja concedida aos assassinos'. E, mais que isso, eles organizaram uma fundação com o nome da filha e deram emprego àqueles homens, que tinham assassinado a filha deles, em um projeto para ajudar as pessoas daquele distrito.

"Agora, eu não finjo que isso é fácil, mas temos que ter a nobreza de espírito. Nós falamos sobre Nelson Mandela como um incrível ícone de perdão", o Arcebispo disse, "mas você e você e você e você têm o potencial de ser instrumentos da incrível compaixão e do perdão. Simplesmente não podemos afirmar que alguém é totalmente incapaz de perdoar. Acho que todos nós temos o potencial latente, como Sua Santidade está dizendo, de sentir pena daqueles que estão desfigurando sua humanidade dessa forma. Realmente, ninguém é incapaz de perdoar e ninguém é imperdoável."

"Eu gostaria de mencionar", disse o Dalai Lama, "um dos meus amigos da Irlanda do Norte, Richard Moore. A história dele é muito, muito emocionante. Ele tinha nove ou dez anos durante os Conflitos na Irlanda do Norte, então um soldado britânico atirou nele com uma bala de borracha quando ele estava a caminho da escola." O Dalai Lama estava apontando diretamente para a testa, entre os olhos, onde a bala de borracha o atingiu. "Ele desmaiou e, quando voltou a si, estava no hospital e tinha perdido os dois olhos. Ele percebeu que nunca mais poderia ver o rosto da mãe.

"Ele continuou estudando, se casou e teve duas filhas. Então encontrou o soldado britânico que tinha atirado na sua cabeça para que pudesse lhe dizer que o perdoava. Eles se tornaram bons amigos e, certa ocasião, a meu convite pessoal, os dois vieram a Dharamsala. Eu queria que Richard compartilhasse sua emocionante história de perdão com os tibetanos, principalmente com os alunos da Tibetan Children's Village. Ao apresentar Richard Moore aos alunos e professores de lá, mencionei que ele era o meu herói.

"Então Richard me convidou para conhecer a Irlanda do Norte e, quando o vi com sua família lá, eu o provoquei: 'A sua mulher é muito bonita. Suas duas filhas também. Mas você não pode vê-las. Eu posso, então posso apreciar a beleza delas'. Eu o descrevo como meu verdadeiro herói. Isso é realmente humano."

"Vossa Santidade, isso nos traz uma pergunta de um menino chamado Jack, que escreveu: 'Vossa Santidade, eu gostaria de desejar-lhe um feliz aniversário de oitenta anos do fundo do meu coração. Espero que o seu próximo ano seja cheio de alegria, sucesso e muitas coisas boas. Tenho o mais profundo respeito pelo senhor, pelo seu povo e pela mensagem imortal de bondade e perdão. Mesmo assim, eu me pergunto se o senhor consegue perdoar a China por todo o mal e dor que causou ao senhor e ao seu povo. Eles merecem isso? Obrigado, Vossa Santidade, e tenha um aniversário maravilhoso'."

As palmas das mãos do Dalai Lama estavam pressionadas uma contra a outra, como se estivessem em oração. Ele começou:

"Outro dia, mencionei o dia 10 de março de 2008, quando os protestos espontâneos começaram no Tibete. Tentei deliberadamente manter a compaixão e um senso de preocupação para com os radicais chineses. Tentei pegar a sua raiva, o seu medo e absorvê-los e dar a eles todo o meu amor e o meu perdão. Essa é a nossa prática de absorver e dar, é a nossa prática de *tonglen*.

"Foi realmente muito útil manter a minha mente calma. Na nossa luta, nós deliberadamente tentamos nos impedir de desenvolver raiva ou ódio. É claro que os chineses são um povo maravilhoso. Mas até mesmo para os radicais, os funcionários do governo, nós tentamos deliberadamente manter um senso de compaixão, um senso de preocupação com o bem-estar deles."

O Dalai Lama falou então em tibetano, e Jinpa traduziu:

"Em geral, quando falamos em cultivar a compaixão por alguém, estamos cultivando a compaixão por alguém que está, na verdade, passando por intensa dor e sofrimento. Mas também podemos desenvolver essa compaixão por alguém que talvez não esteja passando por intensa dor e sofrimento no momento, mas que está criando condições para o próprio sofrimento futuro."

"Então, vejam bem", continuou o Dalai Lama, "essas pessoas estão cometendo ações tão negativas, ações prejudiciais que provocam muita dor aos outros. Na tradição cristã, vocês não dizem que as pessoas vão para o inferno?"

O Arcebispo assentiu, ouvindo.

"Na nossa visão também, essas pessoas que estão cometendo atrocidades, incluindo assassinato, estão criando um carma que traz consequências negativas muito sérias. Por isso, existem muitas razões para sentir um senso de verdadeira preocupação pelo bem-estar delas. Quando você tem um senso de preocupação por elas, não há lugar para a raiva e o ódio crescerem.

"O perdão não significa que esquecemos. Você deve se lembrar da coisa negativa, mas, porque existe uma possibilidade de desenvolver o ódio, não podemos nos permitir ser levados nessa direção. Nós escolhemos o perdão."

O Arcebispo também era claro em relação a isso: o perdão não significa que você esqueceu o que alguém fez, o que é contrário ao ditado "perdoar e esquecer". Não reagir com negatividade ou ceder às emoções negativas não significa não responder aos atos ou que você vai permitir que a pessoa o prejudique de novo. O perdão não significa que você não vai buscar justiça ou que o autor do mal não deve ser punido.

O Dalai Lama optou por não reagir com raiva ou ódio, mas isso não quer dizer que ele não falará contra a ocupação chinesa e o que estão fazendo no Tibete até que o povo tibetano possa viver com dignidade e liberdade.

"Eu gostaria de acrescentar", disse o Dalai Lama, "que existe uma importante distinção entre perdão e simplesmente permitir as injustiças dos outros. Às vezes as pessoas se equivocam e acham que perdão significa que você aceita ou aprova a injustiça. Não, este não é o caso. Devemos fazer uma importante distinção." O Dalai Lama estava falando de forma enfática, batendo uma mão na outra. "O ator e a ação ou a pessoa e o que ela fez. No que concerne à ação errada, talvez seja preciso tomar as ações contrárias necessárias para acabar com ela. Em relação ao ator, ou à pessoa, porém, você pode escolher não desenvolver raiva nem ódio. É aí que o poder do perdão está. Não perder de vista a humanidade da pessoa, ao mesmo tempo que responde à injustiça com clareza e firmeza.

"Nós nos mantemos firmes contra o errado não apenas para proteger aqueles que estão sendo ofendidos, mas também para proteger a pessoa que está ofendendo os outros, porque, no final, ela também vai sofrer. Então, é a partir do nosso senso de preocupação pelo próprio bem-estar delas de longo prazo que impedimos a injustiça. Isso é exatamente o que estamos fazendo. Não permitimos que os sentimentos de raiva e negatividade se desenvolvam para com os radicais chineses, mas, ao mesmo tempo, nós nos opomos fortemente às suas ações."

"O perdão", acrescentou o Arcebispo, "é o único modo de nos curarmos e ficarmos livres do passado."

Como ele e Mpho explicaram na obra *O livro do perdão*: "Sem o perdão, continuamos amarrados à pessoa que nos ofendeu. Estamos presos às correntes de amargura, atados juntos, encarcerados. Até que possamos perdoar a pessoa que nos ofendeu, essa pessoa terá as chaves para a nossa felicidade, essa pessoa será o nosso carcereiro. Quando perdoamos, assumimos o controle do nosso próprio destino e do nosso próprio sentimento. Nós nos tornamos nossos próprios libertadores".

"Então, o que o senhor diz para as pessoas que falam que o perdão parece fraqueza e a vingança parece força?", perguntei ao Dalai Lama.

"Existem certos tipos de pessoa que agem com a mente animal. Quando alguém os atinge, eles querem revidar, retaliar." O Dalai Lama cerrou o punho e fingiu socar a si mesmo. "Com o nosso cérebro humano, podemos pensar: se eu revidar, do que adiantará a curto ou longo prazo?

"Também podemos perceber que obviamente ninguém nasceu para ser cruel, para nos ofender, mas por causa de algumas circunstâncias agora ele ou ela não gosta de mim, então me atinge. Talvez meu comportamento ou minha atitude ou até mesmo a expressão do meu rosto tenham contribuído para essa pessoa se tornar minha inimiga. Então eu também estava envolvido. De quem é a culpa? Então, sentado pensando nas diferentes causas e condições, você vê que, se estamos realmente zangados, devemos estar zangados em relação às causas e condições. Basicamente em relação à raiva deles, à ignorância deles, à falta de visão deles, à mentalidade limitada deles. Portanto, isso traz um senso de preocupação, e nós podemos sentir pena dessas pessoas.

"Então é totalmente errado", disse ele, cortando o ar com a mão, em um movimento enfático, "dizer que a prática da tolerância e a prática do perdão são sinais de fraqueza. Totalmente errado. Cem por cento errado. Mil por cento errado. O perdão é um sinal de força, não é?", perguntou o Dalai Lama, dirigindo-se ao Arcebispo.

"Completamente", concordou o Arcebispo com uma risada. "Eu ia justamente dizer que aqueles que afirmam que o perdão é um sinal de fraqueza não tentaram praticá-lo.

"A resposta natural quando alguém bate em você é querer revidar. Mas por que admiramos as pessoas que não escolhem a vingança? É o nosso reconhecimento do fato que, sim, existem aqueles que pensam que olho por olho vai satisfazê-los. Mas, no final, você descobre que olho por olho vai acabar deixando todo mundo cego. Nós temos um instinto para a vingança, mas também um para o perdão."

Realmente, parece que os seres humanos evoluíram com ambos os impulsos e ambas as capacidades, para a vingança e para o perdão. Quando os psicólogos Martin Daly e Margo Wilson estudaram sessenta culturas diferentes em todo o mundo, descobriram que 95% tinham algum tipo de vingança sanguinária. Quando o psicólogo Michael McCullough pesquisou as mesmas culturas, descobriu que 93% também demonstravam exemplos de perdão e reconciliação. O perdão pode ser tão comum que é tido como certo nos outros 7%.

O primatólogo Frans de Waal acredita que tais atividades de fazer as pazes são extremamente comuns no reino animal. Os chipanzés se beijam e fazem as pazes, e parece que muitas outras espécies também. Não apenas primatas como nós, mas também ovelhas, cabras, hienas e golfinhos. Das espécies estudadas, apenas os gatos domésticos não demonstraram comportamentos de reconciliação de relações depois do conflito. (Essa descoberta não surpreenderá os donos de gatos.)

No *Livro do perdão*, o Arcebispo e Mpho traçam dois ciclos: o ciclo da vingança e o ciclo do perdão. Quando acontece uma ofensa ou uma mágoa, podemos escolher revidar ou nos curar. Se escolhemos a retaliação ou a revanche, o ciclo da vingança e da ofensa continua infinitamente, mas, se escolhermos o perdão, quebramos o ciclo e podemos nos curar, renovando ou encerrando a relação.

A negação do perdão leva a um sentimento constante de ressentimento, raiva, hostilidade e ódio, que podem ser extremamente destrutivos. Até mesmo breves explosões desses sentimentos podem ter efeitos físicos significativos. Em um estudo, a psicóloga Charlotte vanOyen Witvliet pediu para as pessoas pensarem sobre alguém que as tivesse ofendido, maltratado ou magoado. Ela monitorou os batimentos cardíacos, os músculos faciais e as glândulas sudoríparas.

Quando as pessoas se lembravam dos ressentimentos, apresentavam uma resposta de estresse: a pressão sanguínea subia, os batimentos cardíacos aceleravam e elas começavam a suar. Sentiam-se tristes, zangadas, intensas e menos no controle. Quando lhes foi pedido para ter empatia para com os ofensores e se imaginarem perdoando-os, as respostas de estresse voltaram ao normal. Como animais sociais, é muito estressante para nós e para todo o grupo quando existe uma ruptura na relação que nos une.

Em uma revisão da pesquisa sobre o perdão e a saúde, Everett L. Worthington Jr. e Michael Scherer descobriram que a negação do perdão parece comprometer o sistema imunológico de diversas formas, incluindo a interrupção da produção de importantes hormônios e o modo como as nossas células combatem infecções.

"Eu só queria dirigir ao senhor, Arcebispo, a nossa última pergunta antes do chá", disse eu. "Em geral, as pessoas que temos mais dificuldade de perdoar são as mais próximas de nós."

"Sim. Sim."

"O senhor me disse que perdoar o seu pai por algumas coisas que ele fez com a sua mãe foi muito difícil e doloroso para o senhor. E eu me pergunto: se ele estivesse aqui entre nós, de que forma o senhor diria como isso o afetou e que você o perdoou. O que o senhor diria?"

"Bem, eu certamente diria a ele que fiquei profundamente magoado pela maneira como ele tratava a minha mãe quando estava bêbado." O Arcebispo então fechou os olhos e falou bem baixinho e devagar, como se estivesse viajando de volta no tempo. "Eu tinha muita raiva de mim mesmo por ser pequeno demais para bater nele. Quando estava sóbrio, meu pai era uma pessoa maravilhosa. Mas a minha mãe era... Eu simplesmente adorava a minha mãe. Ela era um ser humano incrível, uma pessoa muito gentil. E isso tornava as coisas ainda piores. E havia um filho pequeno demais para intervir quando ela estava sendo surrada.

"Devo contar para vocês um grande arrependimento que carrego no peito. Nós costumávamos levar nossos filhos para o colégio interno em Suazilândia, a cerca de quinhentos quilômetros de distância, e passávamos a noite na casa dos nossos pais no caminho, porque não havia motéis que hospedassem negros.

"Certa vez, quando estávamos voltando de Suazilândia, nós ficaríamos com a mãe de Leah, que não morava no mesmo distrito que os meus pais. Tínhamos ido nos despedir deles porque partiríamos muito cedo para a Cidade do Cabo, onde eu trabalhava. E, nessa ocasião em particular, eu estava completamente exausto quando o meu pai me chamou para conversar. Disse que tinha algo que queria me contar.

"Eu estava cansado demais e com dor de cabeça e respondi: 'Não. Podemos deixar para amanhã?'. E nós partimos para a casa da mãe de Leah.

E, como às vezes acontece apenas em romances, fomos acordados cedo de manhã pela minha sobrinha, dizendo que meu pai tinha morrido na noite anterior. Assim, eu nunca soube o que ele queria me dizer. Tenho esse profundo arrependimento. Às vezes eu derramo uma lágrima ou duas. Espero que fosse que talvez ele tenha previsto a própria morte e queria dizer que sentia muito pelo modo como maltratou a minha mãe.

"E eu também me arrependo que... eu só possa dizer que espero que ele descanse em paz. Eu já aceitei que perdi a oportunidade... Uma oportunidade que não volta mais.

"Nenhum de nós, na verdade, sabe quando acontecerá aquele momento no qual algo crucial pode, de fato, acontecer, e nós viramos as costas para ele. E, sim, eu tento abrandar a minha culpa, mas não consigo apagá-la por completo.

"O fato de que ele tomou a iniciativa, e, fosse qual fosse a sua justificativa, foi uma iniciativa que eu rejeitei. E esse é um fardo que carrego no meu coração e no meu espírito. E eu só posso esperar que ele tenha me perdoado... Sim..."

Ficamos em silêncio por vários minutos, apenas permanecendo ao lado do Arcebispo na sua tristeza e no seu arrependimento. Ele afastou o olhar com os olhos marejados, lembrando-se do pai. Fechou os olhos, talvez fazendo uma oração. Parecia que estávamos rezando juntos, recebendo e sustentando sua tristeza e perda.

O Dalai Lama foi o primeiro a se pronunciar, quando finalmente se voltou para Jinpa e falou em tibetano.

"Ele está dizendo, Arcebispo, que o senhor falou como o seu pai era maravilhoso quando estava sóbrio", traduziu Jinpa as palavras do Dalai Lama. "Era apenas quando estava embriagado que essas coisas aconteciam. Então, na verdade, a culpa é do álcool."

"Então", acrescentou o Dalai Lama, "eu acho que ele é uma pessoa muito bondosa e que, quando estava bêbado, não era uma pessoa de verdade."

"Obrigado", agradeceu o Arcebispo.

6. Gratidão: eu tenho sorte de estar vivo

"Todos os dias, pense ao acordar: 'Tenho sorte de estar vivo. Tenho uma vida humana valiosa. Não vou desperdiçá-la'", costuma dizer o Dalai Lama.

O assunto era gratidão, e era fascinante ver a frequência com que o Arcebispo e o Dalai Lama paravam para expressar sua gratidão um para com o outro, por todos que estavam tornando aquele tempo juntos possível, e por cada e todas as coisas que testemunhavam. Notei que o Arcebispo saúda quase toda nova experiência com a palavra *maravilhoso*, e ele realmente consegue ver a maravilha, a surpresa e a possibilidade em cada encontro, que é o aspecto central do contentamento.

"Você pode receber ajuda para olhar para o mundo e enxergá-lo de uma perspectiva diferente", disse o Arcebispo. "Onde muitas pessoas veem um copo meio vazio, você pode vê-lo meio cheio. Talvez as pessoas fiquem emocionadas ao ver que existem muitas, muitas, muitas pessoas no mundo hoje que não terão o tipo de desjejum que você teve. Muitos, muitos milhões de pessoas no mundo estão famintas. A culpa não é sua, mas você acordou e se levantou de uma cama quentinha, você pôde tomar um banho, vestir roupas limpas, e você tem uma casa que é quentinha no inverno. Agora pense apenas em quantos refugiados acordam de manhã e não têm muita proteção contra a chuva que está caindo. Talvez não haja aquecimento, nem comida, e nem mesmo água. Isso é para, de certo modo, realmente dizer: sim, você quer contar suas bênçãos."

Nem o Arcebispo nem o Dalai Lama passam muito tempo falando sobre prazer, talvez porque ambas as tradições sejam céticas em relação a encontrar a felicidade suprema pela indulgência sensual, mas fiquei feliz ao descobrir que nenhum dos dois se opunha aos prazeres permitidos em suas vida espiritual, seja ele um pudim tibetano de arroz ou um sorvete de passas ao rum. A gratidão é a elevação do prazer, é enobrecer o prazer. A gratidão é uma das dimensões-chave que Ekman lista na sua definição de contentamento.

Gratidão é o reconhecimento de tudo que nos segura na teia da vida e tudo que possibilitou ter a vida que temos e no momento que estamos vivendo. Ação de graças é uma resposta natural à vida e talvez seja a única forma de saboreá-la. Ambas as tradições, budista e cristã, talvez todas as tradições espirituais, reconhecem a importância da gratidão. Ela permite que mudemos a nossa perspectiva, como aconselharam o Dalai Lama e o Arcebispo, em relação a tudo que recebemos e tudo que temos. Ela nos afasta do foco bitolado nos defeitos e no que falta em direção a uma perspectiva mais ampla do benefício e da abundância.

Irmão David Steindl-Rast, um monge católico beneditino e estudioso que dedicou muito tempo ao diálogo inter-religioso, explicou: "Não é a felicidade que nos torna gratos. É a gratidão que nos torna felizes. Cada momento é um presente. Não há nenhuma certeza de que você terá outro momento com todas as oportunidades que aquele momento apresenta. O presente dentro de cada presente é a oportunidade que ele nos oferece. É mais comum que seja a oportunidade de desfrutá-lo, mas às vezes nos é dado um presente difícil, e ele pode ser uma oportunidade para ficarmos à altura do desafio".

A capacidade do Dalai Lama de ser grato pelas oportunidades que existem até mesmo no exílio foi uma profunda mudança na perspectiva, permitindo que ele não apenas aceitasse a realidade de suas circunstâncias, mas também que enxergasse a oportunidade em cada experiência. Aceitação significa não lutar contra a realidade. Gratidão significa abraçar a realidade. Significa parar de contar seus fardos e começar a contar suas bênçãos, como o Arcebispo recomendou, e essas duas coisas são o antídoto contra a inveja e uma receita para apreciarmos a nossa própria vida.

"Tive a oportunidade de conhecer muitos líderes espirituais como você", disse o Dalai Lama, quando o Arcebispo ficou maravilhado com sua capacidade de encontrar gratidão mesmo durante os cinquenta anos de perda para si e para o seu povo. "É muito mais enriquecedor, muito mais útil. Até mesmo o sofrimento o ajuda a desenvolver empatia e compaixão pelos outros.

"O exílio realmente me aproximou mais da realidade. Quando você se encontra em situações difíceis, não há espaço para o fingimento. Na adversidade ou na tragédia, você deve confrontar a realidade como ela é. Quando você é um refugiado, quando perdeu a sua terra, você não pode fingir nem se esconder atrás do seu papel. Quando você é confrontado com a realidade do sofrimento, tudo da vida fica exposto. Até mesmo um rei quando está sofrendo não consegue fingir que é especial. Ele é apenas um ser humano, sofrendo, como todas as outras pessoas."

No budismo, a pessoa pode ser grata até mesmo pelos próprios inimigos, "nossos professores espirituais mais preciosos", como costumam ser chamados, porque eles nos ajudam a desenvolver a nossa prática espiritual e a cultivar equanimidade mesmo diante da adversidade. A história do Dalai Lama sobre o seu amigo que temia perder a compaixão pelos seus torturadores no *gulag* chinês constituiu um exemplo pungente.

O Arcebispo descreveu mais cedo na semana como Nelson Mandela se transformou no período que passou na prisão. Mandela e seus companheiros prisioneiros políticos usaram o seu tempo para desenvolver a mente e o caráter para que pudessem, um dia, estar prontos para governar o país. Eles consideraram a experiência uma faculdade informal. Essas histórias da prisão me lembraram de um antigo prisioneiro que tive o privilégio de conhecer.

Anthony Ray Hinton passou trinta anos no corredor da morte por um crime que não cometeu. Ele estava trabalhando em uma fábrica trancada na hora do crime do qual foi acusado. Ao ser preso no estado do Alabama, nos Estados Unidos, foi informado pelos policiais que ia para a cadeia porque era negro. Ele passou trinta anos em uma cela minúscula, e só podia sair uma hora por dia. Durante o tempo que passou no corredor da morte, Hinton se tornou conselheiro e amigo não apenas dos outros prisioneiros, 54 dos quais foram mortos, mas dos guardas também, muitos dos quais imploraram que o advogado de Hinton o tirasse de lá.

Quando uma decisão unânime da Suprema Corte ordenou sua soltura, ele finalmente estava livre para sair.

"Uma pessoa não sabe o valor da liberdade até que ela lhe seja tirada", disse-me ele. "As pessoas correm para fugir da chuva. Eu corro para a chuva. Como poderia uma coisa que vem do céu não ser preciosa? Tendo sido privado da chuva por tantos anos, sou grato por cada gota. Apenas por ter a sensação dela no meu rosto."

Quando Hinton foi entrevistado no programa de TV *60 minutes*, o entrevistador lhe perguntou se ele tinha raiva daqueles que o tinham colocado na prisão. Ele respondeu que tinha perdoado todas as pessoas que o mandaram para lá. O entrevistador, incrédulo, perguntou:

"Mas eles tiraram trinta anos da sua vida — como é possível que você não sinta raiva?"

Hinton respondeu:

"Se eu ficar com raiva e não os perdoar, eles terão tirado também o resto da minha vida."

A falta de perdão nos rouba a nossa capacidade de apreciar e desfrutar a nossa vida, porque estamos presos em um passado cheio de raiva e amargura. O perdão permite que sigamos além do passado e apreciemos o presente, incluindo as gotas de chuva que caem no nosso rosto.

Conforme explica o irmão Steindl-Rast: "Seja o que for que a vida lhe der, você pode responder com contentamento. Contentamento é a felicidade que não depende do que acontece. É a resposta de gratidão à oportunidade que a vida lhe oferece neste momento".

Hinton é um exemplo poderoso da capacidade de responder com contentamento, apesar das circunstâncias mais terríveis. Enquanto estávamos em um táxi em Nova York, ele me disse:

"Não é o mundo que lhe dá contentamento, então o mundo não pode tirá-lo de você. Você pode permitir que as pessoas entrem na sua vida e a destruam, mas eu me recusei a permitir que alguém tirasse o meu contentamento. Eu me levanto de manhã, e não preciso que ninguém me faça rir. Eu vou rir sozinho, porque fui abençoado com a possibilidade de ver outro dia, e, quando você recebe essa bênção, ela deveria ser o suficiente para lhe dar contentamento.

"Eu não saio por aí dizendo: 'Cara, não tenho um tostão no bolso'. Eu não ligo para ter um tostão no bolso, mas eu ligo para o fato de ser abençoado e poder ver o sol nascer. Você sabe quantas pessoas tinham dinheiro mas não acordaram esta manhã? Então, o que é melhor — ter 1 milhão de dólares e não acordar ou estar falido e acordar? Eu escolho estar falido e acordar qualquer dia da semana. Eu disse para a entrevistadora da CNN em junho que eu tinha três dólares e cinquenta centavos no bolso e por algum motivo aquele dia eu me senti mais feliz do que jamais me senti. Ela perguntou: 'Com três dólares e cinquenta centavos?'. E eu respondi: 'Sabe? A minha mãe nunca nos criou para sair pelo mundo e ganhar o máximo de dinheiro que conseguíssemos. Minha mãe nos ensinou sobre a verdadeira felicidade. Ela nos disse que, quando estamos felizes, quando as pessoas ficam com você, elas também ficam felizes'.

"Eu apenas olho para todas essas pessoas que têm tanta coisa, mas não são felizes. Sim, eu passei trinta longos anos, dia após dia, em uma cela, e você vê algumas pessoas que nunca estiveram em uma prisão, nem por uma hora, nem por um minuto, mas elas não são felizes. Eu me pergunto o porquê. Não sei a resposta por elas não serem felizes, mas posso dizer que sou feliz porque escolho ser feliz."

O irmão Steindl-Rast explicou: "Quando você é grato, você não tem medo; quando não tem medo, não é violento. Quando você é grato, você age com um senso de suficiência, e não com um senso de escassez, e você está disposto a compartilhar. Se você é grato, você está apreciando as diferenças entre as pessoas e é respeitoso com todas elas. Um mundo grato é um mundo de pessoas em estado de contentamento. Um mundo grato é um mundo feliz".

A gratidão nos une a todos. Quando somos gratos por uma refeição, podemos ser gratos pelo alimento que estamos comendo e por todos aqueles que tornaram aquela refeição possível — os fazendeiros, os comerciantes e os cozinheiros. Quando o Arcebispo diz as graças, geralmente somos levados em uma jornada de *Ubuntu*, reconhecendo todas as ligações que nos unem e das quais dependemos. A Eucaristia que o Arcebispo deu ao Dalai Lama vem, literalmente, da expressão grega *dar graças*, e agradecer ou dizer as graças pelo que recebemos é uma prática importante na tradição judaico-cristã.

* * *

A alegria desinteressada é um dos "sete ramos" que são parte da prática espiritual das tradições budistas tibetanas e indianas. Quando sentimos alegria desinteressada, celebramos nossa boa fortuna e a boa fortuna dos outros. Celebramos as nossas boas ações e as boas ações dos outros. Pela alegria desinteressada, é muito menos provável que você considere a vida como certa e você pode afirmar e apreciar tudo o que tem e tudo o que fez. Jinpa me disse que existe uma passagem famosa de Tsongkhapa, o mestre tibetano do século XIV, cujos pensamentos e escritos constituíram uma importante parte da educação formal do Dalai Lama. "É ensinado que a melhor forma de criar um bom carma com o menor esforço é a alegria desinteressada com suas boas ações e com as boas ações dos outros". A alegria desinteressada nos predispõe a repetir essas boas ações no futuro.

Os cientistas já sabem há muito tempo que o nosso cérebro evoluiu com uma tendência negativa. Sem dúvida, foi vantajoso para a nossa sobrevivência manter o foco no que é errado ou perigoso. A gratidão corta esse modo predeterminado da mente. Ela permite que vejamos o que é bom e certo, e não apenas o que é ruim e errado.

Talvez por causa dessa tendência, as pessoas costumem ser céticas em relação à gratidão e se perguntam se é um ponto de vista ingênuo ou se vai levar à complacência ou, até mesmo, à injustiça. Se somos gratos pelo que temos, seremos menos propensos a trabalhar pelo que ainda precisa ser feito? Se o Dalai Lama é capaz de encontrar coisas no seu exílio pelas quais ele é grato, será que estará menos disposto a enfrentar a ocupação chinesa do Tibete?

O professor Robert Emmons, da universidade UC Davis, nos Estados Unidos, já estuda a gratidão há mais de uma década. Em um dos seus estudos com seus associados Michael McCullough e Jo-Ann Tsang, eles descobriram que pessoas gratas não parecem ignorar nem negar os aspectos negativos da vida; elas apenas escolhem apreciar o que é positivo também: "Pessoas com grande disposição em relação à gratidão têm a capacidade de ser empáticas e considerar a perspectiva dos outros. São consideradas mais generosas e mais prestativas pelas pessoas em suas redes sociais". Também são mais propensas a ter ajudado alguém com um problema pessoal ou ter oferecido apoio emocional aos outros.

Emmons e McCullough também descobriram que pessoas com foco na gratidão, ao manter uma lista das coisas pelas quais são gratas, faziam mais exercícios, tinham menos sintomas físicos, se sentiam melhor em relação à própria vida e eram mais positivas sobre a semana por vir quando comparadas com pessoas que escreviam sobre eventos neutros ou difíceis. De forma semelhante, aquelas que focaram na gratidão apresentaram maior probabilidade de fazer um progresso em relação aos seus importantes objetivos pessoais. Então, ao que tudo indica, a gratidão é motivadora, e não desmotivadora. Pessoas gratas relatam maior satisfação em relação à vida, assim como níveis mais baixos de estresse e depressão.

A gratidão pode estimular o hipotálamo, que está envolvido na regulação do estresse no cérebro, assim como a área tegmental ventral, que faz parte dos circuitos de recompensa que produzem prazer no cérebro. A pesquisa demonstra que o simples ato de sorrir por apenas vinte segundos pode provocar emoções positivas, começando com contentamento e felicidade. Sorrir estimula a liberação de neuropeptídios, cujo trabalho é lutar contra o estresse, proporcionando um coquetel de bem-estar dos neurotransmissores serotonina, dopamina e endorfinas. A serotonina age como um antidepressivo natural, a dopamina estimula os centros de recompensa do cérebro, e as endorfinas são analgésicos naturais. Sorrir também parece recompensar o cérebro das pessoas que nos veem sorrir, fazendo com que se sintam melhor. O sorriso é contagioso, estimulando o sorriso inconsciente dos outros, o que, por sua vez, propaga os efeitos positivos. Será que o Arcebispo e o Dalai Lama sorriam porque estavam felizes ou estavam felizes porque sorriam? Isso parece um pouco com um paradoxo meditativo zen. Provavelmente, ambas as afirmações são verdadeiras. Se nós franzimos a testa por insatisfação ou sorrimos em apreciação, temos um enorme poder sobre as nossas emoções e a nossa experiência de vida.

A impermanência, como o Dalai Lama nos lembra, é a natureza da vida. Todas as coisas se vão, e existe um risco verdadeiro de desperdiçarmos a nossa preciosa vida humana. A gratidão nos ajuda a catalogar, celebrar e a ter alegria desinteressada a cada dia da nossa vida, antes que ela escape pela ampulheta da experiência.

Talvez não tenha sido surpresa nenhuma para Sonja Lyubomirsky que a gratidão seja um fato que parece influenciar a felicidade junto com a nossa capacidade de recompor eventos negativos em positivos. O fator final que ela descobriu foi a nossa capacidade de ser bondosos e generosos para com os outros, o que o Dalai Lama e o Arcebispo consideram dois pilares separados mas relacionados: compaixão e generosidade. Quando reconhecemos tudo que recebemos, a nossa resposta natural é querer cuidar e dar aos outros.

7. Compaixão: algo que desejamos ter

"O pensamento egocêntrico demais é fonte de sofrimento. Uma preocupação compassiva pelo bem-estar dos outros é a fonte da felicidade", dissera o Dalai Lama antes na semana. Agora ele estava esfregando as mãos, mergulhado em pensamentos quando voltamos ao assunto da compaixão.

"Neste planeta, nos últimos trezentos anos, diferentes tradições religiosas se desenvolveram. Todas essas tradições carregam a mesma mensagem: a mensagem do amor. Então o objetivo dessas diferentes tradições é promover e fortalecer o valor do amor e da compaixão. Medicamentos tão diferentes, mas com o mesmo objetivo: curar nossa dor, nossa doença. Como mencionamos, até mesmo cientistas agora dizem que a natureza humana básica é compassiva."

Tanto ele quanto o Arcebispo enfatizaram que essa preocupação compassiva pelos outros é instintiva e que somos programados para nos ligar e nos importar. No entanto, como o Arcebispo explicara mais cedo durante a semana: "Leva tempo. Estamos crescendo e aprendendo a ser compassivos, a nos importar, a ser humanos". O Buda supostamente disse: "Qual é a única coisa que, quando você a possui, possui todas as outras virtudes? É a compaixão".

Vale a pena parar um instante para pensar sobre o que a compaixão realmente significa, já que é um termo que costuma ser mal compreendido. Jinpa, com a ajuda de amigos, criou um treinamento de cultivo de compaixão no centro de pesquisa de compaixão e altruísmo na faculdade de medicina de Stanford. No seu maravilhoso livro *Um coração sem medo: por que a compaixão é o segredo mais bem guardado da felicidade?*, ele explica: "Compaixão é o senso de preocupação que surge quando somos confrontados com o sofrimento de outra pessoa e nos sentimos motivados a aliviar tal sofrimento". E acrescenta: "Compaixão é o que conecta o sentimento de empatia para atos de bondade, generosidade e outras expressões de tendências altruístas". A palavra hebraica bíblica para compaixão, *rachamim*, deriva da palavra-raiz para útero, *rechem*, e o Dalai Lama costuma dizer que é a partir do cuidado materno que aprendemos sobre compaixão. Ele também diz que sua mãe foi sua primeira professora de compaixão. Foi por termos sido cuidados e, por nossa vez, cuidarmos dos nossos filhos, que descobrimos a natureza da compaixão. A compaixão é, de muitas formas, a expansão desse instinto materno que é tão essencial para a sobrevivência da nossa espécie.

O Dalai Lama conta uma história de um voo em uma noite do Japão para San Francisco. Sentados perto dele havia um casal com dois filhos, um menino muito ativo de cerca de três anos e um bebê. No início, parecia que o pai estava ajudando a tomar conta dos filhos, andando pela aeronave com o filho, que ficava correndo pelos corredores. No meio da noite, o Dalai Lama olhou e viu que o pai estava dormindo e a mãe tinha sido deixada sozinha para cuidar de duas crianças irritadas. O Dalai Lama deu ao menino um doce e notou os olhos inchados de cansaço da mãe. "Sério", disse ele posteriormente. "Eu pensei sobre isso, e não acredito que eu teria tido aquele tipo de paciência." O comentário do Dalai Lama ecoou um tópico que já discuti com algumas pessoas que buscam a religião e são pais: provavelmente leva muitos anos de prática monástica para igualar o crescimento espiritual gerado por uma noite insone com uma criança doente.

Enquanto todos carregamos o que o Dalai Lama chama de "semente para compaixão" a partir das nossas próprias experiências de termos recebido cuidados de outros, a compaixão é, na verdade, uma habilidade que pode ser cultivada. É algo que podemos aprender a desenvolver e então usar para aumentar o nosso ciclo de preocupação para além da nossa família imediata para os outros. Ajuda quando alguém reconhece a nossa humanidade compartilhada.

"Arcebispo, Vossa Santidade, durante esta semana, os senhores falaram tanto sobre compaixão que eu achei que talvez precisássemos mudar a nossa colaboração para *Livro da compaixão*. Nesta sessão, espero que possamos explorar a compaixão de forma ainda mais profunda. Embora todos concordem que ser compassivo é um objetivo notável, é difícil para muitas pessoas compreender ou colocá-lo em prática. A palavra *compaixão*, como dissemos, significa literalmente 'sofrendo com'. Então, o que os senhores diriam para a pessoa que diz: 'Eu já tenho problemas suficientes para lidar. Por que eu deveria me preocupar em ser mais compassivo e pensar nos outros que estão sofrendo?'."

"Como já discutimos", começou o Dalai Lama, "nós somos animais sociais. Até mesmo reis e rainhas ou líderes espirituais, a sobrevivência deles depende do resto da comunidade. Dessa forma, se você quer ter uma vida feliz e com menos problemas, precisa desenvolver uma séria preocupação pelo bem-estar dos outros. Então, quando alguém está passando por um período difícil ou por circunstâncias difíceis, o senso de preocupação pelo bem-estar das outras pessoas virá automaticamente. E, se houver a possibilidade de ajudar, então você pode ajudar. Se não há possibilidade de ajudar, você pode apenas rezar e desejar o bem para elas.

"Até mesmo outros animais sociais têm esse tipo de preocupação uns com os outros. Acho que no outro dia eu mencionei como os cientistas descobriram que, quando dois ratos estão juntos, se um se ferir, o outro lambe a ferida. O rato ferido que está sendo lambido por outro rato vai se curar muito mais rápido do que o que está sozinho.

"Essa preocupação com os outros é algo muito precioso. Nós, seres humanos, temos um cérebro especial, mas esse cérebro causa muito sofrimento porque está sempre pensando no *eu*, no *mim*, no *meu* e no *minha*. Quanto mais tempo você passar pensando em si mesmo, mais sofrimento você vivenciará. O incrível é que, quando você pensa em aliviar o sofrimento de outra pessoa, o seu próprio sofrimento diminui. Esse é o verdadeiro segredo para a felicidade. Portanto, isso é uma coisa muito prática. Na verdade é o bom senso."

"Então o rato que lambe também se beneficia?", perguntei.

O Dalai Lama respondeu em tibetano, e Jinpa traduziu:

"Pode-se dizer que o rato que está lambendo está em melhor situação, além de estar com a mente mais tranquila."

O Arcebispo riu durante toda essa discussão sobre ratos e a necessidade de justificativas científicas para o que, segundo ele, era tão óbvio e a essência da nossa humanidade.

"Eu diria que uma das maneiras de demonstrar que a compaixão é algo que queremos ter é o fato de que admiramos pessoas compassivas. Sabe, ninguém, na verdade muito poucas pessoas mesmo, admira uma pessoa vingativa. Por que elas vêm ouvir o Dalai Lama?

"Isso se deve, grandemente, à pessoa que ele se tornou. Elas se sentem atraídas por ele por causa do seu desenvolvimento espiritual. Um desenvolvimento que aconteceu pelo fato de que ele se importa com os outros, mesmo diante do seu próprio sofrimento, o sofrimento de estar no exílio."

"Ainda assim, Arcebispo, a questão para muitas pessoas é que elas mesmas têm muitos problemas. Elas podem admirar os senhores e dizer: 'Bem, isso é maravilhoso, eles são homens incrivelmente sagrados. Mas eu tenho meus filhos para criar'. E: 'Eu tenho trabalho para fazer'. E: 'Eu não tenho dinheiro suficiente'. Ou elas dizem: 'Se eu for compassiva com os outros, eles vão tirar vantagem de mim, porque estamos em um mundo competitivo'. Então, por que a compaixão está no interesse próprio delas e como ela ajuda com o restante dos seus objetivos na vida?"

"Sim, eu espero que elas tentem isso, porque é muito difícil apenas falar a esse respeito de forma teórica. É algo que você tem que fazer na vida de verdade. Tentar ser bondoso quando está caminhando pela rua e dar bom-dia para as pessoas por quem passar, ou sorrir, quando não está com vontade. Aposto com você o meu último tostão que, em muito pouco tempo, esse manto de autoestima, que é uma autoestima ruim, se levanta. Quando você experimenta isso, por que funciona? Porque realmente somos programados para cuidar do outro. E, quando vamos contra essa lei fundamental do nosso ser, gostemos ou não, as consequências serão deletérias para nós.

"Quando você diz 'eu, eu, eu, eu, eu', como Sua Santidade disse, você vai se tornar um fracassado. Mas quando diz 'como posso ajudar?', mesmo no meio da sua própria agonia profunda, isso tem uma alquimia que transforma a sua dor. Talvez não a leve embora. Mas ela se torna mais suportável, mais do que era quando você estava parado dizendo 'pobre de mim', pensando apenas em si mesmo.

"Quando a sua campainha toca e você vai abrir a porta, como um cristão, eu faria um sinal da cruz para quem quer que estivesse ali, o que é o mesmo que dizer: 'Deus te abençoe'. Eles talvez não estejam com uma necessidade desesperada de nada. Mas talvez estejam. E você está nesse processo de ser ajudado a não ser autossuficiente, tão consciente de sua angústia. Como você se lembra, sim, a compaixão é essencial. É como oxigênio."

"Isso mesmo, isso mesmo", concordou o Dalai Lama. "Pensar em mim, apenas em mim, provoca medo, um senso de insegurança e desconfiança. Esse tipo de pessoa nunca será feliz. E, no final da vida dessa pessoa, o seu vizinho ficará feliz por ela ter partido. Não é?"

"Você está certo, sim", respondeu o Arcebispo.

"Se você olha pelos outros, particularmente aqueles que precisam, então, quando você está passando por alguma dificuldade, haverá muita gente a quem você pode recorrer. Por isso, no final, muitas pessoas vão sentir que realmente perderam uma pessoa maravilhosa. Então é apenas uma questão de bom senso", concluiu o Dalai Lama, apontando para a testa.

"E eu quero dizer ainda", ele acrescentou, de forma passional, querendo convencer os céticos: "olhe para a fotografia de Stalin ou de Hitler e compare-as com o rosto de Mahatma Gandhi, e também com o rosto desta pessoa." Ele estava apontando para o Arcebispo. "Você consegue ver que a pessoa que tem todo o poder, mas que não tem compaixão, que pensa apenas em controle", continuou o Dalai Lama, apoiando uma mão na outra, "nunca vai ser feliz. Acho que durante a noite eles não têm um sono tranquilo. Sempre sentem medo. Muitos ditadores dormem em um lugar diferente a cada noite.

"Então, o que cria esse tipo de medo é o seu próprio modo de pensar, sua própria mente. O rosto de Mahatma Gandhi está sempre sorridente. E, até certo ponto, acho que o de Nelson Mandela também. Porque ele seguiu o caminho da não violência, e, como não ficou obcecado com a ideia de poder, milhões de pessoas se lembram dele. Se ele tivesse se tornado um ditador, daí ninguém teria chorado a sua morte. Esse é o meu ponto de vista. Bem simples."

Eu estava pressionando muito o Dalai Lama e o Arcebispo porque não queria deixar a compaixão no reino elevado dos santos e dos *lamas*. Eu sabia que eles estavam sugerindo que a compaixão era um pilar do contentamento para o resto de nós, e eu queria compreender por que é tão difícil para a nossa cultura moderna abraçar esse conceito.

"Então aquele mesmo cínico pode dizer: 'Se a compaixão é tão natural e, de muitas formas, a raiz ética de todas as religiões e por milhares de anos as pessoas vêm pregando e ensinando a compaixão, então por que existe essa falta de compaixão no mundo?'."

"A nossa natureza humana foi distorcida", começou o Arcebispo. "Digo que somos, na verdade, criaturas notáveis. Em nossas religiões, eu sou criado à imagem de Deus. Eu sou um mensageiro de Deus. É fantástico. Eu preciso crescer e aumentar a minha semelhança com Deus, ao me importar com o outro. Eu sei que, cada vez que ajo com compaixão, vivencio um contentamento em mim que não encontro em nada mais.

"E até mesmo o cínico será obrigado a admitir que foi assim que fomos programados. Fomos programados para pensar nos outros. Nós definhamos se não houver ninguém mais. É uma coisa realmente gloriosa. Quando você diz 'Vou pensar apenas em mim', de uma forma extraordinária esse *mim* definha e vai ficando menor e menor. E fica cada vez mais difícil você encontrar a satisfação e o contentamento. Então você quer agarrar e tentar uma coisa ou outra, mas, no final, não encontrará satisfação."

O mundo moderno desconfia da compaixão porque aceitamos a crença de que a natureza é "uma selva", e estamos todos fundamentalmente competindo contra tudo e contra todos. De acordo com essa perspectiva, na nossa vida de pegar e gastar, a compaixão é, na melhor das hipóteses, um luxo, e na pior uma tolice que derrota os fracos. Ainda assim, a ciência evolucionária começou a ver a cooperação, e suas emoções essenciais de empatia, compaixão e generosidade, como fundamental para a sobrevivência da nossa espécie. O que o Dalai Lama estava descrevendo — ao explicar que a compaixão é algo que está no nosso interesse próprio —, os biólogos evolucionários chamaram de "altruísmo recíproco". Eu coço suas costas hoje, e você coça as minhas amanhã.

Esse arranjo foi tão fundamental para a nossa sobrevivência que crianças de apenas seis meses já demonstram ter uma clara preferência por brinquedos que refletem ajudar em vez de atrapalhar. Quando ajudamos os outros, costumamos experimentar o que é chamado de "euforia da ajuda", quando endorfinas são liberadas no cérebro, levando a um estado eufórico. Os mesmos centros de recompensa do cérebro parecem se acender quando estamos realizando algum ato de compaixão ou quando pensamos em chocolate. A sensação calorosa que sentimos ao ajudarmos os outros vem da liberação de oxitocina, o mesmo hormônio que é liberado por mães lactantes. Esse hormônio parece ter benefícios para a saúde, incluindo a redução de inflamação no sistema cardiovascular. A compaixão faz o seu coração ficar literalmente mais saudável e feliz.

A compaixão também parece ser contagiosa. Quando vemos outros sendo compassivos, temos uma probabilidade maior de ser também. Isso resulta em um sentimento chamado "elevação moral", e esse é um dos aspectos do contentamento que Paul Ekman identificou. Uma pesquisa recente feita pelos cientistas sociais Nicholas Christakis e James Fowler sugere que esse efeito ondulante pode se estender por dois ou três graus de separação. Em outras palavras, experimentos com um grande número de pessoas mostram que, se você é bondoso e compassivo, os seus amigos, os amigos dos seus amigos e até mesmo os amigos dos amigos dos seus amigos apresentam uma probabilidade maior de serem bondosos e compassivos.

Nós temos a compaixão porque temos medo de vivenciar o sofrimento, a vulnerabilidade e o desamparo que podem vir por se ter um coração aberto. O psicólogo Paul Gilbert descobriu que muitas pessoas temem que, se forem compassivas, os outros tirarão vantagem delas, que vão passar a depender delas e não serão capazes de lidar com o sofrimento dos outros.

Uma das diferenças entre empatia e compaixão é que, enquanto a primeira é simplesmente vivenciar a emoção do outro, a segunda é um estado de "empoderamento" no qual queremos o que é melhor para a outra pessoa. Como o Dalai Lama descreveu isso, se nós vemos uma pessoa que está sendo esmagada por uma pedra, o objetivo não é entrar embaixo da pedra e sentir o que ela está sentindo. O objetivo é ajudar a remover a pedra.

Muitas pessoas também temem receber compaixão dos outros porque temem que os outros vão querer alguma coisa em troca ou que vão sentir, pelo menos, que têm uma dívida. Por fim, muitas pessoas temem ainda a autocompaixão porque têm medo de que isso as tornará fracas, que não trabalharão tão duro ou vão ser dominadas pela tristeza e pelo pesar. Gilbert diz: "A compaixão pode fluir naturalmente quando compreendemos e trabalhamos para remover os nossos medos, nossos bloqueios e a nossa resistência em relação a ela. A compaixão é uma das motivações mais difíceis e corajosas entre todas as outras, mas também a que mais cura e mais eleva".

A autocompaixão está fortemente ligada à autoaceitação, que discutimos no capítulo anterior, mas é ainda mais que a aceitação de nós mesmos. Na verdade, é ter compaixão pelas nossas próprias fragilidades humanas e reconhecer que somos vulneráveis e limitados como todas as outras pessoas. Como resultado, constitui uma base fundamental para o desenvolvimento da compaixão pelos outros. É difícil amar os outros como você ama a si mesmo, como os dois homens disseram, se você não ama a si mesmo.

O Dalai Lama mencionou durante a semana como ele ficou chocado ao ouvir de psicólogos ocidentais sobre quantos dos seus pacientes lutavam com questões de ódio por si mesmos. A autopreservação, o amor-próprio e os cuidados consigo mesmo, presumia ele, são fundamentais da nossa natureza. Essa presunção é fundamental para a prática budista, então foi muito chocante para ele ouvir que existem pessoas que precisavam aprender a ter compaixão não apenas pelos outros, mas também por si próprias.

A cultura moderna dificulta que tenhamos compaixão por nós mesmos. Passamos tanto tempo da nossa vida escalando a pirâmide das realizações na qual estamos sempre sendo avaliados e julgados e, em geral, descobrimos que não estamos à altura. Internalizamos essas outras vozes dos nossos pais, dos nossos professores e da sociedade como um todo. Como resultado, às vezes, as pessoas não têm muita compaixão por si mesmas. As pessoas não descansam quando estão cansadas e negligenciam suas necessidades básicas de sono, alimento e exercícios enquanto exigem cada vez mais de si mesmas. Como o Dalai Lama disse, elas tratam a si mesmas como se fizessem parte de uma máquina. As pessoas tendem a se sentir ansiosas e deprimidas porque esperam, elas mesmas, ter mais, ser mais, realizar mais. Até mesmo quando as pessoas são bem-sucedidas e conquistam tudo, elas costumam se sentir fracassadas ou fraudes, só esperando cair do cavalo. Jinpa explica que "a ausência de autocompaixão se manifesta por uma relação dura e julgadora com nós mesmos. Muitas pessoas acreditam que, a não ser que sejam críticas e exigentes, elas serão fracassadas, não merecedoras de reconhecimento nem de amor".

A psicóloga Kristin Neff identificou formas de expressar a autocompaixão: quando tratamos a nós mesmos com compaixão, aceitamos que existem partes da nossa personalidade com as quais talvez não estejamos satisfeitos, mas não nos repreendemos severamente enquanto tentamos resolvê-las. Quando passamos por alguma época difícil, temos que ser afetuosos e bondosos conosco, como seríamos com um amigo ou um parente. Quando nos sentimos inadequados de alguma forma, nós nos lembramos de que todo mundo tem esses sentimentos e limitações. Quando as coisas estão difíceis, reconhecemos que todo mundo passa por desafios semelhantes, tentamos compreender essa sensação com curiosidade e aceitação em vez de com rejeição e autojulgamento.

O Arcebispo e o Dalai Lama revelaram durante a semana um dos paradoxos essenciais da felicidade: temos mais contentamento quando nos concentramos nos outros, e não em nós mesmos. Em suma, levar contentamento para os outros é o caminho mais rápido para termos contentamento. Como o Dalai Lama disse, mesmo dez minutos de meditação para o bem-estar dos outros pode ajudar uma pessoa a sentir contentamento o dia inteiro, mesmo antes do café. Quando fechamos o nosso coração, não conseguimos sentir contentamento. Quando temos coragem para viver com um coração aberto, somos capazes de sentir a nossa dor e a dor dos outros, mas também somos capazes de sentir mais contentamento. Quanto maior e mais caloroso o coração, mas forte o nosso senso de estar vivo e o nosso senso de resiliência.

Quando Anthony Ray Hinton foi enviado para o corredor da morte depois de um julgamento que só pode ser considerado uma paródia de justiça, ficou compreensivelmente zangado e inconsolável diante da forma como o sistema de justiça americano falhou com ele.

> Quando ninguém acredita em nenhuma palavra que você diz, você acaba parando de falar qualquer coisa. Eu não dizia bom-dia. Eu não dizia boa-noite. Eu não perguntava mais "como vai" para ninguém. Se os guardas precisavam de alguma informação de mim, eu escrevia em um pedaço de papel. Eu estava com raiva. Mas, no quarto ano de prisão, ouvi um homem na cela ao lado da minha chorando. O amor e a compaixão que recebi da minha mãe falou através de mim, e eu perguntei qual era o problema. Ele disse que tinha acabado de descobrir que a mãe tinha morrido. Eu disse: "Veja desta forma. Agora você tem alguém no céu que vai defender o seu caso diante de Deus". E então eu contei uma piada, e ele riu. De repente, a minha voz e o meu senso de humor estavam de volta. Durante os longos 26 anos depois daquela noite, tentei me concentrar nos problemas dos outros, e todos os dias que fazia isso eu percebia que eu não tinha pensado no meu próprio problema.

Hinton foi capaz de levar amor e compaixão para um lugar sem amor, e, ao fazer isso, conseguiu manter o seu contentamento em um dos lugares mais tristes do planeta.

Enquanto estava na prisão, ele viu 54 pessoas — 53 homens e uma mulher — passar diante da sua cela a caminho da câmara de execução. Conseguiu fazer com que os outros prisioneiros começassem a bater nas grades cinco minutos antes da execução. "Descobri no corredor da morte que alguns outros prisioneiros não tiveram o amor incondicional que eu tive da minha mãe. Nós nos tornamos uma família, e não sabíamos se eles tinham outros membros da família ou amigos lá, então batíamos nas grades para dizer àqueles que seriam mortos: 'Estamos com você, ainda amamos você até o fim'."

8. Generosidade: estamos cheios de contentamento

Acho que a maioria de nós está surpresa em como o contentamento se intensifica quando fazemos outra pessoa feliz. Sabe? Você vai à cidade fazer algumas compras e, quando chega em casa, traz flores para Rachel. Ela não esperava por isso, e o brilho no seu rosto e o contentamento que sinto por ter dado contentamento a outra pessoa é algo que não dá para medir.

"Então", disse o Arcebispo com uma risada, "o nosso livro diz que é dando que se recebe. Portanto, eu espero que as pessoas reconheçam em si mesmas que é quando estamos fechados dentro de nós que tendemos a nos sentir infelizes. É quando crescemos na abnegação… de um jeito notável, digo, que descobrimos que somos repletos de contentamento.

"Às vezes, eu brincava dizendo que Deus não sabe matemática muito bem, porque quando você dá aos outros deveria ser como se estivesse subtraindo de si mesmo. Mas, de uma forma inacreditável… eu certamente descobri que esse é o caso muitas vezes… você dá e, então, parece que na verdade está abrindo espaço para receber mais.

"E existe um exemplo bem palpável. O Mar Morto no Oriente Médio recebe água fresca, mas não tem saída. Então, a água não tem por onde passar. Ele recebe água linda dos rios, e a água estraga. Ela simplesmente fica ruim. E é por isso que o nome é Mar Morto. Ele recebe, mas não dá. E nós somos feitos exatamente assim. Nós recebemos e devemos dar. No final, a generosidade é a melhor forma de ter mais, mais e mais contentamento."

Chegamos ao oitavo e último pilar do contentamento.

A generosidade costuma ser um amadurecimento da compaixão, embora a fronteira entre as duas seja difícil de distinguir. Como Jinpa disse, não precisamos esperar até que o sentimento de compaixão surja antes de optarmos por ser generosos. A generosidade, em geral, é algo que aprendemos a apreciar fazendo. Esse provavelmente é o motivo de a caridade ser prescrita por quase todas as tradições religiosas. É um dos cinco pilares do Islã, chamado *zakat*. No judaísmo, é chamada *tzedakah*, cujo significado literal é "justiça". No hinduísmo e no budismo, é chamada *dana*. E no cristianismo é caridade.

A generosidade é tão importante em todas as religiões do mundo porque, sem dúvida, expressa um aspecto fundamental da nossa interdependência e a nossa necessidade uns dos outros. A generosidade é tão importante para a sobrevivência que os centros de recompensa do nosso cérebro se iluminam fortemente tanto quando damos como quando recebemos, às vezes até mais quando damos. Como mencionei anteriormente, Richard Davidson e seus associados identificaram que a generosidade é um dos quatro circuitos fundamentais do cérebro que mapearam com o bem-estar de longo prazo. No Relatório de Felicidade Mundial de 2015, Davidson e Brianna Schuyler explicaram que um dos mais fortes indicadores do bem-estar em todo o mundo é a igualdade nas nossas relações. O comportamento generoso e pró-social parece ter fortalecido esses relacionamentos entre as culturas. A generosidade é até associada com uma saúde melhor e maior expectativa de vida. A generosidade parece ser tão poderosa que, de acordo com os pesquisadores David McClelland e Carol Kirshnit, apenas pensar nela "aumenta significativamente a imunoglobulina A, um anticorpo salivar de proteção usado pelo sistema imunológico".

Então parece que dinheiro pode comprar a felicidade, se você gastá-lo com outras pessoas. A pesquisadora Elizabeth Dunn e seus associados descobriram que as pessoas vivenciam mais felicidade quando gastam dinheiro com os outros do que quando gastam consigo mesmas. Dunn também descobriu que a pressão arterial de adultos mais velhos e hipertensos diminuiu quando foram designados para gastar dinheiro com os outros em vez de com eles mesmos. Como o Arcebispo explicou, nós recebemos quando damos.

    Eu ouvi uma história incrível que sustenta o que o Arcebispo estava dizendo. Quando conheci James Doty, ele era o diretor-fundador do Centro de Pesquisa e Educação em Compaixão e Altruísmo da Universidade de Stanford e o presidente da Fundação Dalai Lama. Jim também trabalhava como neurocirurgião em tempo integral. Anos antes, ele fizera fortuna como empresário de tecnologia médica e tinha comprometido ações no valor de 30 milhões de dólares para caridade. Na época, seu patrimônio líquido era de mais de 75 milhões de dólares. No entanto, quando o mercado entrou em colapso, ele perdeu tudo e descobriu que estava falido. Tudo que ele tinha eram as ações que comprometera para caridade. Seus advogados disseram que ele poderia parar com as contribuições para caridade, que todos compreenderiam que as circunstâncias de sua vida tinham mudado. "Um dos mitos persistentes na nossa sociedade", explicou Jim, "é que o dinheiro vai fazer você feliz. Tendo crescido pobre, eu pensava que o dinheiro me daria tudo que eu não tinha: controle, poder, amor. Quando eu finalmente tinha todo o dinheiro que sonhei ter, descobri que aquilo não me fazia feliz. E, quando perdi tudo, todos aqueles amigos falsos desapareceram." Jim decidiu continuar com as contribuições. "Naquele momento, percebi que a única forma de ter felicidade com o dinheiro é dando-o."

A generosidade não é apenas sobre o dinheiro que damos. Também é sobre como doamos o nosso tempo. Na literatura sobre a felicidade, existe muita pesquisa sobre a importância de ter um senso de propósito. Propósito, fundamentalmente, é sobre como conseguimos contribuir e ser generosos com os outros, como nos sentimos necessários e valorosos para os outros. Uma grande metanálise conduzida pelo cardiologista Randy Cohen no Mount Sinai St. Luke's Medical Center descobriu que um alto senso de propósito se correlaciona com uma redução de 23% de mortes por todas as causas. Em outro estudo conduzido pela neuropsicóloga Patricia Boyle e seus associados e publicado no periódico científico JAMA *Psychiatry*, pessoas com senso de propósito tinham uma propensão reduzida pela metade de desenvolver o mal de Alzheimer depois de sete anos. Não é surpresa nenhuma, então, que ser generoso com o seu tempo tem um impacto igualmente profundo na nossa saúde. Uma grande metanálise conduzida por Morris Okun e seus associados descobriu que o voluntariado reduz em 24% o risco de vida.

A compaixão e a generosidade não são apenas virtudes elevadas — elas são o centro da nossa humanidade, o que traz contentamento e significado para nossa vida.

"Sim, existem muitas, muitas, muitas coisas feias", explicou o Arcebispo. "Mas também existem algumas coisas incrivelmente lindas no nosso mundo. Os distritos negros na África do Sul são sordidamente escondidos, e por causa do desespero e da doença, incluindo o HIV, as crianças ficam órfãs. Em um dos distritos, conheci uma mãe que acolhia crianças abandonadas nas ruas. Ela não tinha muitos recursos. Mas, no instante em que começou a fazer isso, a ajuda começou a chegar para que ela continuasse o seu trabalho de compaixão.

"Somos fundamentalmente bons. A aberração não é a boa pessoa; a aberração é a pessoa má. Somos feitos de bondade. E, quando temos oportunidades, respondemos com generosidade a maioria das vezes. Ela não tinha nada, mas isso não a impediu. E ela tinha cerca de cem crianças de rua que acolheu em uma casa de três aposentos. E logo pessoas que poderiam dizer 'Tudo bem, vamos ajudar. Vamos construir um quartinho para eles', ficaram sabendo do seu trabalho. E outras disseram: 'Nós lhes daremos comida'. E, rapidamente, ela tinha uma casa. E tornou-se uma figura lendária. Mas o que a motivava não era a fama nem nada disso. Foi apenas o fato de ver aquelas crianças, e seu instinto maternal disse: 'Não, isso não está certo'. Então, sim, uma pessoa não deve fingir que as pessoas não são dominadas pelo senso de impotência, mas você faz o que pode fazer."

No aniversário de oitenta anos do Arcebispo, Rachel e eu fomos com ele e sua família visitar um orfanato para celebrar com um bolo gigantesco. Enquanto algumas crianças estavam no nosso colo no chão, havia dezenas de outras crianças, e foi muito difícil não adotar todas. As crianças mais velhas seguravam as menores no colo: suas vidas tinham se unido no abrigo da compaixão e da generosidade da mãe que as acolhera. Eu me lembro de o

Arcebispo dizer que, quando visitava os distritos, as pessoas que não tinham nada, absolutamente nada, ainda abriam sua casa e seu coração para os outros. A generosidade está profundamente enraizada em nós.

"E você se surpreende", continuou o Arcebispo, "quando vai para um monastério ou um convento, onde as pessoas vivem uma vida muito, muito simples, e você simplesmente precisa aceitar que elas têm uma paz que nós que estamos sempre nos agarrando achamos ilusória. A não ser, é claro, que nos sintamos livres em relação a toda a nossa riqueza e todo o nosso status, então conseguimos ser generosos porque, na verdade, fomos feitos apenas procuradores de todas essas posses e posições. E nós não nos apegamos a elas para salvar nossa vida.

"Então, não é realmente a riqueza e o status. Isso tudo é neutro. É a nossa atitude. É o que fazemos com isso que é tão importante. Dissemos isto no primeiro dia: quando você só olha para o próprio umbigo, concentrando-se apenas em si mesmo, acaba se tornando um ser humano pequeno."

Existem formas de dar, mesmo além do nosso tempo e do nosso dinheiro. Jinpa explicou que nos ensinamentos budistas existem três tipos de generosidade: doação material, libertação do medo (que pode envolver proteção, aconselhamento ou consolo) e doação espiritual, que envolve dar a sua sabedoria, seus ensinamentos morais e éticos. Isso, é claro, era o que o Dalai Lama e o Arcebispo estavam dando durante a semana.

"Está ali, bem diante dos seus olhos", disse o Arcebispo. "Nós já vimos. As pessoas que admiramos são as que se importam com os outros. Que, mesmo no meio de muito trabalho e tudo isso, quando você quer falar com elas, elas têm um jeito de fazer com que você se sinta, naquele instante, a coisa mais importante com a qual precisam lidar.

"Não precisamos incluir a religião aqui. O que estou dizendo é que se trata de algo secular. Empresas que cuidam dos seus funcionários são mais bem-sucedidas. Agora elas podem dizer: 'Bem, nós pagamos muito bem aos nossos funcionários e esse é o fim da nossa preocupação com eles'. Sim, tudo bem. Façam isso, e os seus funcionários serão funcionários que dizem: 'Cumpro o meu turno de tal hora a tal hora, e terminei'. Mas, quando as pessoas vivenciam que você se importa com elas, você pergunta como elas estão, pergunta sobre suas famílias ou, pelo menos, tem alguém na empresa cujo trabalho é olhar pelo bem-estar dos funcionários, isso aumenta a produtividade. Eu não sei que outra prova podemos querer que nos diga que uma empresa afetuosa, uma pessoa afetuosa, quase sempre são as que se saem bem. Na verdade, muito, muito bem. E o oposto também é verdade."

"Muito verdadeiro, muito verdadeiro", concordou o Dalai Lama. "É bastante óbvio. Muitas empresas japonesas têm muito sucesso por causa da relação entre empregador e empregados. Os empregados têm a sensação de 'esta é a minha empresa'. Então, eles trabalham com todo o coração. Agora, com o empregador que só se importa com os lucros, os empregados sempre estarão pensando na hora do almoço, no intervalo para o lanche, e nunca na empresa. Se você constrói o verdadeiro conceito de trabalhar junto, e o lucro é dividido entre todos, então a verdadeira harmonia se desenvolve. Isso é do que realmente precisamos agora. Harmonia entre os 7 bilhões de seres humanos." O Dalai Lama uniu as mãos, entrelaçando os dedos, como se pudesse forçar a harmonia da população mundial com seus dedos delicados.

"Eu quero voltar ao ponto do qual o senhor estava falando, Arcebispo, sobre como sente que a nossa natureza humana foi distorcida. O que existe na vida moderna que distorce o nosso senso inato de compaixão e generosidade?"

"Nós fomos criados para pensar que precisamos obedecer às leis da selva. Comer ou ser comido. Somos implacáveis na nossa competitividade. A tal ponto que úlceras estomacais são símbolos de status. Elas mostram como trabalhamos duro. Trabalhamos tão duro não apenas para atender às nossas necessidades e às necessidades da nossa família, mas estamos tentando superar o outro. Nós subestimamos o fato de que, na verdade, nossa natureza inata é que somos feitos para a complementaridade. Nós nos tornamos desumanizados e degradados. Como disse Martin Luther King Jr.: 'Devemos aprender a viver juntos como irmãos ou perecer juntos como tolos'.

"Espero que livros como este despertem em nós o senso de sermos humanos. E então perceberemos como é obsceno gastar os bilhões ou os trilhões que gastamos no que chamamos de orçamento para defesa. Quando uma fração muito pequena desses orçamentos bastaria para assegurar... O que estou dizendo é que crianças morrem diariamente. Elas morrem porque não têm água potável. Esse não deveria ser o caso se tivéssemos consciência da nossa interconectividade. E não existe forma de uma nação prosperar sozinha. Não é possível. Não foi assim que fomos feitos. Nós fomos programados para essa complementaridade, essa união, para sermos uma família. E, mesmo que você ache que isso é sentimentalismo, saiba que não é. É a realidade.

"Quando você produz demais e não diz 'A propósito, existem pessoas lá que estão passando fome', e em vez disso você destrói o excesso da produção, e você pensa que tudo vai ficar bem, isso não tem como ficar bem, porque você quebrou as leis fundamentais do Universo. E as coisas darão terrivelmente errado.

"Você não precisa ter recebido uma educação bíblica ou religiosa. Trata-se apenas da verdade: não é possível sobreviver sozinho. Se você diz que vai ser totalmente egoísta, saiba que a pessoa que é totalmente egoísta fracassa rápido. Você precisa das outras pessoas para ser humano. É por isso que, quando querem puni-lo, eles o colocam em confinamento solitário. Porque não é possível florescer sem outros seres humanos. Eles lhe dão coisas que você não pode dar a você mesmo, não importa quanto dinheiro tenha. E então falamos sobre o *Ubuntu*. Uma pessoa é uma pessoa através de outras pessoas. E devem existir algumas pessoas que disseram: 'Ah, que pensamento primitivo'. Trata-se da lei mais fundamental do nosso ser. Se desconsideramos isso, o fazemos por nossa própria conta e risco."

Os olhos do Arcebispo estavam fixos, e ele falava com a paixão e o poder de um profeta do Antigo Testamento que estava tentando salvar as pessoas da ruína. Eu sabia que falar a verdade com poder, como ele sempre fazia, era exaustivo. Entretanto, ele não parecia exaurido. Talvez estivesse se sentindo energizado pelo seu papel como ancião da aldeia global, que ainda precisa desesperadamente trazer uma voz moral. Todavia, eu queria ser cuidadoso e proteger suas forças limitadas.

"Arcebispo, quero ser cuidadoso com sua energia. Temos ainda uma última pergunta em relação a esse assunto. Como o senhor está se sentindo?"

"Não, não. Estou bem."

"Para mais uma pergunta?"

"Você pode fazer quantas perguntas quiser."

"Esta pergunta foi enviada por Micah, da África do Sul. Ela pergunta: 'Como o senhor pode servir o povo, a natureza e as causas necessárias sem se perder totalmente em uma crise mental? Como podemos ajudar o mundo a se curar e ainda encontrar contentamento na nossa própria vida?'."

"Meu irmão mais jovem aqui pode começar", disse o Arcebispo.

"Acho que você sabe mais."

O Arcebispo riu.

"Notem bem, por favor, que esta é a primeira vez que ele disse que eu sei mais."

"A pergunta é sobre a África?", perguntou o Dalai Lama.

"Não. É sobre o mundo."

"Tudo bem", respondeu o Dalai Lama, preparando-se para responder. "Agora, eu sempre compartilho com as pessoas os problemas que estamos enfrentando hoje e que são muito difíceis de resolver. Uma geração inteira foi criada com determinada mentalidade, com determinado modo de vida. Então, quando pensamos no futuro, como construir uma humanidade saudável, realmente precisamos pensar sobre como criamos uma nova geração de cidadãos com um tipo diferente de mentalidade. Aqui a educação realmente é a chave. O cristianismo tem ensinamentos maravilhosos, assim como o budismo, mas esses ensinamentos e abordagens não são suficientes.

"Agora, a educação secular é universal. Então agora devemos incluir na educação formal dos nossos jovens alguns ensinamentos sobre compaixão e ética básica, não com base em crenças religiosas, mas com base em descobertas científicas e no nosso bom senso e na nossa experiência universal. Reclamar apenas da atual situação não é de muita ajuda. É muito difícil lidar com a nossa atual crise mundial por causa de nossa mentalidade básica. Como você mencionou, o seu pai costumava ser um homem muito bom, mas, quando estava bêbado, ele se comportava mal. Atualmente, me parece que os seres humanos estão bêbados. Eles têm um excesso de emoções negativas, como ganância, medo e raiva, dominando suas mentes. Por isso eles agem como bêbados.

"A única forma de sair desse estupor ébrio é ensinar às crianças o valor da compaixão e o valor de aplicar a nossa mente. Precisamos de uma abordagem de longo prazo e uma visão para lidar com nossos desafios coletivos globais. Isso exigiria uma mudança fundamental na consciência humana, algo que apenas a educação é mais adequada para conseguir. O tempo não espera nunca. Então eu acho que é muito importante começarmos agora. Talvez a nova geração esteja em posição de resolver esses problemas globais durante sua vida. Nós, da geração mais velha, criamos muitos problemas no século xx. As gerações do século xxi terão de encontrar soluções para eles."

"Na verdade, as pessoas são fundamentalmente compassivas", disse o Arcebispo, voltando para um dos seus principais pontos.

O Dalai Lama respondeu:

"Sim. Essa é a base da nossa esperança."

"Eu estou falando", devolveu o Arcebispo, brincando.

O Dalai Lama riu.

"Até mesmo a pessoa mais egoísta", continuou o Arcebispo, "precisa ter um pouquinho de compaixão pela sua família. Então, não estamos falando sobre algo estranho. Estamos falando que descobrimos que somos interdependentes."

"Na verdade, Arcebispo", interrompi, tentando trazer o foco de volta para o assunto em questão, "essa questão é para as pessoas que sentem essa interdependência de forma profunda e são tão compassivas que isso as deixa doentes. Essa pessoa quer saber como encontrar contentamento na sua vida enquanto existem tantas pessoas sofrendo."

"Sim. Muito bem", disse ele, baixando o olhar e refletindo sobre a questão. "Como um homem velho, posso dizer: comece onde você está e tenha consciência de que você não foi feito para, sozinho, resolver todos esses enormes problemas. Faça o que puder. Isso parece bem óbvio. Você, na verdade, ficará surpreso com quanto isso pode ser contagioso.

"Existe muita, muita gente... Na verdade, o meu coração bate feliz ao descobrir quantas pessoas realmente se importam. Quantas pessoas fizeram uma marcha em Nova York pelo meio ambiente? Foi incrível. Ninguém estava pagando nada para elas. Mas elas foram aos montes. Existe muita, muita gente que se importa. E você ficará surpreso quando começar a dizer: 'Bem, eu gostaria de fazer alguma coisa relacionada aos idosos'. E você vai ficar surpreso com o número de pessoas que se aproximarão de você e dirão: 'Eu quero ajudar'. Por que existem tantas ONGs? Na verdade, são pessoas que dizem: 'Queremos transformar o mundo em um lugar melhor'. Não precisamos ser tão negativos.

"Ei, lembre-se de que você não está sozinho e não precisa terminar o trabalho. Isso leva tempo, mas estamos aprendendo, estamos crescendo, estamos nos tornando as pessoas que queremos ser. Sacrificar o seu contentamento porque os outros estão sofrendo não ajuda ninguém. Nós, as pessoas que nos importamos, temos de ser atraentes, devemos estar repletos de contentamento, para que os outros reconheçam que o cuidado, a ajuda e a generosidade não são fardos, são um contentamento. Dê ao mundo o seu amor, o seu serviço, a sua cura, mas você também pode dar o seu contentamento. Isso também é um grande presente."

O Arcebispo e o Dalai Lama estavam descrevendo um tipo especial de generosidade: a do espírito. A qualidade que ambos possuem, talvez mais do que qualquer outra pessoa, é essa generosidade do espírito. Ambos têm um grande coração, são magnânimos, tolerantes, transigentes, pacientes, clementes e bondosos. Talvez essa generosidade do espírito seja a expressão mais verdadeira do desenvolvimento espiritual, daquilo que o Arcebispo disse que leva tempo para alcançar.

O Arcebispo usou uma linda frase para descrever esse jeito de ser no mundo: "Tornar-se um oásis de paz, um lago de serenidade que repercute em todos aqueles à nossa volta". Quando temos um espírito generoso, é fácil e divertido para as outras pessoas estar com a gente. Nós irradiamos a felicidade, e a nossa companhia traz contentamento para os outros. Isso, sem dúvida, anda de mãos dadas com a capacidade, como o Arcebispo repetiu diversas vezes, de ser menos egocêntrico, pensar menos em si e ser mais abnegado. Assim, não carregamos mais o fardo dos nossos objetivos egoístas: não temos nada para provar. Não precisamos ser vistos de determinada forma. Podemos ser menos pretensiosos e ser mais abertos e honestos. Isso naturalmente provoca uma tranquilidade naqueles que estão à nossa volta também; quando nós nos aceitamos, com nossas vulnerabilidades e nossa humanidade, somos capazes de aceitar a humanidade dos outros. Podemos ter compaixão pelos nossos defeitos e compaixão pelos defeitos dos outros.

Podemos ser generosos e dar contentamento para os outros. De muitas formas, é como a prática budista de *tonglen*, que o Dalai Lama usou no dia em que descobriu sobre o levante e a queda brutal do Tibete. Nós podemos absorver o sofrimento dos outros e devolver-lhes o nosso contentamento.

Quando praticamos uma generosidade de espírito, estamos, de muitas formas, praticando todos os outros pilares do contentamento. Na generosidade, há uma perspectiva mais ampla, na qual enxergamos a nossa conexão com os outros. Existe uma humildade que reconhece o nosso lugar no mundo e reconhece que, em outra época, podemos ser nós que precisaremos de ajuda, seja essa ajuda material, emocional ou espiritual. Existe um senso de humor e uma capacidade de rirmos de nós mesmos de forma que não nos levemos a sério demais. Existe uma aceitação da vida, na qual não forçamos a vida a ser mais do que realmente é. Existe um perdão dos outros e uma liberação do que poderia ter sido. Existe a gratidão por tudo que recebemos. Por fim, vemos os outros com uma profunda compaixão e um desejo de ajudar aqueles que precisam. E, a partir disso, vem a generosidade, que é o "egoísmo sábio", uma generosidade que reconhece que ajudar os outros é ajudar a nós mesmos. Como o Dalai Lama explicou: "Na verdade, cuidar dos outros, ajudar os outros é basicamente um modo de descobrir o seu próprio contentamento e ter uma vida feliz".

Chegou o momento de uma "pequena" festa surpresa na Tibetan Children's Village, na qual 1.750 crianças, trezentos professores e funcionários e outros setecentos convidados da comunidade tibetana aguardavam ansiosamente para celebrar o octogésimo aniversário do Dalai Lama. Assim como tudo que lemos sobre a generosidade, nós, que estávamos lá — e todos que assistiriam ao vivo ao redor do mundo —, receberíamos muito mais por testemunhar esse evento extraordinário do que jamais poderíamos ter esperado dar ao Dalai Lama.

Celebração: dançando nas ruas do Tibete

Quando nos aproximamos da Tibetan Children's Village, conseguimos sentir a animação das crianças, mesmo antes de ver seus rostos. Era uma ocasião rara o Dalai Lama ter tempo para visitar a escola, e o fato de ele estar levando consigo o honrado convidado tornava o evento um marco na história da instituição.

Quando viemos em janeiro para planejar a viagem, perguntamos se poderíamos organizar uma pequena festa de aniversário para o Dalai Lama. Nós nos encontramos com dois líderes da Tibetan Children's Village, Tsewang Yeshi e Ngodup Wangdu Lingpa, que trabalhavam tanto como administradores quanto como pais substitutos para as crianças, assim como todos os professores. Eles não queriam que nenhuma das crianças perdesse essa oportunidade, então logo a pequena reunião se transformou em uma grande festa para mais de 2 mil pessoas. Eles gentilmente se ofereceram para fazer o bolo de aniversário (não sabíamos bem como conseguiríamos trazer um bolo para 2 mil pessoas na nossa bagagem). Concordamos em trazer velas de aniversário especiais dos Estados Unidos.

As crianças estavam estudando como encontrar contentamento e felicidade diante da adversidade experimentada por muitos meses, explorando isso na própria vida. Elas escreveram sobre suas próprias dolorosas jornadas de ter deixado as famílias do Tibete, em geral ainda com cinco anos de idade. Muitas tinham viajado durante semanas com familiares ou estranhos cruzando a montanha coberta de neve que corta o Tibete, a mesma perigosa jornada que o Dalai Lama fizera meio século antes. Como uma educação com base no idioma e na cultura tibetanos foi impedida ou é altamente restrita em muitas partes do país, os pais, em geral fazendeiros pobres e analfabetos, enviam seus filhos para ser educados pelo Dalai Lama. Depois de entregá-los em segurança, os parentes ou guias precisam voltar ao Tibete. É comum que essas crianças só voltem a ver suas famílias quando já são adultas ou às vezes nunca mais.

À medida que a nossa carreata se aproximava, ouvíamos as vozes elevadas das crianças, a canção tão aguda e triste, mas indomável e cheia de contentamento, para nos dar as boas-vindas. Tratava-se de uma canção que compuseram para o octogésimo aniversário do Dalai Lama. O coral e a equipe de funcionários da escola estavam enfileirados ao longo da estrada. À volta deles, um mar de estudantes uniformizados, as meninas com blusa branca e suéter verde com gola em V e saiote verde. Os meninos de calça azul e o tradicional manto cinzento sobre a camisa tibetana, como a que foi feita para o Arcebispo.

O carro bege e grande que levava o Dalai Lama e o Arcebispo passou pela multidão reunida e por baixo da enorme tenda branca circular que fora erguida para proteger o Dalai Lama, o Arcebispo e as crianças do sol do meio-dia. O carro, por fim, chegou à biblioteca, enquanto as crianças ainda entoavam, com vontade, a canção. Quando o Arcebispo e o Dalai Lama saíram do carro, longos *khatas*, os lenços cerimoniais brancos, foram colocados ao redor do pescoço do Arcebispo. Eles então foram levados para uma caixa vermelha cerimonial preenchida de um lado com farinha de cevada misturada com açúcar e manteiga e, do outro, com grãos de cevada. A cevada, que é capaz de crescer em altas altitudes, é a colheita mais importante do Tibete. A farinha, ou *tsampa*, que é feita com a cevada torrada moída, é o principal alimento da dieta tibetana. Hastes coloridas compridas de cevada enfeitavam a caixa. Uma jovem e um jovem, vestidos com elaborados trajes tibetanos tradicionais, estavam cada um de um lado da caixa, com seus cabelos negros trançados no alto da cabeça e grandes colares amarelos pendurados no peito. A jovem segurava uma tigela de metal cheia de leite, provavelmente de vaca ou de cabra, e não do tradicional iaque.

O Dalai Lama mostrou ao Arcebispo como jogar a farinha de cevada no ar e como mergulhar o anelar no leite como parte da oferenda cerimonial. Varetas longas de incenso, amarelas, verdes e vermelhas, queimavam por perto. A multidão de jornalistas, fotógrafos, seguranças, monges e funcionários públicos, incluindo o carregador do guarda-chuva amarelo, abarrotava o lugar. Então fomos levados para a biblioteca, onde os bibliotecários colocaram mais lenços no Arcebispo, que começou a encolher sob várias camadas de tecido branco. Contaram-me que um dos bibliotecários passara três horas lavando o chão em preparação para a visita.

O Arcebispo e o Dalai Lama passaram pelas crianças que tinham sido selecionadas para compartilhar suas histórias. As crianças estavam fazendo reverências respeitosas, segurando lenços nas mãos. O Dalai Lama parou diante de um dos meninos mais novos, que tinha uma cicatriz que cortava a sua bochecha até o nariz. O Dalai Lama a tocou de leve e, carinhosamente, perguntou-lhe como ele conseguira aquela cicatriz; então mostrou-lhe uma cicatriz na sua careca.

Enquanto o Arcebispo e o Dalai Lama se acomodavam nos seus lugares, uma jovem deu um passo à frente. Parecia muito estudiosa e elegante com seus óculos metálicos cor-de-rosa.

"Nossos calorosos cumprimentos para os senhores, Vossa Santidade e Arcebispo Desmond Tutu. Meu nome é Tenzin Dolma, e eu sou da turma 12. Hoje vou compartilhar a experiência que tive na minha jornada do Tibete para a Índia. Eu nasci em uma pequena aldeia chamada Karze, na província de Kham, no Tibete. E sou a mais nova da minha família. Minhas duas irmãs e eu fomos criadas pela nossa mãe, que é fazendeira. Minha lembrança mais antiga é do meu tio, que estava se escondendo em nossa casa porque os chineses estavam procurando por ele. Em 2002, quando eu tinha cinco anos, minha mãe me disse para vir para a Índia com a minha avó.

"Eu fiquei muito feliz porque sempre amei estar com a minha avó. A jornada para a Índia foi muito longa e com muitas dificuldades. Tínhamos que nos esconder dos chineses, então a minha avó…"

Sua voz falhou, ela começou a chorar e não conseguiu continuar. Mpho Tutu deu um passo à frente e colocou um braço nos ombros da menina para confortá-la.

Enquanto ela chorava, o Dalai Lama disse:

"Quase toda família tibetana tem um membro que foi morto, torturado ou preso."

Depois de alguns minutos, a menina se recuperou e conseguiu continuar:

"Então a minha avó e eu nos escondíamos embaixo da bagagem ou debaixo dos bancos do ônibus. Na fronteira com o Nepal, a polícia chinesa empurrou a minha avó. Ficamos presas na fronteira do Nepal por uma semana. Uma noite, minha avó me disse para ir com um homem nepalês para o Nepal. Senti muito medo, mas fui com o estranho. No dia seguinte, eu me reencontrei com a minha avó. Quando chegamos à Índia, fomos primeiro para Bodh Gaya, para o Kalachakra."

"O Kalachakra", explicou o Dalai Lama, "é uma grande cerimônia budista."

"Depois disso, viemos para Dharamsala", continuou ela. "Minha avó começou a chorar quando viu Vossa Santidade, que nos abençoou a ambas, e ela me disse então quem o senhor era. Eu entrei para a TCV, e minha avó voltou para o Tibete. Nunca mais voltei para lá, e já se passaram... treze anos desde a última vez que vi a minha família."

Tenzin começou a chorar de novo, mas ainda tentava falar. Enquanto chorava, percebi que Jinpa também estava chorando, sem dúvida tocado pelas lágrimas da menina, mas talvez também se lembrando dos seus primeiros dias no colégio interno tibetano longe de sua família. O Dalai Lama tinha ambas as mãos no coração.

"Eu fiquei muito triste de deixar a minha família, mas encontrei aqui muitas coisas que me trouxeram contentamento. Fiz muitos amigos, e tenho professores maravilhosos e tenho Mestre Lobsang, que é igual ao meu pai."

Tenzin falava por entre as lágrimas, sua dor transbordando, e eu notei que Ngodup Wangdu, o diretor do colégio, enxugava os olhos com seu manto cinza.

"E, durante o meu último ano no colégio, eu me lembro de agradecer a todos os que trabalharam para me tornar o que eu sou hoje. Sem o apoio de Sua Santidade, o Dalai Lama, não haveria a TCV. Então, eu lhe agradeço, Vossa Santidade, do fundo do meu coração. Muito obrigada."

Tenzin falava corajosamente por entre as lágrimas. Ela deu um passo para trás quando a aluna seguinte deu um passo para a frente, uma menina mais jovem.

"*Tashi delek*, Vossa Santidade. *Tashi delek*, Desmond Tutu", começou ela, fazendo a tradicional saudação tibetana. "Em primeiro lugar, gostaria de dizer que meu nome é Yongzin Lhamo e estou na classe 8. Eu vim para a Índia em 2007. Estou aqui hoje para compartilhar a minha jornada. A minha jornada para a Índia começou em Tawo, na província de Kham, no Tibete. Eu só tinha cinco anos, e tive que deixar minha família para trás. A dor que passei por deixar a minha família..."

Yongzin Lhamo parou e começou a chorar, sem nem conseguir começar a sua história; o fato de ter de deixar a família para trás era tudo o que importava. Mpho se aproximou e colocou o braço ao redor da menina para confortá-la.

Depois de alguns minutos vendo as lágrimas da menina com preocupação no rosto, o Dalai Lama começou a conversar com ela. Ficou claro que ela estava emocionada demais para continuar, então ele assumiu o seu papel como diretor honorário e guardião do colégio.

"Agora, vocês devem pensar que têm total liberdade e a oportunidade de estudar, não apenas a educação moderna, mas também a sua cultura antiga e milenar. Então, quando olharem para a sua situação, vocês se sentirão bem.

"Nós, tibetanos, a nossa população é muito pequena, somos cerca de 6 milhões, mas temos uma longa história, e a nossa própria língua, e a nossa vasta tradição escrita, então vocês devem sentir orgulho. Então vocês podem se sentir felizes. Agora, sim, vocês podem olhar para trás, para todas essas experiências tristes e difíceis. Agora vocês devem estudar muito, porque essa geração tem a responsabilidade de reconstruir o Tibete. Então vocês podem se sentir felizes."

O Dalai Lama estava tentando ajudá-la a conectar o próprio sofrimento a um destino maior do povo tibetano, para que ela conseguisse encontrar significado e conforto além do trauma.

"Obrigada", agradeceu a menina, e voltou para o abraço dos professores.

Um menino pequeno deu um passo para a frente com seu pequeno manto cinza e calça azul.

"Meu nome é Tenzin Tsering, estou na classe 7. Agora vou contar para vocês como escapei do Tibete com o meu pai. Quando a manhã chegou, a lua ainda estava no céu. Minha mãe veio e me disse para estudar muito e ser um menino corajoso. Assim que ela se virou de costas, derramou um rio de lágrimas. Meu pai se aproximou de mim e deu uns tapinhas nas minhas costas, sinalizando que era hora de dizer adeus. Chorei muito, sem querer partir, mas minha mãe, com lágrimas nos olhos, insistiu que eu devia ir.

"Logo o ônibus chegou enquanto aguardávamos do lado de fora da minha casa. Deixei a minha casa com o coração pesado e fiquei olhando pela janela, guardando toda a beleza da terra e das pessoas no meu coração para que eu pudesse me lembrar deles sempre que sentisse saudade de casa. Quando a neve começou a cobrir a estrada, meus amigos e eu não desistimos. Montamos no lombo de um iaque, e os mais velhos caminharam na neve profunda da nossa terra. Usamos óculos de sol para proteger nossos olhos. Eu vi uma ponte, esperando que chegássemos e a atravessássemos. Meu coração batia muito forte.

"Dormíamos durante o dia e passávamos pelos guardas chineses à noite. Minha irmã estava com muita dor devido à caminhada. O dia passava entre caminhadas e esconderijos. A dor que passei para vir para a Índia não se compara com a dor de ter deixado a minha família para trás. Desde que a deixei, não encontrava contentamento em nada que fazia. Eu não apreciava mais cantar no ônibus, a visão de flores nascendo, o arco-íris. A liberdade foi arrancada de dentro de mim. Senti que estava enterrado na mais profunda tristeza, sem esperança de sobrevivência. Eu estava morrendo aos poucos por dentro. A jornada para a Índia foi a mais aterrorizante e difícil que já fiz.

"Meu pai e eu chegamos a Dharamsala, e ele me levou para fazer compras e me deixou na escola, dizendo que voltaria no dia seguinte. Mas ele mentiu para mim. Eu aguardei ansiosamente por ele, chorando a cada hora que passava. Logo eu fiz muitos amigos, uma escola amorosa, professores carinhosos e as bênçãos de Vossa Santidade. Senti uma ponta de contentamento dentro de mim, e comecei a apreciar a vida aqui no exílio. Agora encontro contentamento em tudo, meus colegas amorosos, que estudam comigo, e sinto, de alguma forma, que voltei a ser eu mesmo, mas desejo muito ver minha mãe de novo e estar com ela na minha terra. Esse seria o maior contentamento da minha vida. Obrigado."

O garoto fez uma reverência e voltou para junto dos outros alunos. Seguiu-se um longo silêncio, enquanto absorvíamos o poder e a dor das histórias das crianças. Por fim, o Dalai Lama virou-se para o Arcebispo e disse:

"Então, você deve parabenizá-los. O inglês deles é melhor que o meu?"

"Eu devo ser cuidadoso", disse o Arcebispo. "Mas sim. Eles falam muito, muito, muito bem. Lindo. Lindo. Todos eles, mesmo a jovenzinha com todo o seu sofrimento." O Arcebispo agradeceu em inglês e em tibetano.

Então o Dalai Lama conduziu o Arcebispo até alguns cartazes nos quais as crianças tinham fixado suas fotos e compartilhado suas histórias sobre contentamento. O primeiro tinha o título "Contentamento na família", e havia outro sobre "Contentamento na música" e um terceiro sobre "Contentamento na natureza".

"'Eu quero abraçar os meus pais'", leu o Dalai Lama em um dos cartazes. "'Existe um profundo contentamento e amor em um abraço.' Muito bem. Maravilhoso. 'Eu vou cuidar dos meus pais quando eu ficar mais velho. Jamais os abandonarei.' Muito bom."

Ao fazer desenhos sobre o que lhes traz contentamento, a maioria das crianças menciona a família ou os amigos e professores da escola, os quais se tornaram uma segunda família para elas. Mais do que tudo, era o povo que amavam que era sua maior fonte de contentamento.

No final de um dos cartazes havia uma citação: "A verdadeira felicidade vem do contentamento de ações bem-feitas, o prazer de criar coisas novas". Era uma citação de Antoine de Saint-Exupéry, o autor de *O pequeno príncipe*, uma história sobre outro garoto que estava longe de seu lar.

Quando deixamos a biblioteca, o coro de meninas começou a cantar "Parabéns a você" novamente, dessa vez acompanhado pelo alaúde tibetano.

O Arcebispo e o Dalai Lama foram levados até duas cadeiras no centro da enorme tenda, que exibia o nó infinito de outros símbolos tibetanos acima. Ao redor da tenda, havia os adereços vermelhos, verdes, amarelos; ao longo de todas as extremidades, as bandeiras vermelhas, verdes, amarelas, brancas e azuis da oração.

As quase 2 mil crianças que aguardavam pacientemente foram então convidadas a ficar de pé e cantar a versão tibetana de "Se você está feliz, bata as mãos", que envolvia sacudir as mãos, bater palmas, rebolar o quadril e bater os pés.

Ao redor do Dalai Lama e do Arcebispo se estendia um tapete de crianças com pernas cruzadas com idade entre cinco e dezoito anos, do jardim de infância até o 12º ano. Atrás deles havia um grupo de adultos que, de alguma forma, ficaram sabendo do evento e estavam patrioticamente sacudindo a bandeira sul-africana.

Então o Dalai Lama pegou o microfone e começou a se dirigir aos alunos, mas voltou para seus amigos e disse:

"Já que vocês costumam descrever o meu inglês como muito ruim, vou falar em tibetano."

O Dalai Lama deu tapinhas brincalhões no braço do Arcebispo, e o Arcebispo fingiu esfregar o local como se estivesse ferido. As crianças começaram a rir enquanto os dois homens, agora de bem, davam-se as mãos.

"Então, o Arcebispo Desmond Tutu é um dos meus amigos mais próximos nesta Terra", começou ele. "O Arcebispo também apoia a causa tibetana de forma incansável. Vocês são uma geração cujos pais sofreram, e vocês também sofreram para poder estar aqui. E, como tibetanos, o governo indiano nos ajuda desde o início do nosso exílio. Outras organizações de todo o mundo nos ajudam, e por causa de sua bondade e compaixão vocês têm a oportunidade de estudar aqui. Então vocês devem se dedicar muito aos estudos. Estamos atravessando um período muito difícil da nossa história, mas temos uma cultura tão rica, assim como o nosso idioma. Então, sejam monásticos ou leigos, vocês devem manter o grande interesse de preservar e promover esta cultura por meio da educação. A nossa cultura não deve estar em um museu. No mundo inteiro as pessoas estão enfrentando muitas dificuldades, e a nossa cultura pode ajudar o mundo. Hoje, o nosso convidado principal é o Arcebispo Tutu, não eu."

O Arcebispo colocou o microfone, que tinha um fio ao longo da bochecha e se prendia à sua orelha.

"Eu pareço o Bono agora, não é?", perguntou ele com uma risada enquanto o microfone era ajustado.

Ele começou:

"Vossa Santidade e todas vocês, lindas, lindas crianças. Algumas de vocês nem são mais crianças. É um grande, um grande prazer e um privilégio estar aqui. Todos nós estamos muito, muito, muito orgulhosos e nos sentimos privilegiados por estarmos aqui em Dharamsala." O Arcebispo virou-se para o Dalai Lama e disse: "Você é amado em todo o mundo".

Então, ele se virou para os rostos atentos das crianças.

"E nós queremos dizer para vocês, principalmente para os jovens, que talvez não pareça possível para vocês que um dia voltem ao Tibete. Nós, na África do Sul, por muitos e muitos anos, vivemos sob um sistema de injustiça e opressão. E muitos, muitos dos nossos líderes e muitas pessoas do nosso povo, jovens, foram enviados para o exílio. E parecia que as correntes da opressão nunca seriam quebradas, que os nossos líderes que estavam na ilha Robben, a prisão, nunca retornariam vivos para casa. Mas, então, uhu!"

O público deu uma risada enquanto o Arcebispo soltava um grito seguido por uma comemoração.

"Mas aconteceu. Aconteceu. Em 1990, nosso amado Nelson Mandela e outros foram libertados da prisão. E os exilados voltaram para casa." O Arcebispo estendeu os braços como se quisesse dar as boas-vindas a todos que tinham retornado. Então ele falou com a força da justiça, e se transformou no profeta que foi na África do Sul, visionário do futuro. "Um dia, vocês, todos vocês, também verão o seu amado Tibete. O governo chinês há de descobrir que a liberdade é, na verdade, mais barata do que a opressão."

As crianças explodiram em aplausos.

"Sinto-me muito honrado", continuou ele. "De ser amigo do Dalai Lama. Eu me gabo quando estou em outros lugares. Finjo ser modesto, e não conto para muitas pessoas que ele é um amigo muito, muito querido. Eu só digo: 'Bem, vocês sabem, ele é travesso. Ele é implicante'. Quando estou com o meu boné, ele o tira da minha cabeça e o coloca na dele.

"E vocês sabem de uma coisa? O mundo apoia vocês. O mundo ama o Dalai Lama. Eu quero acrescentar aqui o meu agradecimento ao governo indiano, ao povo indiano, que deu as boas-vindas a vocês, porque eles preservaram para nós um grande tesouro. Eles preservaram um grande tesouro que, de outra forma, teria se perdido. Então, eu quero dizer a todos vocês... Oh, olhem como vocês são bonitos. E, oh, oh, oh! Um dia, um dia vocês estarão dançando e cantando nas ruas do Tibete, no seu país natal. Deus os abençoe."

As crianças agora aplaudiram ainda mais. Estavam tentando ser educadas e respeitadoras, mas dava para perceber que a esperança delas fora despertada. Olhei para o rosto das crianças, desde os meninos e meninas mais velhos, que já eram quase jovens adultos, a próxima geração de líderes tibetanos, até os mais novos, cujas lembranças de terem deixado suas famílias ainda estavam frescas demais, a ferida da separação ainda se curando. Senti como se o meu coração estivesse na garganta. Lágrimas corriam pelo meu rosto enquanto eu me lembrava da angústia que tínhamos testemunhado na biblioteca, imaginando os pais igualmente sofridos. Não era difícil imaginar o que as danças nas ruas do Tibete — em um reencontro com suas famílias — significariam para eles. Tudo.

Depois de algumas perguntas feitas pelos alunos mais velhos, um enorme bolo de muitas camadas com nossas velas divertidas acesas foi levado ao palco. Simultaneamente os professores começaram a passar pequenos pedaços de bolo para todos os alunos. Foi um jeito engenhoso de distribuir o bolo, já que ficaríamos lá o dia inteiro se tivéssemos que cortar uma fatia para cada criança.

Um grupo de crianças mais velhas subiu ao palco — dessa vez uma banda de meninos tocando violões e tambores enquanto um coral de meninas começava a cantar a música "We Are the World". Logo toda a escola estava cantando com eles: *"We are the world, we are the children. We are the ones who make a brighter day. So let's start giving"*.

Elas sacudiam os braços sobre a cabeça, enquanto o Arcebispo se levantava e começava a dançar o seu balanço irrepreensível. Ele encorajou o Dalai Lama a se levantar e fazer o mesmo. Como um monge budista, os votos do Dalai Lama proíbem a dança, mas nesse dia ele se levantou e dançou pela primeira vez na vida. Começou a balançar e sacudir as mãos. A princípio tão desconfortável quanto um estudante na pista de dança, o Dalai Lama começou a sorrir e, depois, a rir, enquanto o Arcebispo o encorajava. Eles se deram as mãos e se moveram no ritmo da música, celebrando o verdadeiro contentamento da amizade. Verdadeiro contentamento da conexão inquebrantável de um com o outro, o verdadeiro contentamento do mundo unindo-se como um só.

Atrás deles, costurados na tenda, dois nós infinitos tibetanos, símbolos da impermanência e da interdependência de toda vida e a união da sabedoria e da compaixão. Entre os nós, a imagem de dois peixes dourados com olhos grandes, que representam seres sensitivos atravessando o oceano da existência com a visão clara da sabedoria, assim como o destemor de não se afogar no oceano de sofrimento.

A música terminou, e então o Arcebispo começou a cantar, forçando sua voz de tenor em um tom baixo ressonante:

"Parabéns a você, nesta data querida, muitas felicidades, muitos anos de vida! Parabéns, Sua Santidade!"

Em seguida, o "Parabéns a você" foi cantado em tibetano, enquanto o Dalai Lama tentava apagar as velas que já tinham queimado tanto que o bolo estava começando a pegar fogo.

"Espere, espere", pediu o Arcebispo, encorajando-o a não apagar o pequeno incêndio que queimava a parte de cima do bolo, mas soprá-las de maneira apropriada. "Podemos chamar uma ou duas crianças para ajudar a soprar as velas? Aqui vamos nós."

Duas menininhas subiram ao palco, uma delas com uniforme escolar e a outra ainda menor, de maria-chiquinha e vestido verde, foram erguidas até o palco e colocadas no meio deles.

"Um, dois, três." Eles sopraram as velas, mas elas se acenderam novamente. O Arcebispo soltou uma das suas gargalhadas enquanto eles sopravam de novo e as chamas voltavam. Mas, na terceira vez, enquanto o Arcebispo ria, o Dalai Lama e as meninas continuaram soprando até que, por fim, apagaram as velas.

As crianças foram orientadas na oração e na oferenda enquanto erguiam suas fatias de bolo com as duas mãos, agradecendo pelos professores, seus ensinamentos e sua comunidade — e talvez pela oportunidade de, talvez um dia, ver seus familiares de novo.

Despedida: um último adeus

Na manhã seguinte, aconteceu uma breve sessão final. Tínhamos que seguir para o aeroporto cedo para levar o Arcebispo para outro funeral de um amigo querido. Tantos dos grandes homens estavam nos deixando.

Sentamo-nos novamente sob as luzes cálidas que nos envolveram durante a semana e ligamos os microfones. Pensei em como o Arcebispo era aos oitenta anos e como agora o Dalai Lama se juntava a ele na nona década de sua vida. Estávamos todos pensando na celebração de aniversário do dia anterior na escola e como aqueles dois anciões compartilharam sua sabedoria obtida a duras penas com os alunos e encontraram esperanças na próxima geração. Todos nós recebemos uma transmissão dos nossos exemplos de vida e mentores, e todos nós passamos isso para a frente, para aqueles que vêm depois. Esse era o objetivo do nosso projeto juntos.

Eu estava sentado em frente ao Arcebispo e olhando diretamente para o seu rosto lindo e amoroso que se tornara tão familiar durante a última década de colaboração e amizade. Ele se tornou um segundo pai para mim e um mentor adorado. Pensei em sua luta contra o câncer de próstata e como a doença estava respondendo devagar à nova rodada de drogas experimentais. Estávamos preocupados com o tempo em que ainda o teríamos conosco, não apenas aqueles que o conheciam e o amavam, mas o mundo inteiro, que ainda precisava dele e de sua voz moral.

Os médicos restringiram muito as viagens do Arcebispo, e ele dissera, certa vez, que não viajaria para fora da África do Sul novamente. Isso tornou sua decisão de vir para Dharamsala ainda mais extraordinária e difícil de ser repetida. Como o governo sul-africano não concedia um visto de entrada ao Dalai Lama, nós todos sabíamos — principalmente eles dois — que aquela talvez fosse a última vez que eles se veriam.

A morte, como o Arcebispo nos lembrou, é inevitável. É como a vida deve ser. Ter um começo. Ter um meio. Ter um fim. É esse ciclo que torna a vida preciosa e bonita. Todavia, isso não diminui a tristeza por aqueles que perderam alguém que amam.

"Por que você está com uma expressão tão solene?", perguntou o Arcebispo.

"Estou refletindo", respondi. "Sobre o nosso encontro estar chegando ao fim."

"Tudo tem um fim."

Depois da oração usual do Arcebispo, começamos a nossa discussão pela última vez.

"Arcebispo, Vossa Santidade, que incrível contentamento e privilégio foi participar dessas conversas para preparar o livro *Contentamento*. Hoje, teremos apenas algumas perguntas finais. Uma que recebemos foi: 'Por que acham importante escrever *Contentamento* agora, e o que esperam que ele faça para os leitores em todo o mundo?'."

"Você obviamente espera", disse o Arcebispo, usando a terceira pessoa, como costumava fazer, "que possa ser um agente para ajudar os filhos de Deus a usar sua herança para que tenham uma maior satisfação e possam se tornar o que deveriam ser. E você espera que eles percebam que isso acontecerá para todos eles se forem generosos, se forem compassivos, se forem afetuosos.

"É quando, sem pensar nisso, você ajuda alguém que está em uma situação de menos vantagem, quando você é gentil com alguém e faz coisas que animam os outros, você acaba tendo contentamento."

No dia anterior, na Tibetan Children's Village, o Arcebispo respondera à pergunta de uma das crianças dizendo: "Se pensarmos que queremos conseguir contentamento para nós mesmos, descobrimos que essa visão é muito limitada e não dura muito. O contentamento é, realmente, uma recompensa, de se buscar dar contentamento aos outros. Quando você demonstra compaixão, quando demonstra afeto, quando demonstra amor pelos outros, faz coisas pelos outros, de uma forma maravilhosa você tem um profundo contentamento que não consegue de nenhuma outra forma. Não dá para comprar com dinheiro. Você pode ser a pessoa mais rica do mundo, mas, se só cuidar de si mesmo, posso apostar o meu último tostão que você não será feliz nem terá contentamento. Mas, quando você é afetuoso, compassivo, mais preocupado com o bem-estar dos outros do que com o seu, maravilhosamente, maravilhosamente, você de repente sente um brilho cálido no coração, porque você de fato enxugou as lágrimas de outra pessoa".

"Por que agora?", continuou ele, referindo-se à segunda parte da pergunta. "Creio que exista muito sofrimento. Você quase não quer mais ler os jornais nem assistir TV. Pois, quando você liga a TV, vê que o filho de alguém foi decapitado; você vê diversos refugiados, mães fugindo de uma fonte de violência e puxando os filhos atrás de si. Mesmo quando você tem uma vida confortável, isso aperta o seu coração. Causa muito... Causa muito sofrimento. Particularmente quando você pensa que durante a época da nossa luta contra o apartheid pessoas do nosso povo eram refugiadas e exiladas e foram recebidas em países africanos que eram menos desenvolvidos do que a África do Sul. É preciso ser muito negligente para não se sentir triste. Parecemos estar determinados a competir para mostrar quem vai ser o mais primorosamente cruel. Creio que Deus quer que estejamos sempre em um estado de contentamento, mas neste momento creio que Deus está chorando muito." O Arcebispo apontou para o Dalai Lama. "É a sua vez agora."

"Este é o nosso último encontro, então talvez eu coloque as coisas deste jeito: sou um ser humano nascido na província de Amdo, nordeste do Tibete, em uma aldeia muito, muito pequena, em 1935. Naquela época o conflito sino-japonês estava prestes a começar. Começou logo depois da Segunda Guerra Mundial. Então veio a Guerra da Coreia. Depois a do Vietnã. Por causa desses conflitos, havia muita violência. Nessas épocas, a mente humana, ou pelo menos a das pessoas que são responsáveis por começar a guerra, acreditava que o uso da força era o melhor método para resolver as desavenças.

"Durante a Segunda Guerra Mundial, por exemplo, quando uma nação declarava guerra à outra, os cidadãos do país apoiavam orgulhosamente o esforço de guerra sem o menor questionamento. Desde a Guerra do Vietnã, porém, o nosso modo de pensar mudou; vimos essa oposição à guerra no Kosovo, no Iraque. Muitas pessoas foram contra essas guerras e, da Austrália à América, protestaram abertamente contra essas guerras. Esse certamente é um sinal de esperança.

"Creio, que enquanto os seres humanos permanecerem aqui, sempre haverá alguma violência limitada, como acontece com todos os animais. Mas a violência séria, assassinatos em massa, guerras, isso podemos eliminar se tivermos visão e métodos adequados. Creio, certamente, que é possível alcançar um mundo sem tamanha tristeza."

No colégio Tibetan Children's Village, ao responder à pergunta sobre se o contentamento pode ser a principal fonte para a paz mundial, o Dalai Lama respondeu:

"Acredito que sim. Creio que primeiramente as pessoas devam ter uma compreensão mais clara do estado de contentamento. Veja bem, você pode ter um contentamento temporário ao matar o seu inimigo ou fazendo *bullying* com alguém. Você pode sentir um tipo de satisfação temporária. O verdadeiro contentamento, porém, vem de ajudar os outros. Dessa forma você pode conseguir muito mais satisfação. Então esse tipo de pensamento sobre o contentamento é realmente um fator importante na construção de uma sociedade feliz e pacífica. Para criar uma família pacífica, primeiro o próprio indivíduo deve criar paz interior, contentamento. Depois compartilhar isso com os outros membros da família. Dessa forma, uma família, dez famílias, cem famílias. Assim podemos mudar e criar uma comunidade mais feliz, uma sociedade mais feliz e, então, uma humanidade mais feliz. Sete bilhões de seres humanos, todos temos o mesmo desejo e o mesmo direito de ter uma vida feliz."

O Dalai Lama então voltou ao assunto de por que queria escrever *Contentamento* e por que agora:

"Estamos aprendendo. Em 1996, tive uma audiência com a Rainha Mãe. Naquela época, ela tinha 96 anos. Desde a minha infância, eu vira fotografias do seu rosto redondo, então ela me era muito familiar, e eu realmente queria conhecê-la. Eu perguntei a ela: 'Como Vossa Majestade testemunhou a maior parte do século xx, Vossa Majestade sente que o mundo está se tornando melhor, pior ou continua igual?'.

"Sem hesitar, ela respondeu: 'Melhor'. Quando era mais jovem, explicou ela, não havia o conceito de direitos humanos ou o direito de autodeterminação. Agora, essas coisas se tornaram universais. Ela compartilhou dois exemplos de como o mundo está ficando melhor.

"Creio que a maioria das pessoas em todo o mundo acredita que o derramamento de sangue não é bom e tem um desejo de paz. Na época do meu encontro com a Rainha Mãe, também tive uma conversa com o renomado físico quântico Carl Friedrich von Weizsäcker, que era irmão do então presidente da Alemanha Oriental. Von Weizsäcker também argumentava que o mundo estava melhorando. Por exemplo, ele disse que no passado todos os alemães sentiam que os franceses eram seus inimigos, e todos os franceses sentiam que os alemães eram seus inimigos. Agora esses arqui-inimigos se juntaram e formaram a força unificada franco-germânica. Eles também foram pessoas-chave na formação da União Europeia. Não é perfeito, mas é um progresso.

"O Muro de Berlim acabou desaparecendo, não pela força, mas por um movimento popular, então, vejam vocês: mudança. Agora a China também está mudando. Cuba também está mudando. Talvez apenas a Coreia do Norte não tenha mudado ainda. Então essas coisas são sinais positivos. Os seres humanos, por meio de um contato mais amplo e mais educação, estão se tornando mais maduros. Leva tempo, e temos que ter um ponto de vista amplo. Quando olhamos para o nosso mundo com esse ponto de vista, digamos, daqui a cem anos, podemos prever um mundo que é bem diferente. Um mundo melhor, mais igualitário, com mais igualdade e contentamento. Mas devemos começar o processo de mudança agora, e não ficar esperando por algum momento ideal. O momento ideal é agora."

O Dalai Lama estava argumentando a favor dessa perspectiva mais ampla, e eu não consegui evitar pensar no comentário de *Sir* Martin Rees de que estamos apenas no meio do caminho da evolução como espécie neste planeta. Quando se pensa na longa jornada humana, é realmente extraordinário pensar no que poderemos nos tornar em um século, em um milênio e até mais.

"Depois de conhecer tanta gente, pensadores, cientistas, educadores, profissionais da saúde, assistentes sociais e ativistas", continuou o Dalai Lama, "está claro que a única forma de realmente mudar o mundo é pelo ensinamento da compaixão. Falta à nossa sociedade um senso adequado de compaixão, de bondade e de respeito genuíno pelo bem-estar dos outros. Então agora muita, muita gente que pensa sobre a humanidade tem o mesmo ponto de vista", ele apontava com os indicadores para sua cabeça para enfatizar a lógica da conclusão. "Devemos promover os valores humanos básicos, os valores interiores que estão na essência do que somos como seres humanos.

"A religião não é suficiente. A religião tem sido muito importante no decorrer da história, e talvez continue trazendo, pelos próximos mil anos, benefícios à humanidade."

O Dalai Lama sabia que estava sendo controverso, questionando o valor de longo prazo da religião, e ele segurou a mão do Arcebispo para confortá-lo e reafirmar que não estava planejando tirar o emprego de nenhum dos dois.

"Então agora precisamos pensar seriamente. Apenas rezar ou depender da fé religiosa não é suficiente. Ela continuará sendo uma fonte de inspiração, mas, em termos de 7 bilhões de seres humanos, não é suficiente. Não importa que seja maravilhosa e excelente, nenhuma religião pode ser universal. Então precisamos encontrar outra maneira de promover esses valores.

"Acredito que a única forma que realmente existe, como já dissemos, é por meio da educação. A educação é universal. Devemos ensinar às pessoas, principalmente aos jovens, a fonte da felicidade e da satisfação. Devemos ensinar-lhes que a fonte suprema da felicidade está dentro deles. Não está em máquinas. Não está na tecnologia. Não está no dinheiro. Não está no poder.

"Não estamos falando sobre o céu ou o inferno, nem sobre budeidade ou salvação; tudo isso está longe demais."

Ele riu antes de continuar:

"Então o nosso livro é uma parte importante desse processo de ajudar a espalhar a mensagem de que amor, bondade, afeto são fontes de contentamento e felicidade. Como você já deixou claro, a nossa natureza humana básica é boa, então isso pode nos dar uma base para a coragem e a autoconfiança. É por isso que passamos um longo tempo discutindo tudo isso. Deve haver algum objetivo real e concreto e resultados, caso contrário, é melhor dormir." O Dalai Lama fingiu se inclinar sobre o Arcebispo, como se estivesse dormindo, e então riu.

Eu me virei para o Arcebispo Tutu e disse:

"Arcebispo, gostaria de convidá-lo para se dirigir diretamente aos seus leitores e oferecer-lhes uma bênção."

Ele se virou para a câmera e começou a falar:

"Querido filho de Deus, você é amado com um amor inabalável, um amor que já amava você mesmo antes de sua criação, um amor que continuará existindo muito tempo depois que tudo tiver desaparecido. Você é precioso, com uma preciosidade que é totalmente imensurável. E Deus quer que você seja como Deus. Cheio de vida e bondade e riso... E *contentamento*.

"Deus, que está incessantemente emanando tudo que é por toda a eternidade, quer que você floresça. Deus quer que você esteja repleto de contentamento e animação, e sempre desejoso de ser capaz de encontrar o que é lindo na criação de Deus: a compaixão de tantos, o afeto, o compartilhamento. E Deus diz: 'Por favor, meu filho, ajude-me. Ajude-me a espalhar o amor e o riso e o contentamento e a compaixão'. E sabe do que mais, meus filhos? Ao fazer isso — ei, *presto* —, você descobre o contentamento. O contentamento, que você não procurou, chega como o presente, quase como a recompensa por esse afeto altruísta para com os outros."

"Obrigado. Vossa Santidade, quais são as palavras finais que gostaria de deixar para os leitores para que eles possam vivenciar mais contentamento e criar mais contentamento no nosso mundo?"

"Espero que este livro traga para todos vocês mais esperança e um senso de mais responsabilidade enraizado na preocupação sincera pelo bem-estar dos outros. Vejam bem, para nos tornarmos pessoas felizes, precisamos viver mais usando a parte compassiva da nossa natureza e tendo um senso maior de responsabilidade em relação aos outros e ao mundo no qual vivemos. Neste século, se fizermos uma tentativa com esforço realista e visão clara, talvez em um período mais adiante do século possamos ter um mundo mais feliz. Um mundo mais pacífico. Um mundo mais bondoso e compassivo. Então a minha esperança é que este livro possa ser uma contribuição para tornar possível essa humanidade mais feliz.

"Ninguém espera que este livro, isoladamente, mude o mundo. Não, isso é impossível, mas de muitas partes, com um esforço comum e uma visão que pensa a nossa humanidade, podemos conquistar uma unidade e uma harmonia com um senso de irmandade, com a unidade da humanidade. E todos esses pequenos problemas aqui e acolá, creio que, basicamente, vamos resolvê-los, mas também precisamos olhar para os problemas maiores. Quando os problemas sistêmicos maiores forem resolvidos, então os problemas menores também serão facilmente resolvidos. Por isso, todos nós, irmãos e irmãs espirituais, temos uma responsabilidade especial, um papel especial de tornarmos claro que a maior fonte para uma vida significativa está dentro de nós. Se você viver dessa forma, até o seu último suspiro, você será uma pessoa feliz, feliz. Este é o objetivo da vida humana: viver com contentamento e propósito."

Tínhamos acabado as entrevistas, mas, antes de finalizarmos a sessão, o Arcebispo agradeceu a todos os envolvidos, mais especificamente a seu amigo.

"Quero dizer um grande 'obrigado' ao Dalai Lama, por sua generosidade e hospitalidade aqui. Muito, muito obrigado mesmo por abrir a sua casa para que pudéssemos vir e realizar esse importante projeto. Será que poderia dizer à sua equipe que estamos em dívida com eles?" Então, ele se voltou para mim. "Agora você pode dizer o que tem a dizer."

"Na verdade, acho que o senhor já disse tudo de forma tão maravilhosa, mas quero agradecer a cada um de vocês por esse trabalho incrível de tornar essas conversas possíveis, mas, como representante de todos aqueles que vão se beneficiar com este trabalho, quero expressar meu profundo agradecimento a vocês dois por suas palavras, que são essenciais à vida e modificam a forma de vermos a vida. Que o mérito deste livro seja beneficiar todos os filhos de Deus e todos os seres sencientes."

Enquanto nos aprontávamos para partir, o Dalai Lama disse:
"Fiquei muito triste por ter faltado ao seu aniversário. Quando descobri que você poderia vir aqui, fiquei realmente surpreso. Eu sabia que sua saúde não estava boa e que você também está muito velho e que chegar aqui não é nada fácil."

"Sim", concordou o Arcebispo. "Você está certo."

"Mas", continuou o Dalai Lama, "quando fiquei sabendo que tudo estava resolvido e que a data e a hora se aproximavam, me senti muito feliz e animado. Realmente aprecio a sua amizade e o seu senso de responsabilidade para fazer tudo que puder para melhorar a humanidade."

Anteriormente, durante a semana, o Arcebispo e o Dalai Lama refletiram sobre o que havia de tão especial na amizade que compartilhavam com seu humor característico.

"Ele está sempre me provocando", dissera o Arcebispo com uma risada. "Praticamente desde a primeira vez que nos encontramos. Você se lembra? Talvez no início você fosse um pouco mais reservado, mas, na segunda vez, você estava tirando o meu solidéu da cabeça. Eu não sei se você acorda de manhã e diz: 'Eu vou ser amigo do Dalai Lama'. É algo que simplesmente acontece. Os cientistas podem vir depois analisar o que aconteceu. Mas também não acho que ele acordou às três da manhã e disse: 'Acho que vou ser amigo daquele negro narigudo lá da África'. Acho que foi por causa da comunicação com o coração. Quando ficamos quietos, nossos corações descobriram que eram espíritos afins.

"Eu o admiro enormemente. Oh, ele vai acabar ficando orgulhoso. Mas eu sempre digo para as pessoas: 'Depois de passar mais de cinquenta anos no exílio, quantos de vocês poderiam demonstrar a mesma serenidade, o mesmo contentamento e a impetuosidade de espalhar o bem e a compaixão pelo mundo?'.

"Acho que eu ficaria muito amuado e acho que haveria uma parte de mim que sempre estaria triste, e isso apareceria no meu rosto. Isso não acontece com ele. O que estou dizendo é que ele está aqui como um farol para nos dizer que você pode, de fato, superar algumas das circunstâncias mais horrendas e emergir do outro lado sem estar quebrado. Então, ele é um grande, um grande presente para o mundo. E talvez os chineses, sem ter a intenção, deram ao mundo um presente maravilhoso."

"Obrigado", agradeceu o Dalai Lama em voz baixa, talvez sentindo-se humilde diante do elogio.

"Pode me pagar, pode me pagar", disse o Arcebispo, erguendo as mãos e esfregando os dedos.

"Eu vou pagar. Eu vou pagar com algumas palavras gentis. Na primeira vez que nos reunimos, notei essa pessoa. Eu sempre olho para as pessoas primeiramente no nível humano, eu não considero a importância do seu título ou da sua posição. Então, no nível humano, essa pessoa era muito boa, humilde, e acho que com muito, muito contentamento."

Ele estava segurando o braço do Arcebispo.

"E então, veja você, uma vez que você se conecta no nível humano, vocês se tornam amigos próximos e essa amizade nunca muda. Mas, em outro nível, essa pessoa é muito, muito engraçada", disse ele, batendo no braço do Arcebispo de forma brincalhona. "Eu amo isso. Ele está sempre implicando comigo, e eu implicando com ele. Então, isso realmente se tornou algo especial.

"E, finalmente, desde o começo, você sempre fala sobre a verdade e a justiça da causa tibetana. Como tibetano, sou muito grato por isso.

"Sempre que ele está presente em uma das reuniões dos laureados com o Prêmio Nobel da Paz, eles estão cheios de contentamento. A atmosfera é um pouco diferente. Mas, nos últimos anos, por causa de sua idade e condição física, ele não pôde mais comparecer. É claro, existem muitos outros laureados com o Nobel da Paz, muitos dos quais *mulheres* maravilhosas..."

"Lembre-se de que você é um monge", ralhou o Arcebispo.

"Mas, quando você não está lá, realmente falta alguma coisa. Realmente. Acho que os outros laureados também sentem isso. Então a nossa relação é singular e muito especial."

"Obrigado. Eu paguei a ele", brincou o Arcebispo, fingindo sussurrar.

O Dalai Lama deu uma risada e começou a apontar para o Arcebispo.

"A cara dele. A cara dele", disse o Dalai Lama, fazendo um gesto para a careca do Arcebispo. "Ele parece um monge agora, não parece?" Então, o Dalai Lama fez o formato de um olho com as mãos. "Quando eu vejo os seus olhos..." Então ele apertou o nariz de forma brincalhona. "E, é claro, o seu nariz..."

O Arcebispo não conseguiu evitar o risinho ao ouvir a menção ao seu nariz, alvo de tantas piadas.

Então o tom brincalhão do Dalai Lama mudou enquanto ele apontava calorosamente para o rosto do Arcebispo.

"Essa é uma figura especial." Depois, ele fez uma pausa por um longo momento. "Acho que, na hora da minha morte...", a palavra *morte* pairou no ar como uma profecia, "... eu vou me lembrar de você."

Consegui ouvir todos na sala, até mesmo os operadores de câmera, respirarem fundo. Estávamos todos profundamente emocionados. O Arcebispo baixou o olhar e fez um som profundo, sentindo-se obviamente humilde e emocionado diante das palavras do Dalai Lama. Será que poderia haver um sinal mais verdadeiro de amor, ver o rosto do outro na hora da própria morte?

"Obrigado. Obrigado", foi o tudo que o Arcebispo conseguiu dizer.

O Dalai Lama disse em seguida:

"Então, talvez, de acordo com sua tradição religiosa, nós possamos nos encontrar no céu, na presença de Deus. Você, como um bom cristão, irá primeiro." O Arcebispo riu à beça, e as pessoas voltaram a respirar. "Você pode me ajudar a nos encontrarmos de novo."

Nós rimos imaginando o Arcebispo negociando com são Pedro nas portas do céu, tentando conseguir uma admissão especial para o Dalai Lama.

E o Dalai Lama continuou:

"Mas de um ponto de vista budista, uma vez na vida, você desenvolve algum tipo de ligação próxima e especial, daí um tipo de impacto é levado para cada nova vida. Esse é o ponto de vista budista. Mas, agora, eu espero ter outra oportunidade de vê-lo, em algum lugar que só Deus sabe onde."

Depois que as últimas fotografias foram tiradas, tivemos que correr para o aeroporto. Enquanto o Arcebispo se apoiava em sua bengala, caminhando talvez um pouco mais devagar do que durante a semana, consegui ver a testa do Dalai Lama se franzir de preocupação. Ele disse que só Deus sabia onde eles se encontrariam de novo, e talvez estivesse pensando se Deus lhes daria outra oportunidade nesta vida.

Os dois líderes nos disseram durante a semana que não existe contentamento sem angústia, que, na verdade, a dor e o sofrimento permitem que vivenciemos e apreciemos o contentamento. Realmente, quanto mais nos voltamos para o sofrimento, nosso e dos outros, mais podemos nos voltar em direção ao contentamento. Aceitamos a ambos, aumentando o volume da vida, ou damos as costas para a própria vida, tornando-nos surdos à sua música. Eles também nos disseram e demonstraram que o verdadeiro contentamento é um modo de ser, e não uma emoção passageira. O que eles cultivaram em sua longa vida foi o traço durador do contentamento. Eles nos alertaram que não podemos buscar o contentamento como um fim em si mesmo, ou vamos perder o ônibus. O contentamento chega, em vez disso, com os pensamentos, os sentimentos e as ações do dia a dia. E eles nos falaram, repetidas vezes, qual é a ação que nos coloca nesse ônibus: trazer contentamento para os outros.

No carro, os dois velhos e travessos amigos estavam brincando e rindo de novo. O Dalai Lama acariciava carinhosamente a mão do Arcebispo através da janela aberta do carro. Eu ainda via sinais de preocupação, ou talvez fosse apenas a tristeza da despedida. Quando o motor foi ligado, o Dalai Lama olhou para o Arcebispo no carro, ficando um último minuto da visita com o amigo. Ele uniu as palmas das mãos diante do rosto e fez uma reverência em sinal de profundo respeito e afeição.

A carreata para o aeroporto partiu, e o Dalai Lama ficou parado, ligeiramente curvado, os olhos brilhantes e os dedos acenando um adeus alegre, como as crianças fazem. Conforme nos afastávamos, o Arcebispo virou para olhar pelo para-brisa traseiro do carro, acenou uma última vez e riu diante do seu amigo valioso e inestimável.

No dia seguinte, o restante da equipe de filmagem deixou o aeroporto de Dharamsala em um dia claro. Quarenta e cinco segundos depois que o avião levantou voo, um terremoto de magnitude 7,8 sacudiu o Nepal.

A devastação foi enorme, e os tremores foram sentidos até Dharamsala. Pensamos nas pessoas que conhecemos e com as quais nos importávamos na região e lamentamos pelos milhares que morreram. Testemunhamos pessoas de todas as partes do mundo enviar ajuda aos desabrigados, para consertar o que foi quebrado e curar os milhares que foram feridos. Foi difícil não pensar no comentário do Dalai Lama no primeiro dia das conversas de que não temos como impedir o sofrimento provocado por desastres naturais, mas temos como fazer isso em relação a grande parte do resto do nosso sofrimento. Adversidade, doença e morte são reais e inevitáveis. Escolhemos se vamos acrescentar esses fatos inevitáveis da vida ao sofrimento que criamos nas nossas próprias mentes e corações, o sofrimento escolhido. Quanto mais fizermos uma escolha diferente, para curar o nosso próprio sofrimento, mais podemos nos voltar para os outros e ajudar a cuidar do seu sofrimento com olhos cheios de riso e manchados de lágrimas do coração. E, por mais incrível que pareça, quanto mais nos afastamos da nossa preocupação conosco para enxugar as lágrimas dos olhos dos outros, mais somos capazes de carregar, curar e transcender o nosso próprio sofrimento. E este é o verdadeiro segredo do contentamento.

Práticas de contentamento

Desenvolvendo a imunidade mental 269

Definição matinal das intenções 270

Superando os obstáculos para o contentamento............................272
    Foco e alívio do estresse — uma prática respiratória 272
    Exercício ou caminhada de meditação matinal 273
    Medo, raiva e tristeza — uma meditação analítica 274
    Frustração e raiva — uma oração 278
    Solidão — uma prática da humanidade comum 278
    Inveja — uma prática *mudita* 280
    Sofrimento, adversidade e doença — uma prática de *lojong* 281
    Sofrimento, adversidade e doença dos outros — uma prática
    de *tonglen* 282
    Retiro de silêncio 284
    Meditação da morte 284

Cultivando os oito pilares do contentamento 286
    Perspectiva — uma prática de autodistanciamento 286
    Humildade — uma prática de *lojong* 287
    Rir de nós mesmos para desenvolver o senso de humor 287

Aceitação — uma meditação 288
O caminho de quatro vias para o perdão 290
Diário de gratidão 292
Meditação da compaixão 293
Compaixão — uma oração 295
Compaixão — um jejum 296
Práticas de generosidade 296
Meditação do contentamento — os oito pilares 297

ALEGRIA DESINTERESSADA NO SEU DIA 299

RELACIONAMENTO E COMUNIDADE — O MAIOR CONTENTAMENTO *301*

Desenvolvendo a imunidade mental

Durante a semana, enquanto o Dalai Lama e o Arcebispo brincavam sobre quem levantava cedo demais e quem estava rezando e meditando demais, ficou claro que ambos acreditam fortemente que as práticas espirituais constituem um terreno essencial do seu ser, sustentando-os no decorrer de suas vidas.

Esses horários diários de oração e meditação mantêm esses dois mestres em alinhamento espiritual. Pensei no que o Arcebispo disse sobre a importância ainda maior dessas práticas para aqueles que não são professores espirituais, mas que devem viver e morrer na loucura do mercado de trabalho. Durante a semana, tivemos a chance de discutir algumas práticas espirituais que ajudam a cultivar e a sustentar seu contentamento.

Aqui apresentamos algumas práticas simples que podem ajudar a superar os obstáculos ao contentamento e sustentar seus oito pilares. Reservamos esta seção do livro para as práticas que os monges tibetanos praticam normalmente no início e no final de cada dia. As outras práticas podem ser feitas de forma regular ou quando necessário. Assim como exercícios físicos, as práticas espirituais não são um fim em si mesmas. Elas existem para apoiar a nossa saúde mental e a nossa imunidade mental. Quanto mais praticamos, mais nos beneficiamos. Não existe competição espiritual. Faça o necessário para adaptá-las à sua vida a fim de obter o benefício máximo. (Lembre-se do Dalai Lama adaptando sua prática matinal para acomodar o problema de joelho que desenvolveu com a idade.)

Como o Dalai Lama disse, ele acha que a ciência é muito motivadora quando está tentando se decidir se acorda ou aperta a função "soneca". Anteriormente, mencionamos a explicação de Daniel Siegel do cérebro em meditação. Parece que estamos literalmente usando a nossa atenção e consciência para estabelecer padrões de descarga neural que ajudam o cérebro a evitar a reatividade destrutiva que o Dalai Lama disse ser tão tóxica para a nossa saúde física e mental. Muitas dessas práticas parecem integrar e harmonizar o cérebro para que possamos responder aos desafios inevitáveis da vida com menos fragmentação e mais integração, menos medo e raiva e mais tranquilidade e contentamento.

Na nossa era de gratificação instantânea, qualquer informação pode ser obtida no Google em questão de segundos, mas o verdadeiro conhecimento e a verdadeira sabedoria, leva-se tempo para adquirir. Essas práticas recompensam e se aprofundam com o esforço contínuo. Em geral, quando começamos a meditar ou a rezar, podemos experimentar o que o Arcebispo chama de "doces espirituais", ou o formigamento e a calma que advêm de começar a prestar atenção em nossa vida interior. Assim como doces, a sensação é doce, mas os verdadeiros benefícios só acontecem quando criamos um contêiner temporal no qual podemos derramar o nosso coração e a nossa alma à medida que vivenciamos o contentamento e as angústias da vida.

A natureza da vida contemplativa é que ela é muito pessoal, e nem todas as práticas funcionam para todo mundo. Descubra o que funciona melhor para você. O que apresentamos aqui são simplesmente exemplos de práticas, incluindo muitas que o Dalai Lama e o Arcebispo usam. Esperamos que isso possa inspirar a sua.

Definição matinal das intenções

Cada ação consciente começa com intenção, que nada mais é do que definir os objetivos. Muitos monges budistas fazem isso toda manhã, como meio de preparar a mente e o coração deles para como desejam encarar o dia. Eles também verificam suas intenções regularmente, quando se preparam para meditar ou quando vão realizar uma tarefa importante. Outro modo de focar suas intenções é ler passagens curtas e inspiradoras que apoiam os seus mais altos ideais. O Arcebispo celebra a Eucaristia toda manhã, o que envolve ler passagens bíblicas (e refletir sobre elas). Ele cumpre as liturgias das horas (orações da manhã, tarde e noite), para as quais existe um ciclo designado de leituras. Ele também gosta de ler passagens dos grandes místicos para guiar o seu coração e a sua mente.

1. **Sente-se confortavelmente em uma cadeira, com a sola dos pés no chão ou com as pernas cruzadas.** Você também pode fazer esse exercício enquanto estiver deitado, antes de se levantar da cama pela manhã — depois que o despertador tocou e antes de a correria do dia começar. Você pode descansar as mãos sobre as pernas ou sobre a barriga.
2. **Feche os olhos e respire fundo várias vezes pelo nariz.** Sinta a sua barriga subir e descer enquanto você respira pelo diafragma.
3. **Agora pergunte a si mesmo: "Qual é o desejo do meu coração? O que eu desejo para mim, para os meus entes queridos, para o mundo?".** Nossos desejos mais profundos geralmente estão além dos nossos desejos temporários. É provável que eles envolvam viver com valores humanos profundos que levam a uma felicidade maior, chamando-nos de volta para o nosso lugar no tecido da vida. O Dalai Lama tem um jeito simples de testar as nossas intenções: "É só para mim ou é para os outros? É para o benefício de poucos ou de muitos? É para agora ou para o futuro?". Esse teste pode ajudar a nos guiar em direção ao que realmente desejamos.
4. **Então, afirme a sua intenção para o dia.** Por exemplo: "Que hoje eu possa cumprimentar a todos com o amor que está no meu coração". Ou: "Que hoje eu possa ser menos julgador". Ou: "Que hoje eu possa ser mais paciente e amoroso com os meus filhos". Pode ser algo específico ou geral. Se não souber sua intenção, você pode repetir as linhas a seguir, adaptadas da tradicional oração tibetana dos quatro imensuráveis, as quais guiaram muitos em sua jornada para mais compaixão e maior felicidade:

Que todos os seres possam alcançar a felicidade.
Que todos os seres estejam livres do sofrimento.
Que todos os seres nunca sejam separados do contentamento.
Que todos os seres permaneçam em equanimidade.

SUPERANDO OS OBSTÁCULOS PARA O CONTENTAMENTO

Foco e alívio do estresse — uma prática respiratória

A nossa respiração é muito importante como um foco de prática espiritual em muitas tradições religiosas porque possui uma dobradiça entre o eu e o mundo. A nossa respiração é interna, mas também externa. A respiração é tanto voluntária quanto involuntária. Desse modo, ela é uma porta de entrada ideal através da qual podemos trabalhar o nosso desenvolvimento pessoal. Foco, como você deve se lembrar, é tão importante que o neurocientista Richard Davidson descobriu que um dos quatro circuitos neurais do bem-estar é dedicado à nossa capacidade de focar a mente. Apenas observar *o momento de tranquilidade*, prática que o Arcebispo mantém antes da aurora, à tarde e no início da noite, é outra forma de focar a mente, aliviar o estresse e se concentrar no que é mais importante.

1. **Encontre um lugar onde possa realizar a prática de forma consistente.** Desse modo, o espaço físico — um aposento, um canto, uma almofada — vai ajudar a sinalizar para o seu corpo que chegou a hora da prática.
2. **Sente-se confortavelmente.** Se você está sentado em uma almofada ou em uma cadeira, tente se inclinar um pouco para a frente, para que suas costas fiquem retas. Se sofre de dor crônica na coluna, ajuste a posição conforme o necessário.
3. **Feche os olhos ou mantenha-os ligeiramente abertos em uma posição de descanso.**

4. Pouse levemente as mãos nos joelhos ou no colo.
5. Concentre-se na respiração.
6. Respire profundamente pelo nariz, enquanto sua barriga se expande. Assim como uma jarra de água começa a encher do fundo, os seus pulmões também se enchem a partir do fundo.
7. Expire devagar.
8. A cada inspiração, você pode pensar: *inspira*, e a cada expiração, pode pensar: *expira*. Outra opção é contar cada respiração depois de cada expiração.
9. **Você pode contar de cinco a dez respirações e, então, repetir.** Se perder o foco e a sua mente começar a vagar, como as mentes tendem a fazer, apenas traga, calmamente, a atenção de volta à respiração. Você pode começar fazendo isso por cinco a dez minutos e aumentar o tempo à medida que a sua prática se desenvolve.
10. **Se está se sentindo particularmente estressado,** você pode imaginar que cada respiração traz o ar frio calmante e que ele se espalha por todo o seu corpo. Então, ao expirar, você pode imaginar todo o estresse deixando o seu corpo, começando pelo pescoço, ombros, costas, barriga, ou por onde achar que o estresse se concentra mais.

Exercício ou caminhada de meditação matinal

O Arcebispo faz uma caminhada matinal de meditação a cada manhã, e ele continuou fazendo isso durante toda a luta contra o apartheid, mesmo quando recebeu ameaças de morte. Tive a oportunidade de acompanhá-lo durante uma de suas caminhadas de meditação, quando estávamos trabalhando juntos na Flórida. Caminhamos em silêncio por meia hora, até que o caminho terminou abruptamente em um muro. Eu nunca vou me esquecer de vê-lo caminhar até o finalzinho, até o muro, de modo que o seu nariz quase encostasse nele. Foi naquele momento que vi o homem que estava disposto a caminhar por todo o mundo para acabar com o apartheid, sem tomar atalhos, sem voltar atrás, indo até o fim. Caminhar, andar, correr ou qualquer outro exercício pode ser uma experiência meditativa. A chave é evitar todas as distrações externas, como conversar, ouvir música ou assistir TV. O objetivo é simplesmente ouvir a sabedoria do espírito que costuma vir pela sabedoria do corpo.

Medo, raiva e tristeza — uma meditação analítica

Como o Dalai Lama bem disse, o medo, a raiva e a tristeza são respostas humanas naturais. O medo e a raiva são respostas naturais para o estresse, e essas emoções carregam consigo informações importantes para nós. A tristeza também pode nos dizer que estamos infelizes com alguma coisa na nossa vida. Essas três emoções, sem dúvida, evoluíram para nos motivar a mudar a nossa situação. Como o Arcebispo disse, ser um ser humano é sentir, e essas emoções hão de surgir às vezes, independente da nossa maestria espiritual. Mesmo assim, responder constantemente a uma situação com medo, raiva ou tristeza tende a perpetuar a energia negativa. Os componentes irracionais e obsessivos dessas emoções são destrutivos. A meditação é um jeito profundo de desenvolver a capacidade de escapar do nosso reflexo de lutar ou fugir e aumentar a pausa entre o estímulo e a resposta para agir com intenção em vez de apenas reagir pela emoção.

"A palavra *meditação* é muito vasta", explicou o Dalai Lama. "Uma forma de meditação, por exemplo, envolve a ausência de pensamento. Quando eu abro as cortinas de manhã e vejo pombos na janela, realmente acredito que eles estão fazendo algo semelhante a esse tipo de meditação. Eles não estão dormindo, mas sim em um estado de ausência de pensamento. Também existe a meditação que envolve manter a atenção focada. Por exemplo, para crentes religiosos, o foco concentrado em Deus é uma forma muito poderosa de meditar e acalmar a mente.

"Agora, na minha própria prática, eu me envolvo, principalmente, na meditação analítica. Essa é uma forma de investigação mental na qual você pode ver os seus pensamentos como pensamentos e aprender a não ficar acorrentado a eles, a não se identificar com eles. Você começa a perceber que os seus pensamentos não refletem necessariamente a verdade. Na meditação analítica, você está constantemente se perguntando: O que é a realidade? Qual é aquele eu que nós temos em tão alta conta e é o foco de tanta preocupação? Na meditação analítica, nós contemplamos a impermanência e a natureza transitória da nossa existência.

"Algumas formas de meditação apenas tentam criar um estado de ausência de pensamento. Isso funciona como um analgésico que afasta o medo e a raiva por um breve momento, mas então esses sentimentos voltam quando a meditação acaba. Com a meditação analítica, podemos chegar à raiz que provoca o medo e a raiva. Podemos descobrir, por exemplo, que 90% da nossa raiva é uma projeção mental. Podemos descobrir que palavras de raiva estavam no passado e não mais existem, a não ser na nossa memória. Quando pensa sobre essas coisas, a intensidade da raiva diminui e você desenvolve uma imunidade mental para que a raiva surja com menos frequência.

"Muitas pessoas acham que meditar simplesmente significa se sentar e fechar os olhos", continuou o Dalai Lama, fechando os olhos e assumindo uma postura rígida. "Esse tipo de meditação, até mesmo um gato pode fazer. Ele se senta e fica ronronando calmamente. Se um rato aparecer, ele não precisa se preocupar. Nós, tibetanos, costumamos recitar tantos mantras, como *Om Mani Padme Hum*, um mantra invocando o nome do Buda da compaixão, que nos esquecemos de realmente investigar as causas do nosso sofrimento. Talvez o meu gato ronronante esteja recitando *Om Mani Padme Hum*."

O Dalai Lama riu muito ao pensar no seu devoto gato budista. Nada, nem mesmo as frases mais sagradas da tradição budista, estava acima das suas investigações analíticas e de seu senso de humor. O Dalai Lama se interessava pela verdade, onde quer que ela pudesse estar, e a meditação analítica foi uma das suas ferramentas mais eficazes para discerni-la.

1. **Sente-se confortavelmente.**
2. **Você pode fechar os olhos ou mantê-los abertos.** Se decidir mantê-los abertos, mantenha o olhar suave e o seu foco para dentro de si mesmo. Quando o Dalai Lama medita, seus olhos permanecem abertos, mas seu olhar está ligeiramente para baixo, não se detendo em nada especificamente.
3. **Agora escolha um tópico ou uma experiência que estejam incomodando você ou simplesmente observe os seus pensa-

mentos e sentimentos surgir e reconheça que eles são temporários, sem julgá-los ou se identificar com eles. Alguns serão alegres e prazerosos, e outros serão sombrios e tempestivos, mas passarão com o tempo. Deixe que eles flutuem em sua mente, como nuvens no céu.

4. **Agora pergunte a si mesmo: "O meu pensamento é verdadeiro? Como sei com certeza? Ele ajuda a situação? Existe algum modo melhor de pensar sobre ele ou abordar a situação?".** Vamos verificar como podemos analisar as três emoções humanas fundamentais e, em geral, negativas.

- **Para o medo, pode ajudar encará-lo diretamente.** Você pode pensar na pior coisa que poderia acontecer se o seu medo se tornasse realidade. Agora, será que você ou os seus entes queridos sobreviveriam ao que poderia acontecer? O que você ou eles poderiam aprender se isso acontecesse? Como isso pode permitir que você ou eles cresçam ou se aprofundem como pessoa? Por exemplo, talvez você esteja preocupado com o seu filho, que está com dificuldades na escola, e você tem medo de que algum desfecho ruim venha a acontecer. Pergunte a si mesmo: "É verdade que esse desfecho vai realmente acontecer? Como posso saber com certeza? A minha preocupação ajuda a situação? Existe alguma forma melhor de pensar sobre isso ou de abordar a situação? O que o meu filho poderia aprender com essa experiência? Como ele pode crescer e se desenvolver como pessoa?". Quando nos viramos e abraçamos o que tememos, o medo perde o poder de nos assustar. Nós não precisamos mais lutar contra ele, mas podemos, em vez disso, trabalhar com ele.
- **Para a raiva, você pode se perguntar: qual é a sua utilidade?** Pode ajudar pensar na história do Dalai Lama e do seu motorista, que ficou com tanta raiva por ter batido com a cabeça no para-choque do carro que começou a bater novamente a cabeça no para-choque. A raiva geralmente envolve alguma decepção ou expectativa frustrada. Pergunte a si mesmo: "Qual era a minha

expectativa? Posso liberá-la e aceitar o que veio ou como os outros são em vez de como eu acho que eles deveriam ser? Será que também posso reconhecer a minha parte no conflito? Será que posso ver a minha parte contribuindo para a situação com a qual estou com raiva? Se estou zangado com o que foi dito, será que consigo ver que eram apenas palavras que não existem mais, que, assim como todas as coisas, elas são impermanentes? A minha raiva vai beneficiar alguém, incluindo a mim?". Você também pode refletir sobre como a raiva, se não for contida, pode levar a uma ação destrutiva — que vai desde dizer coisas que magoam até a completa violência — da qual pode se arrepender depois. Pense em como a raiva pode destruir relacionamentos, alienar os outros e roubar a sua paz de espírito.

- **Para a tristeza, podemos buscar conforto ou contar as nossas bênçãos.** Como vimos, a tristeza é uma emoção que expressa a necessidade que sentimos de estar com os outros, e as nossas tristezas são reduzidas pela metade quando compartilhadas. Também podemos reconhecer que, ao passo que a tristeza pode durar mais do que as outras emoções, ela também vai passar. Tudo na vida, a tristeza e a angústia inclusive, é impermanente e vai acabar. Sempre haverá altos e baixos na vida de qualquer pessoa, em qualquer ano, em qualquer dia. Grande parte do nosso humor deriva do que estamos focando no momento. Podemos escolher focar no que está indo bem para nós e para as pessoas na nossa vida. Como o Arcebispo disse, podemos contar as nossas bênçãos. Ao nos voltarmos para as coisas pelas quais somos gratos, podemos mudar quanto tempo passamos na tristeza, além de podermos voltar rapidamente ao contentamento. A capacidade do Dalai Lama de se concentrar em como sua vida foi enriquecedora no exílio, em vez de no que perdeu, permitiu que ele superasse a tristeza, o pesar e até mesmo o desespero.

Frustração e raiva — uma oração

Durante a época do apartheid, o Arcebispo rezava diariamente para os funcionários do governo que mantinha o sistema de opressão. Rezava para que eles transformassem seus corações e transformassem o sistema racista que criaram, mas também rezava sinceramente pelo bem-estar deles. Isso o ajudou a amá-los em vez de odiá-los e, basicamente, tornou possível trabalhar com eles para ajudar na transição do país para a democracia.

1. **Feche os olhos e volte a atenção para dentro de você.**
2. **Pense na pessoa que o está chateando e faça uma oração para ela.** Reze pelo seu contentamento e sua felicidade. Deseje, sinceramente, o bem para ela. Veja-a como um filho de Deus merecedor do Seu amor ou como um outro ser humano que compartilha o seu desejo de ser feliz e prevenir o sofrimento.
3. **Tente fazer isso todo dia por duas semanas.** Veja como o seu relacionamento é transformado.

Solidão — uma prática da humanidade comum

O Dalai Lama fala constantemente sobre a nossa humanidade comum no "primeiro nível". As coisas que nos dividem (questões étnicas e raciais, a nacionalidade, até mesmo o nosso gênero) são muito menos significativas do que as que nos unem: nossa humanidade em comum, nossas emoções humanas e nosso desejo fundamental de sermos felizes e evitarmos o sofrimento. Porque cada um de nós possui um corpo humano, um cérebro humano e, como o Arcebispo costuma dizer, as mesmas fragilidades e vulnerabilidades. A prática comum de humanidade nos faz lembrar que, apesar das aparências e do nosso temor à rejeição, estamos real e profundamente conectados, mesmo quando não enxergamos isso.

O Arcebispo nasceu em um lugar que fica bastante próximo do Berço da Humanidade, o lugar onde a nossa espécie supostamente se originou. Em meras mil gerações, nós nos espalhamos para todo o mundo. Como o

Arcebispo disse: "Somos todos primos, realmente, talvez apenas de alguns milhares de graus".

1. **Pense em alguém que você ama — um filho, seus pais, um amigo próximo ou até mesmo um animal de estimação adorado.** Traga a imagem dele para a sua mente e permita-se sentir o amor que sente por ele. Note o senso de calor e sinceridade que emana do sentimento de amor que você tem por eles.
2. **Imagine o desejo dele de ser feliz e evitar o sofrimento.** Reflita sobre como ele vive sua vida para atingir esses objetivos.
3. **Pense em alguém que você conhece, mas não muito bem.** Você poderia pensar em um colega de trabalho, alguém com quem estuda ou alguém que trabalha em uma das lojas na qual você faz compras. Permita-se reconhecer como seus sentimentos em relação a essa pessoa são diferentes dos que você tinha em mente antes. Em geral, não sentimos empatia ou uma conexão com pessoas que consideramos estranhas. Talvez você sinta indiferença, talvez um senso de separação, ou talvez até um sentimento de julgamento. Agora, tente se imaginar sendo essa pessoa. Imagine a sua vida, suas esperanças, seus sonhos, seus medos, suas decepções e seu sofrimento. Reconheça que, assim como você, ela deseja ser feliz e evitar até mesmo o menor dos sofrimentos. Permita que sua mente habite nessa percepção e compreensão de que você não precisa ser apresentado a essa pessoa porque vocês já compartilham o maior elo de todos — a nossa humanidade. Ela talvez seja tão solitária quanto você, e você pensar nela pode ser um presente para ela.
4. **Leve essa consciência para o mundo.** Comece vivendo a partir dessa conexão recém-descoberta, abrindo o seu coração para todos à sua volta. Você pode começar sorrindo ou reconhecendo a outra pessoa, lançando um olhar caroroso e fazendo um aceno com a cabeça. Diferentes culturas possuem diferentes formas de reconhecer a presença dos outros, mas encontre o que é adequado à sua situação e comece a cumprimentar a sua família humana. Não fique desencorajado se alguém está sofrendo na própria solidão e isolamento e não reconhecer a sua pre-

sença. Você pode ter empatia a partir dos seus próprios sentimentos de solidão. Saúde o mundo com maior confiança, bondade, compaixão, e o mundo o saudará com maior confiança, bondade e compaixão. Quando você sorri para o mundo, o mundo tende a corresponder o sorriso.

Inveja — uma prática mudita

Quando somos invejosos, temos um importuno senso de insatisfação que ofusca o contentamento, já que só conseguimos enxergar o que não possuímos, e não o que possuímos. A inveja é um veneno colorido com culpa e autocrítica. Ela mata a nossa felicidade e esvazia o mundo de suas riquezas e maravilhas. Assim como a prática da humanidade comum, o budismo tem uma prática que quebra os elos do isolamento e do ciúme que nos mantêm separados: chama-se *mudita*, a prática de ter alegria desinteressada pela boa sorte dos outros. Assim como um pai ou uma mãe pode se alegrar com a boa sorte dos filhos, nós podemos nos alegrar com a boa sorte dos outros quando expandimos a nossa identidade para incluí-los e, quando abrimos o nosso coração, vivenciamos o contentamento deles como se fosse nosso.

1. **Pense na pessoa que tem algo que você inveja.**
2. **Reconheça a sua habilidade compartilhada.** Você pode usar a prática anterior ou simplesmente se concentrar nas esperanças, sonhos, medos, decepções e sofrimentos da pessoa que você inveja. Reconheça que, assim como você, a pessoa que você inveja deseja chegar à felicidade e evitar até mesmo o menor dos sofrimentos.
3. **Imagine como tudo que ela tem a faz feliz.** Pense no que deve significar para ela e sua família ter o que eles têm e você inveja. O carro, a casa ou o cargo podem ser uma fonte de grande satisfação. Tente expandir o seu coração para incluir a pessoa e a sua boa sorte. Alegre-se por sua boa sorte. Alegre-se com o fato de que ela não precisa de sua ajuda porque ela mesma se ajudou.

Sofrimento, adversidade e doença — *uma prática de* lojong

Uma premissa fundamental do treino da mente tibetana, ou *lojong*, é pegar qualquer sofrimento ou adversidade que você vivencia e levá-lo para a sua prática espiritual, usando-o para ajudá-lo a crescer. Digamos que você tenha um chefe difícil. Você pode enxergar isso como um desafio para se tornar mais responsável, mais forte e mais resiliente. Se você sofreu um acidente de carro e teve perda total do veículo, em vez de focar na perda, você pode ser grato por não ter se machucado. Se está passando por uma crise financeira ou até mesmo por uma falência, você pode ver essa experiência como uma oportunidade para ter empatia por quem esteja passando pelas mesmas dificuldades e expandir a sua capacidade de empatia e compaixão. Como o Arcebispo disse, existem alguns aspectos da empatia e da compaixão que só podem ser descobertos por meio do sofrimento.

1. **Pense em que setor da vida você está passando por sofrimento ou adversidade.**
2. **Pense nos outros que estão passando pela mesma situação.** Você pode pensar em outros que talvez estejam em situações semelhantes ou talvez estejam em uma situação até pior? Você pode sentir empatia e compaixão por eles?
3. **Como essa situação pode ser útil para você?** O que você pode ganhar com essa experiência? Que lições podem ser aprendidas? Como essa circunstância pode ajudá-lo a crescer e amadurecer como pessoa?
4. **Tente se sentir grato pela oportunidade que esse sofrimento e essa adversidade lhe deram.**
5. **Tente dizer a frase: "Que o meu sofrimento poupe os outros de um sofrimento semelhante".** Como você pode usar o seu sofrimento para aliviar o sofrimento dos outros? Suas ações podem ajudar a evitar que os outros passem por um sofrimento semelhante ou contribuir para reduzir o sofrimento dos outros?

Sofrimento, adversidade e doença dos outros — uma prática de tonglen

A famosa prática de *tonglen* nos permite estar presentes e sermos úteis aos outros quando eles estão sofrendo, enfrentando adversidades ou confrontando a doença. Essa prática é a culminação do Treino do Cultivo da Compaixão e se baseia na poderosa e difundida prática budista. Nessa prática, pegamos o sofrimento dos outros e oferecemos o nosso amor, a nossa coragem, a nossa força e o nosso contentamento. No livro *Um coração sem medo*, Jinpa conta uma história poderosa sobre *tonglen*: uma pessoa que era capelã de um hospital usou o Treino de Cultivo da Compaixão e contou como a prática a ajudou quando foi chamada à Emergência por causa de um afogamento envolvendo uma criança.

"Senti meu corpo se contrair, porque eu sabia a magnitude desse tipo de situação. As situações mais difíceis são as que envolvem uma criança. Rezei para ter forças enquanto corria para a Emergência. A enfermeira me disse que, na verdade, havia duas crianças, que eram irmãs, e os médicos estavam fazendo técnicas de reanimação cardiovascular, mas que a situação não era nada boa. Senti todo o meu corpo tenso quando entrei na sala e vi a jovem mãe curvada e chorando com um sofrimento que vinha do lugar mais profundo do seu ser... Senti-me sobrecarregada, como se eu fosse cair sob o peso do sofrimento da minha tarefa. O que eu poderia oferecer? Então me lembrei da técnica 'dar e receber' do *tonglen*... Daí inspirei fundo o sofrimento como se fosse uma nuvem escura e expirei a luz dourada do meu coração na sala e em todos que eu encontrava. Um novo nível de integração completamente diferente aconteceu. Eu consegui me abrir para a experiência do sofrimento e descobri algo necessário e precioso para me sustentar. O sofrimento se tornou fluido a cada respiração e passou por mim de forma que eu consegui me soltar. Comecei a sentir a libertação da experiência do sofrimento, mas a liberdade veio como resultado de me empenhar ativamente naquilo."

O *tonglen* também pode ser usado para reduzir o nosso próprio sofrimento ao nos libertar do nosso próprio e excessivo egoísmo e concentrar a nossa atenção nos outros. Jinpa conta outra história sobre o músico tibetano Nawang Khechog, que sofreu um terrível acidente de carro e teve que ser submetido a diversas cirurgias para salvar sua vida. Foi a prática do *tonglen* que o sustentou durante as semanas de dor e de não saber se viveria ou não. Ele passava horas na cama pensando nos outros que estavam passando pela dor física e emocional. Ele inspirava a dor delas e expirava a sua compaixão e preocupação com a recuperação delas. Khechog se recuperou completamente e conseguiu voltar a tocar.

O *tonglen* pode permitir que nos tornemos oásis de paz e cura. O Dalai Lama usava essa prática para transformar não apenas o sofrimento dos manifestantes tibetanos que foram feridos durante os levantes no Tibete em 2008, mas também a raiva e o ódio dos soldados chineses que estavam massacrando os manifestantes. Como o Dalai Lama explicou, se isso ajudou ou não àqueles que estavam no local, a prática transformou a sua relação com o sofrimento e permitiu que ele respondesse de forma mais eficaz.

1. **Comece acalmando a sua mente com várias respirações profundas pelo nariz.**
2. **Pense em alguém que está sofrendo.** Você pode escolher um ente querido, um amigo ou até mesmo um grupo de pessoas, como os refugiados.
3. **Reflita sobre o fato de que, assim como você, eles querem superar o sofrimento e alcançar o estado de contentamento.** Tente sentir um senso de preocupação pelo bem-estar da pessoa ou grupo no qual está se concentrando. Sinta no fundo do seu coração o desejo de que eles se libertem do sofrimento.
4. **Absorva o sofrimento deles.** Ao inspirar, imagine a dor sendo tirada do corpo deles e se dissolvendo ao encontrar o calor e a luz brilhante do seu coração compassivo. Você pode ver a dor deles como nuvens escuras que estão se dissolvendo quando encontram a luz brilhante do seu coração. Se a ideia de absorver o sofrimento dos outros é preocupante ou inquietante, você pode imaginar o sofrimento deles se dissolvendo na sua frente, em um orbe brilhante de luz que está sendo irradiado do seu coração compassivo.

5. **Distribua o seu contentamento.** Ao expirar, imagine estar enviando para a pessoa raios de luz repletos com seu amor e sua compaixão, com sua coragem e sua confiança, com a sua força e o seu contentamento.
6. **Repita a prática de absorver o sofrimento e transformá-lo ao distribuir o seu contentamento.** Se fez essa prática para um indivíduo ou ente querido, você pode estender a prática para outros que estão sofrendo por todo o mundo. Se está pegando o sofrimento de alguém que está sendo magoado pelos outros, você pode pegar a crueldade e o ódio que estão causando o sofrimento e enviar em troca o seu amor e a sua bondade. Se sentir que é capaz, você pode praticar absorver o sofrimento de todos os seres e enviar-lhes a sua compaixão e o seu contentamento. Fique tranquilo enquanto o seu amor e o seu contentamento irradiam do seu coração.

Retiro de silêncio

O Arcebispo faz, uma ou duas vezes por ano, um retiro de silêncio de sete a dez dias. Ele trabalha com um diretor espiritual que planeja o retiro de acordo com as suas necessidades. Para o Arcebispo, o retiro de silêncio é um período sem incômodos voltado para a prática intensa da oração, reflexão, introspecção e descanso profundo. O retiro também é uma característica importante da vida do Dalai Lama. Além de vários retiros de duração mais curta na sua residência, ele também passa um mês em um retiro durante a monção de verão, principalmente em Ladakh. No turbilhão obscuro da nossa vida, esses períodos de retiro são mais importantes que nunca. Você não precisa ser um líder mundial para precisar de um.

Meditação da morte

Todas as tradições espirituais nos lembram que a morte é uma parte inevitável da nossa vida, e contemplar a nossa própria mortalidade pode ajudar a trazer um senso de urgência, um senso de perspectiva e um senso de gratidão. São Bento disse: "Mantenha a morte diante dos seus olhos". Como acontece com todos os temores, o medo da morte cresce nas sombras. A morte é o lembrete supremo da impermanência e da efemeridade de toda a vida. Ela pode nos ajudar a lembrar que não há dias para desperdiçar e que cada momento é importante. Esta meditação da morte é muito menos complexa do que a que o Dalai Lama descreveu, mas divide com ela o mesmo objetivo: usar a lembrança da morte para nos ajudar a estar verdadeiramente vivos.

1. **Reflita sobre as palavras: "Tudo que nasce, morre, e eu não sou exceção".**
2. **Considere o seguinte: "Existem muitas condições que podem levar à morte.** A morte nunca pode ser impedida. Nada pode prevenir o inevitável".
3. **Agora imagine-se no seu leito de morte.** Faça a si mesmo as seguintes perguntas: "Eu amei os outros? Eu trouxe contentamento e compaixão para os outros? A minha vida importou para os outros?".
4. **Imagine o seu funeral.** Imagine os seus entes queridos fazendo os preparativos para o seu funeral e se referindo a você como "ele costumava ser…".
5. **Reflita sobre o que as pessoas falarão de você.** Você está feliz com o que elas talvez digam? O que você talvez precise mudar agora para mudar o que elas terão a dizer?
6. **Conclua com uma resolução: "Eu sempre vou viver a minha vida com propósito.** O tempo nunca permanece parado, e sou eu que tenho de decidir usar o meu tempo da forma mais significativa. Devo viver em harmonia com as minhas aspirações mais profundas para que, quando o meu último dia chegar, eu seja capaz de partir com tranquilidade e sem remorsos".

Cultivando os oito pilares do contentamento

Perspectiva — uma prática de autodistanciamento

Muitas das práticas já oferecidas são úteis para cultivar a perspectiva. As práticas meditativas funcionam para mudar a perspectiva do nosso cérebro emocional reativo para centros cerebrais mais reflexivos elevados e evoluídos. Conseguir uma "perspectiva mais ampla", como o Dalai Lama se refere a isso, é possível ao se afastar, com um passo para trás, da nossa situação para ver o quadro geral. Os cientistas chamam essa prática de "autodistanciamento", e ela possibilita pensarmos de forma mais clara sobre os nossos problemas, bem como reduzirmos a nossa resposta de estresse e nossas emoções negativas. Essa perspectiva mais ampla também permite que ultrapassemos os nossos próprios interesses limitados e imediatos e cheguemos a uma perspectiva que considera os interesses dos outros. Como o Arcebispo diz, isso permite que vejamos o que serve a todos os filhos de Deus quando assumimos essa perspectiva de "olhos de Deus". Essa capacidade de ultrapassar os próprios interesses é essencial para qualquer bom líder, seja ele de uma nação, de uma organização ou de uma família.

1. **Pense sobre um problema ou situação que esteja enfrentando.**
2. **Descreva o seu problema como se estivesse acontecendo com outra pessoa — usando o seu nome em vez de usar as palavras *eu*, *mim* e *meu*.**
3. **Imagine esse problema a partir da perspectiva de daqui a uma semana, um ano ou até mesmo uma década.** Será que essa questão ou evento terá qualquer impacto sobre você? Será que você vai se lembrar disso? O que você terá aprendido com a situação?
4. **Testemunhe a sua vida a partir do olho de Deus ou da perspectiva universal.** Veja os seus medos e as suas frustrações a partir desse ponto de vida. Agora veja todas as outras pessoas que estão envolvidas como tendo o mesmo valor e sendo merecedoras de amor e respeito. Então pergunte o que será melhor para o todo.

Humildade — uma prática de lojong

A humildade nos ajuda a lembrar da nossa ligação comum com os outros. Ajuda-nos a evitar o isolamento, o julgamento e a indiferença. Ajuda-nos a lembrar que somos todos filhos de Deus igualmente amados por Ele, como diria o Arcebispo, e a lembrar que somos apenas uma pessoa entre 7 bilhões que vivem neste planeta. Ajuda-nos a lembrar que estamos nisso tudo juntos.

1. **Reflita sobre todas as pessoas que são responsáveis pela sua vida.** Pense nos seus pais, que lhe deram a vida, nos seus professores que lhe ensinaram, nas pessoas que plantam os seus alimentos e costuram as suas roupas, nas incontáveis pessoas que são responsáveis por você ter a vida que tem a cada dia e todos os dias. Agora pense em todas as pessoas que descobriram e criaram todas as coisas que tomamos como certas: a casa, as colheitas e os remédios que nos mantêm vivos. Pense em todos os ancestrais que tiveram de viver e sobreviver para que você pudesse nascer, que passaram por enormes dificuldades para que você pudesse ter a vida que tem. Agora pense na família e nos amigos que dão vida e propósito para a sua vida.
2. **Permita que o seu coração se abra e vivencie o amor e o apreço por todas essas pessoas.** Vivencie o enorme contentamento e o apreço que vem por estar em contato com tudo o que lhe foi dado, ao perceber como somos dependentes dos outros, como somos fracos na separação e, mesmo assim, como somos fortes na nossa união.

Rir de nós mesmos para desenvolver o senso de humor

O humor parece algo que é espontâneo e natural e não pode ser cultivado, mas a capacidade de rir de nós mesmos e de ver as excelentes ironias e realidades engraçadas na nossa vida é, na verdade, como a perspectiva, algo que podemos aprender com a prática ao longo do tempo.

1. **Pense em uma das suas limitações, defeitos humanos ou fraquezas.** Pense em algo sobre você que, na verdade, é engraçado quando você tem alguma perspectiva. O Dalai Lama consegue rir do seu inglês limitado. O Arcebispo pode rir do seu narigão. Do que você pode rir em si mesmo? Quando consegue rir de si mesmo, você permite que os outros se sintam mais próximos de você e os inspira a aceitar suas próprias limitações, defeitos e fraquezas.
2. **Ria de si mesmo.** Da próxima vez que estiver em uma situação na qual você age de forma engraçada, ou diz algo de um jeito engraçado, ou simplesmente é menos do que perfeito, ria de si mesmo e faça graça da situação. O humor é uma das melhores formas de acabar com um conflito, principalmente quando você é capaz de fazer graça de si mesmo ou admitir que está tendo uma reação exagerada ou sendo tolo.
3. **Ria da vida.** Da próxima vez que estiver atrasado ou algo sair errado, tente se divertir com a situação em vez de se zangar ou ficar afrontado. Você vai notar como a sua própria diversão tranquiliza os outros e pode acalmar a situação. De forma semelhante, quando encontrar determinadas ironias no seu dia a dia, tente enxergá-las com humor.

Aceitação — uma meditação

Qualquer possibilidade de contentamento exige aceitação da realidade. Como o Arcebispo e o Dalai Lama explicaram, esse é o único lugar a partir do qual podemos começar a trabalhar pela mudança, seja ela pessoal ou global. A meditação é uma prática que nos permite aceitar cada momento da nossa vida sem julgamento e expectativas de que a vida fosse diferente do que é.

1. **Sente-se confortavelmente ou em uma cadeira com os pés apoiados no chão ou com as pernas cruzadas.** Você pode descansar as mãos nas pernas ou no colo.
2. **Feche os olhos e inspire profundamente pelo nariz várias vezes.** Observe seu estômago subir e descer enquanto você enche a sua barriga.

3. **Preste atenção no que você ouve à sua volta.** Note como o mundo está vivo com sons. À medida que pensamentos sobre esses sons surgem — julgamentos, avaliações, irritações —, permita que essas observações flutuem para longe.
4. **Libere o foco na respiração e, enquanto permanece no momento presente, note quando qualquer pensamento ou sentimento surgir.** Talvez você perceba algum desconforto no seu corpo ou um sentimento surgindo, ou talvez você pense sobre o que precisa conseguir fazer ou se lembrar de fazer hoje.
5. **À medida que os pensamentos chegam, permita que eles flutuem para longe, sem julgá-los ou se prender a eles.** Comece a ver os pensamentos como pensamentos sem se identificar com eles. Apenas observe cada momento sem julgar.
6. **Pense em uma situação pela qual esteja passando e com que esteja tendo dificuldades para aceitar.** Talvez seja a sua dificuldade de encontrar um emprego ou um parceiro de vida, ou talvez seja a doença de um amigo ou uma situação coletiva, como uma guerra.
7. **Lembre a si mesmo que essa é a natureza da realidade.** Essas realidades dolorosas acontecem conosco, com aqueles a quem amamos e no nosso mundo.
8. **Reconheça o fato de que você não pode saber todos os fatores que levaram a esse evento.**
9. **Aceite que o que aconteceu já aconteceu.** Não há nada que você possa fazer para mudar o passado.
10. **Lembre a si mesmo: "Para fazer a contribuição mais positiva para essa situação, eu preciso aceitar a realidade da sua existência".**
11. **Você também pode optar por recitar ou refletir sobre uma das seguintes passagens,** uma da tradição budista e outra da tradição cristã:

> *Se algo pode ser feito a respeito,*
> *Qual a necessidade da melancolia?*
> *E se nada pode ser feito a respeito,*

De que adianta a melancolia?
Shantideva, *O caminho do bodisatva*

Concedei-me, Senhor, a serenidade necessária
Para aceitar as coisas que não posso modificar.
Coragem para modificar aquelas que posso e
Sabedoria para conhecer a diferença entre elas.
Reinhold Niebuhr, *Oração da serenidade*

O caminho de quatro vias para o perdão

O Arcebispo se tornou o principal porta-voz mundial do perdão quando foi convidado a presidir a Comissão da Verdade e Reconciliação na África do Sul pelo presidente Nelson Mandela. Muitas décadas depois daquele esforço pioneiro para usar a verdade, o perdão e a reconciliação para superar o conflito violento, perguntaram para o Arcebispo como exatamente nós perdoamos. Enquanto a maioria dos líderes espirituais, incluindo o Arcebispo e o Dalai Lama, é inflexível em relação à importância do perdão, pouquíssimas pessoas falam do processo do perdão. Em *O livro do perdão*, o Arcebispo e sua filha Mpho Tutu apresentaram um caminho universal de quatro vias para o perdão. O passo a passo desse processo está disponível para o mundo no site Global Forgiveness Challenge (forgivenesschallenge.com), já tendo sido usado por pessoas de mais de 170 países. O perdão pode ser um processo bastante complexo, e esses dois recursos talvez sejam úteis para aqueles que estão se esforçando para perdoar grandes fontes de dor e trauma. Os recursos também abordam como podemos pedir perdão e aprender a nos perdoar. A seguir estão os passos básicos para as quatro vias, combinados com algumas das últimas pesquisas de neurociência.

1. **Contar a sua história.** Todo perdão deve começar ao se encarar a verdade. Você pode escrever em um diário ou relatar a um amigo confiável o que aconteceu. Contar a sua história também permite que você integre as lembranças na sua consciência e neutralize parte de

sua reatividade emocional. Imaginar que você está assistindo ao evento acontecer em um filme ajuda a curar as lembranças e evitar um novo trauma. Dessa forma, você talvez reduza as chances de desencadear a resposta cerebral e neural ao estresse. Um protocolo científico de Ethan Kross e seus associados sugere se lembrar da sua experiência da seguinte forma: *Feche os olhos. Volte à época e ao local da sua experiência emocional e veja a cena com o olho da sua mente. Agora, dê alguns passos para trás. Afaste-se da situação até um ponto em que você consiga ver o evento se desdobrar à distância e veja a si mesmo no evento, o você distante. Observe a experiência se desdobrar como se estivesse acontecendo com o você distante novamente. Observe o seu eu distante.*

2. **Nomeie a mágoa.** Os fatos são os fatos, mas essas experiências provocam fortes emoções e dor, e é importante que recebam um nome. *Enquanto você assiste à situação se desdobrar ao redor do seu eu distante, tente compreender os sentimentos dele. Por que ele ou ela tiveram tais sentimentos? Quais foram as causas e os motivos para os sentimentos? Se a mágoa é recente, pergunte a si mesmo: "Essa situação vai me afetar daqui a dez anos?". Se a mágoa é antiga, pergunte a si mesmo se você quer se livrar dessa dor e desse sofrimento.*

3. **Conceder o perdão.** A capacidade de perdoar o outro vem do reconhecimento da nossa humanidade compartilhada e do reconhecimento de que, inevitavelmente, como todos somos humanos, nós magoamos e somos magoados uns pelos outros. Você é capaz de aceitar a humanidade das pessoas que o magoaram e o fato de que elas provavelmente o magoaram por causa do próprio sofrimento delas? Se você pode aceitar a sua humanidade compartilhada, então você pode libertar o seu direito presumido de vingança e seguir em frente em direção à cura, em vez da retaliação. Também pode reconhecer que, principalmente entre os íntimos, pode haver diversas mágoas, e nós precisamos em geral perdoar e pedir perdão ao mesmo tempo, aceitando isso como parte do drama humano.

4. **Renovando ou encerrando o relacionamento.** Uma vez que perdoou alguém, você precisa tomar a importante decisão se deseja renovar o relacionamento ou encerrá-lo. Se o trauma for significativo,

não há como retomar o relacionamento que vocês tinham antes, mas existe a oportunidade de renová-lo. Quando renovamos relacionamentos, podemos nos beneficiar da cura da nossa família ou da nossa comunidade. Quando encerramos o relacionamento, podemos seguir adiante, principalmente se pudermos realmente desejar o melhor para a pessoa que nos magoou e reconhecer que ela, assim como nós, simplesmente quer evitar o sofrimento e ser feliz.

Diário de gratidão

A gratidão, como já vimos, é uma parte extremamente importante do contentamento porque permite que saboreemos a vida e reconheçamos que a maior parte da nossa boa sorte na vida vem dos outros. A prática da gratidão é muito simples. Para expandi-la, você pode se voltar para a prática da humildade, que também envolve a gratidão e o apreço por todos aqueles que tornaram possível você ser você. A prática da gratidão abaixo foi criada para ser exercitada diariamente a fim de ajudá-lo a apreciar as grandes e as pequenas bênçãos. Essa prática também pode ser feita ao final do dia, quando você refletir se cumpriu as intenções que definiu pela manhã. Você também pode praticar isso junto com um cônjuge ou um amigo.

1. **Feche os olhos e se lembre de três coisas do seu dia pelas quais você se sente grato.** Pode ser qualquer coisa, desde a bondade e a generosidade de um amigo até uma refeição farta, a luz do sol ou a beleza do céu noturno. Tente ser o mais específico que conseguir ao se lembrar ao que você é grato.
2. **Escreva essas três coisas em um diário.** Embora você possa fazer isso como um exercício na sua cabeça, manter uma lista das coisas pelas quais você é grato já demonstrou ter muitos benefícios físicos e emocionais com o passar do tempo. Cada vez que escrever no seu diário, tente escrever coisas diferentes. Variedade é a chave de um diário eficaz de gratidão.

Meditação da compaixão

Provavelmente não existe nenhuma outra palavra que o Dalai Lama e o Arcebispo usam mais do que *compaixão* ao descrever as qualidades que se devem cultivar. Resumidamente, o Dalai Lama sente que educar os filhos para terem mais compaixão é a coisa singular e mais importante que podemos fazer para transformar o nosso mundo, mas não precisamos esperar até que a próxima geração cresça antes de começarmos a experimentar os benefícios da compaixão. Realmente, cultivar a compaixão, mesmo que por dez minutos diários, disse o Dalai Lama, pode levar a um contentamento de 24 horas. Expandir o nosso ciclo de preocupação é essencial tanto para o nosso bem-estar como para o bem-estar do nosso mundo. A prática a seguir foi adaptada do programa de Treinamento de Cultivo da Compaixão. Uma série mais extensa de práticas de compaixão pode ser encontrada no livro *Um coração sem medo*, de Jinpa.

1. **Encontre uma posição confortável para se sentar.**
2. **Inspire profundamente pelo nariz e continue fazendo isso por um ou dois minutos de meditação de consciência da respiração.**
3. **Pense em alguém que você ama muito, um parente ou um amigo, ou até mesmo um animal de estimação.** Tente ver o rosto dessa pessoa com o olho da sua mente ou sinta sua presença e note como o seu coração se sente ao pensar nessa pessoa.
4. **Sinta o que surge.** Se você sentir calidez, ternura ou afeição, fique com esses sentimentos. Se não, apenas tente ficar com o pensamento do seu ente querido.
5. **Em silêncio diga as seguintes frases:**
    - *Que você possa ficar livre do sofrimento.*
    - *Que você possa ser saudável.*
    - *Que você possa ser feliz.*
    - *Que você possa encontrar paz e contentamento.*
6. **Inspire profundamente e, ao expirar, imagine uma luz cálida saindo do centro do seu coração,** carregando o seu amor até o ente querido e levando para ele paz e contentamento.

7. **Alegre-se com o pensamento da felicidade do seu ente querido por um minuto ou mais.**
8. **Lembre-se de quando essa pessoa estava passando por uma época difícil.**
9. **Note como se sente ao vivenciar a dor dela.** O seu coração dói? Você sente uma sensação inquietante no seu estômago? Ou um desejo de ajudar? Simplesmente note os sentimentos e fique com eles.
10. **Ofereça silenciosamente as seguintes frases:**
    - *Que você possa ficar livre do sofrimento.*
    - *Que você possa ser saudável.*
    - *Que você possa ser feliz.*
    - *Que você possa encontrar paz e contentamento.*
11. **Imagine que uma luz cálida emerge do centro do seu coração e toca a pessoa que você tem em mente, aliviando o seu sofrimento.** Termine desejando sinceramente que ela fique livre do sofrimento.
12. **Pense em uma época quando você passou por grande dificuldade e sofrimento — quando era criança ou talvez agora.**
13. **Leve a sua mão ao coração e note os sentimentos de calidez, ternura e afeto em relação a si mesmo.**
14. **Reflita sobre o fato de você, assim com todas as outras pessoas, querer ser feliz e livre de sofrimento.**
15. **Ofereça silenciosamente as seguintes frases:**
    - *Que eu possa ficar livre do sofrimento.*
    - *Que eu possa ser saudável.*
    - *Que eu possa ser feliz.*
    - *Que eu possa encontrar paz e contentamento.*
16. **Imagine alguém de quem você nem gosta nem desgosta,** alguém que você talvez veja frequentemente no trabalho, no mercado, na academia, mas para com quem não tem nenhum sentimento nem positivo nem negativo.
17. **Reflita sobre o fato de, assim como todas as pessoas, essa pessoa querer ser feliz e livre de sofrimento.**

18. **Imagine essa pessoa enfrentado o sofrimento — um conflito com um ente querido ou o desespero ou o pesar.** Permita que o seu coração sinta calidez, ternura e afeto por essa pessoa, bem como um impulso de ajudá-la.
19. **Agora, silenciosamente, ofereça as seguintes frases:**
    - *Que você possa ficar livre do sofrimento.*
    - *Que você possa ser saudável.*
    - *Que você possa ser feliz.*
    - *Que você possa encontrar paz e contentamento.*
20. **Reflita sobre o fato de que todos no planeta têm o desejo fundamental de ser feliz e livre do sofrimento.**
21. **Encha o seu coração com o desejo de que todos fiquem livres do sofrimento, talvez até alguém com quem você tem um relacionamento difícil, e, silenciosamente, repita estas frases:**
    - *Que todos os seres possam ficar livres do sofrimento.*
    - *Que todos os seres possam ser saudáveis.*
    - *Que todos os seres possam ser felizes.*
    - *Que todos os seres possam encontrar paz e contentamento.*
22. **Permita que os seus sentimentos de compaixão e preocupação encham o seu coração e sinta a calidez, a ternura e o afeto.** Transmita esse sentimento de compaixão para o mundo.

Compaixão — uma oração

O Arcebispo sempre tem uma longa lista de orações para aqueles que precisam. Isso acontece durante as liturgias designadas e em períodos de oração pessoal. Essa capacidade de abrir a mente e o coração para aqueles que estão sofrendo, sejam pessoas que conhecemos pelo nome ou apenas dos jornais, nos ajuda a reorientar o coração para a compaixão, saindo das nossas preocupações inevitáveis do dia a dia. Você pode pedir que Deus as ajude, ou simplesmente pedir que recebam aquilo de que precisam. Você pode pedir para Deus abençoá-las ou enviar suas próprias bênçãos, para que fiquem inteiras novamente e possam ser felizes.

Compaixão — um jejum

O Arcebispo faz jejuns semanais. O jejum não só nos ajuda a desenvolver a disciplina e o autocontrole, mas também nutre a compaixão. Enquanto jejuamos, vivenciamos um pouco da fome que os outros são forçados a suportar sem ter escolhido. Ao nos libertarmos do nosso foco na comida, que é uma preocupação para tanta gente, podemos liberar mais tempo para o pensamento e a oração. À medida que o Arcebispo foi envelhecendo, seus médicos o convenceram a beber durante o jejum, então ele começou uma prática de "jejuns de chocolate quente". Você pode escolher jejuar de uma forma que faça sentido para o corpo, a mente e o coração.

Práticas de generosidade

A compaixão, conforme discutimos, é necessária, mas não é suficiente. É o impulso de ajudar os outros, mas a ação que segue esse desejo é a generosidade. As práticas de generosidade são tão importantes que foram formalizadas e são mandatárias em muitas religiões do mundo. Aqui, nós apresentamos três formas de dar que são prescritas no budismo, as quais envolvem doação material, libertação do medo e doação espiritual. Muitos cristãos pagam o dízimo da sua renda, dando um décimo do que recebem, e outros ampliam esse conceito doando um décimo do seu tempo, talento ou fortuna. É com essa preocupação regular para com os outros que vivenciamos o maior contentamento.

1. **Doação material.** Não existe substituto para ajudar a diminuir a iniquidade e a injustiça, que são características duradouras do nosso mundo. Se você paga o dízimo ou dá *dana*, isso é realmente o início da prática semanal, quiçá diária, de pensar sobre quanto você pode doar para os outros.
2. **Libertação do medo.** Essa prática pode envolver dar proteção, conselho ou consolo. É assim que você pode doar o seu tempo e sua atenção para os outros. Quem precisa da sua presença hoje? Os seus

filhos, o seu cônjuge, os seus pais, os seus colegas, os seus amigos ou até mesmo um estranho na rua precisam da sua compaixão e afeto? Para quem você pode estender a mão e ajudar.
3. **Doação espiritual.** Você não precisa ser um guru ou um mestre espiritual para doar dessa forma. A doação espiritual pode envolver doar a sabedoria e ensinamentos para aqueles que precisam disso, mas também pode envolver ajudar os outros a ter mais contentamento por meio da generosidade do seu próprio espírito. Procure ser um oásis de afeto e preocupação enquanto vive a sua vida. Simplesmente sorrir para os outros enquanto caminha pela rua pode fazer uma enorme diferença na qualidade da interação humana na sua comunidade. E é essa interação que é responsável pela qualidade da vida humana no nosso planeta cada vez mais povoado e solitário, nosso afluente e ainda assim empobrecido mundo.

Meditação do contentamento — os oito pilares

Esta é a meditação que permite que você reveja os oito pilares e os use quando se deparar com um problema, enfrentar a dor ou o sofrimento, sejam eles grandes desafios da vida ou insatisfações do dia a dia (ou *dukkha*). Esta meditação visa tranquilizar a jornada pela estrada esburacada da vida. Ela se baseia nas meditações anteriores, mas pode ser usada de forma independente.

1. **Sente-se confortavelmente.** Você pode se sentar em uma cadeira com os pés apoiados no chão ou com as pernas cruzadas. Coloque as mãos confortavelmente nas pernas ou no colo.
2. **Inspire profundamente pelo nariz diversas vezes.** Permita que o seu corpo comece a relaxar. Reflita sobre cada um dos pilares e note que seu corpo relaxa cada vez mais e o seu coração fica mais leve.
3. **Permita que o seu problema venha à mente.** Reflita sobre a situação, a pessoa ou o desafio que está provocando dor e sofrimento.
4. **Perspectiva.** Veja a si mesmo e ao seu problema a partir de uma perspectiva mais ampla. Tente dar um passo para trás, afastando-se

de si mesmo e do seu problema. Veja a si mesmo e à sua luta como se estivesse assistindo a um filme sobre a sua vida. Agora, pense sobre esse problema a partir de uma perspectiva futura, daqui a um ano ou uma década. Reconheça que esse problema vai passar. Veja como seu problema se encolhe quando você o vê em um contexto mais amplo da sua vida.

5. **Humildade.** Agora veja a si mesmo como um dos 7 bilhões de pessoas e o seu problema como parte da dor e do sofrimento por que tantos seres humanos passam. Você pode enxergar o seu problema como uma parte do drama interdependente do desdobramento da vida no nosso planeta, e até mesmo se ver a partir do espaço ou de uma perspectiva do olhar do divino. Veja como estamos profundamente conectados uns aos outros. Você faz parte do florescimento do mundo na sua época e no seu lugar específicos. A sua conexão com os outros o torna muito mais forte e mais capaz de resolver o seu problema. Permita-se sentir amor e apreço por todos aqueles que contribuíram para quem você é e por quem apoia você na sua vida.

6. **Humor.** Relaxe e veja que você pode rir do seu problema, de suas perdas e fragilidades. Tente encontrar o humor na situação e na sua luta. Mesmo que se trate de uma situação muito grave ou séria, em geral pode-se encontrar humor. O drama humano costuma ser uma comédia, e o riso é a graça da salvação. A capacidade de rir nos permite aceitar a vida como ela é, quebrada e imperfeita, mesmo quando aspiramos a uma vida melhor e a um mundo melhor.

7. **Aceitação.** Aceite que você está lutando e aceite que você tem limitações humanas. Lembre-se de que essas realidades dolorosas acontecem conosco, com aqueles a quem amamos e no nosso mundo. Admita que você não pode conhecer todos os fatores que levaram a esse evento. Aceite que o que aconteceu já aconteceu e não há nada que você possa fazer para mudar o passado. Agora, lembre a si mesmo: "Para fazer a contribuição mais positiva para essa situação, eu tenho de aceitar a realidade da sua existência".

8. **Perdão.** Leve a mão ao coração e perdoe a si mesmo por qualquer responsabilidade que você possa ter tido na criação do problema ou

situação. Reconheça que você é apenas humano e que é inevitável que não consiga tudo a que aspira. Você vai se magoar e vai magoar os outros. Veja a humanidade compartilhada de todos os outros envolvidos e os perdoe pela parte que tiveram e pelas suas limitações humanas.

9. **Gratidão.** Pense em três ou mais pessoas ou coisas pelas quais você é grato em relação a este problema ou à sua vida neste momento. Será que você consegue encontrar maneiras em que o seu problema está, na verdade, contribuindo para a sua vida e o seu crescimento? Existem pessoas ou coisas que estão lhe dando apoio para enfrentar esse desafio?

10. **Compaixão.** Leve a mão ao coração ou una as palmas e as leve ao coração. Tenha compaixão por si mesmo pela forma como vem lutando. Lembre-se de que leva tempo para crescer e aprender. Você não foi feito para ser perfeito. O sofrimento é inevitável. É parte do tecido da vida. Vai haver frustrações em qualquer vida. O objetivo é usá-las como algo positivo. Sinta a luz da bondade amorosa brilhando do seu coração para o seu corpo. Agora envie essa compaixão para os seus entes queridos, para qualquer um com quem você esteja lutando e para todos que precisam de amor e compaixão.

11. **Generosidade.** Sinta a profunda generosidade que existe no seu coração. Imagine-se irradiando essa generosidade do espírito para tudo à sua volta. De que forma você pode oferecer seus dons? Como você pode transformar o seu problema em uma oportunidade para doar para os outros? Quando damos contentamento aos outros, nós experimentamos o verdadeiro contentamento.

Alegria desinteressada no seu dia

O modo que escolhemos para encerrar o dia e ir dormir é uma parte importante da nossa prática. Tanto os monges budistas quanto os cristãos, assim como pessoas em muitas tradições, têm a prática de refletir sobre o dia. Santo Inácio de Loyola chamou isso de exame diário. Os monges budistas chamam de fazer uma dedicação. As práticas têm diferentes aspectos, mas todas envolvem a reflexão sobre os eventos do dia como uma forma de notar se você cumpriu a sua intenção, vivenciando a gratidão pelas bênçãos e voltando-se para o dia seguinte da jornada da vida. Os passos a seguir constituem uma prática compartilhada refletindo as principais características das duas tradições. Caso siga alguma fé religiosa, você pode adaptar isso na sua prática de oração na qual está em contato com o divino. Se não segue, pode se concentrar na melhor e mais elevada parte de si mesmo.

1. **Reflita sobre o dia.** Antes de ir para a cama ou logo que se deitar, reserve alguns minutos para refletir sobre o seu dia. Considere as experiências importantes, conversas, emoções e pensamentos, embora seja importante não se concentrar demais no que você fez ou deixou de fazer. A questão aqui é simplesmente observar as principais características do seu dia e considerar se ele se alinhou com as intenções que você definiu pela manhã.

2. **Preste atenção nas suas emoções e aceite a sua experiência.** Reflita sobre as emoções que surgiram no decorrer do dia. Se pensamentos e sentimentos negativos surgirem, apenas esteja presente com eles. Não tente afastar o negativo ou se agarrar ao positivo. Apenas reconheça o que aconteceu. Se estiver decepcionado com algum aspecto de como você agiu, leve a mão ao coração e diga: "Eu me aceito do jeito que sou, com defeitos humanos como todo mundo". Observe onde não cumpriu sua intenção, porque essa é a parte que permitirá que você cresça e aprenda. Se algo doloroso lhe aconteceu durante o dia, você pode reconhecer isso dizendo dignamente: "Isso foi doloroso. Eu não estou sozinho. Todos nós sofremos às vezes".

3. **Sinta a gratidão.** A qualidade mais importante para se ter em relação ao seu dia é gratidão por tudo que você vivenciou, mesmo pelo que foi difícil e o que permitiu que você aprendesse e crescesse. Se está fazendo um diário da gratidão, talvez queira escrever tudo isso.

4. **Alegre-se no decorrer do seu dia.** Escolha algo que você fez durante o dia e que o fez se sentir bem — ajudar alguém, manter a calma durante uma briga. Se não conseguir pensar em nada, pode se

alegrar pelo fato de estar realizando essa prática. Agora consagre o mérito do seu dia e permita que seja uma bênção para todos.
5. **Olhe para o amanhã.** Você pode terminar voltando sua atenção para o dia seguinte e definindo a sua intenção para como deseja encarar os desafios que podem aparecer. Confie que será capaz de lidar com qualquer coisa que o próximo dia possa trazer e esqueça as suas preocupações durante a noite, quando for dormir.

Relacionamento e comunidade — o maior contentamento

Quase todas as práticas expostas assumem um grau de solitude, mas estaríamos deixando de lado a principal mensagem dos ensinamentos do Dalai Lama e do Arcebispo se não enfatizássemos que a fonte do verdadeiro contentamento, como evidenciado no decorrer de toda a semana e da vida deles, está nos nossos relacionamentos com os outros. Ambos os homens estão incrustados em profundas e importantes comunidades espirituais nas quais eles nutriram e foram nutridos. Busque as suas próprias comunidades de amor e prática e leve os ensinamentos do contentamento para elas de qualquer forma que seja significativa para você e para a sua comunidade. Talvez seja a sua comunidade religiosa existente ou talvez uma comunidade que você ajudou a criar, mesmo que essa comunidade seja formada simplesmente por outro amigo, parente ou grupo com que você lê e reflete sobre este livro e outros. Se convidar os outros para realizar essas práticas de contentamento, você vivenciará um contentamento muito maior do que se o fizer sozinho. O relacionamento é o verdadeiro solo para a espiritualidade. No final das contas, o contentamento não é algo a aprender, é algo para viver. E o nosso maior contentamento é vivido no profundo, amoroso e generoso relacionamento com os outros.

Para obter mais informações sobre este livro e assistir a cenas da semana em Dharamsala, visite o site <bookofjoy.org>.

Agradecimentos

Gostaríamos de começar agradecendo ao antigo presidente da Dalai Lama Foundation, o dr. James Doty, que foi o primeiro a sugerir a ideia de um livro conjunto na festa de aniversário de oitenta anos de Leah Tutu. Ficou imediatamente óbvio qual seria o assunto: contentamento. O livro em si e o tempo que passamos juntos em Dharamsala foram realmente um verdadeiro contentamento, e queremos agradecer a todos que tornaram isso possível.

Agradecemos aos nossos extraordinários editores, que estão levando o contentamento para o mundo e trabalham tão incansavelmente para publicar livros que vão tornar o nosso mundo o tipo de lugar que todos sabemos que ele pode ser: Mauro Palermo, Vanda Ohnisková, Tiiu Kraut, Pernille Follmann Ballebye, Henrikki Timgren, Patrice Hoffman, Florent Massot, Ulrich Genzler, Jakob Mallmann, Adam Halmos, Artem Stepanov, Paolo Zaninoni, Talia Markus, Julia Kwon, Heleen Buth, Halfdan Freihow, Knut Ola Ulvestad, Damian Warszawski, Anastasia Gameza, Marija Petrovic, Martin Vydra, Laura Alvarez, Carlos Martinez, Claes Eriksson, Yunyi Wu, Yingyi Yeh, Alex Hsu, Jocasta Hamilton, Susan Sandon, Megan Newman, Brianna Flaherty, Andrea Ho, Justin Thrift e Caroline Sutton. Gostaríamos de agradecer especialmente a Caroline, que trabalhou em muitas versões do manuscrito para se certificar de que o livro realmente transmitiria não apenas as nossas palavras, mas também nossos corações.

Também queremos agradecer aos nossos devotados e talentosos agentes de direitos estrangeiros, que trabalharam tão duro para se certificarem de que este livro encontraria o seu caminho até as editoras adequadas: Chandler Crawford, Jo Grossman, Mary Clemmey, Peter Fritz, Erica Berla, Zoe Hsu, Gray Tan, Trine Licht, Kristin Olson, Maribel Luque, Maru de Montserrat, Jennifer Hoge, Ludmilla Sushkova, Vladimir Chernyshov, Sue Yang, Jackie Yang, Efrat Lev, Deborah Harris, Eliane Benisti, Filip Wojciechowski, Marcin Biegaj e a nossa tão estimada e saudosa Lynn Franklin. Gostaríamos de agradecer especialmente aos nossos talentosos tradutores.

Também gostaríamos de agradecer a Tenzin Taklha, Chhime Rigzing, Kaydor Aukatsang e Ken Norwick, do escritório de Sua Santidade o Dalai Lama e do Dalai Lama Trust, por toda a sua ajuda na criação deste projeto e na organização de tudo de forma tão habilidosa para o período que passamos em Dharamsala. Seu extraordinário senso de responsabilidade e seus esforços em nosso nome foram essenciais para o sucesso deste projeto.

Também gostaríamos de agradecer a Tsewang Yeshi, Ngodup Wangdu Lingpa e a seus associados no Tibetan Children's Villages por organizarem a celebração da festa de oitenta anos e por tudo que fazem em nome de tantas crianças que precisam de amor, assim como de conhecimento.

Gostaríamos de agradecer à equipe de filmagem e à de apoio, que tornaram as nossas conversas em Dharamsala possíveis e as gravaram para que pudessem ser compartilhadas com os outros: Tenzin Choejor, Chemey Tenzin, Tenzin Phuntsok, Lobsang Tsering, Ven. Lobsang Kunga, Don Eisenberg, Jason Eksuzian, Juan Cammarano, Zachary Savitz, Miranda Penn Turin, Andrew Mumm, Michael Matkin, Lara Love Hardin, Siby Veliath, Satbir Singh, Jesse Abrams, Lama Tenzin, Michele Bohana, Pat Christen, Shannon Sedgwick Davis, John e Ann Montgomery, Scott e Joanie Kriens, Joe Lombardo, Matt Grey, Don Kendall, Rudolph Lohmeyer, Niko von Huetz e Lloyd Sutton. Gostaríamos de agradecer especialmente a Peggy Callahan, que produziu o evento e está trabalhando para transformar as gravações em um documentário. Ela se certificou de que tudo não apenas acontecesse de acordo com o cronograma, mas que a equipe internacional trabalhasse bem e sem percalços, além de, com a magia da iluminação de estúdio, conseguir transformar dois idosos em homens surpreendentemente bonitos. Também gostaríamos de agradecer à médica americana do Arcebispo, a dra. Rachel Abrams, que se certificou de que todos se mantivessem saudáveis e bem durante a viagem. Somos gratos também a Mary Ellen Klee e Gordon Wheeler.

Agradecemos ainda ao restante dos membros da Equipe do Contentamento, incluindo Mike Mohr, Lalita Suzuki, Sarah Steven, Lindsay Gordon, Anne Kosmoski, Farin Schlussel, Casey Maloney, Alexandra Bruschi, Najma Finlay, Charlotte Bush, Andrew Mumm, Mark Yoshitake, Ivan Askwith, Anna Sawyer, Savannah Peterson, Kevin Kelly, Mark Daley, Ryan Brounley, Ty Love, Jess Krager, Erin Roberts e Kelsey Sheronas, por terem usado seu grande talento para ajudar a espalhar a nossa mensagem de contentamento.

Também queremos agradecer às nossas amadas famílias e aos amigos que estavam lá: Mpho Tutu van Furth, Marceline Tutu van Furth e Tenzin Choegyal. O Arcebispo também deseja agradecer a Leah Tutu, que não pôde fazer a viagem mas estava lá, como sempre, em seu coração. Um obrigado especial para Pam e Pierre Omidyar, sem os quais o nosso tempo juntos e este livro jamais teriam sido possíveis. Eles são amigos queridos e apoiadores incansáveis dos nossos escritórios e nossas campanhas para criar um mundo mais compassivo e pacífico.

Doug gostaria de agradecer à sua família e aos seus amigos, principalmente a seus pais, que o apoiaram nessa jornada de toda a vida em busca do contentamento — a cada passo do caminho. Ele deseja agradecer especialmente à sua esposa e aos seus filhos, Rachel, Jesse, Kayla e Eliana, que são sua maior fonte de contentamento.

Um agradecimento especial para Thupten Jinpa. Sua ajuda antes, durante e depois das conversas não poderia ter sido mais essencial para a execução deste livro. Ele trabalhou com Doug em cada etapa do processo, e este livro certamente não teria sido possível sem seu profundo conhecimento, seu espírito de generosidade e seu comprometimento para criar um mundo mais compassivo, onde todos possam ter um coração sem medo.

Gostaríamos de agradecer ao nosso coautor, colaborador e amigo de longa data do Arcebispo, Doug Abrams. Pedimos para ele converter nossas falas em texto escrito, principalmente porque um de nós não é nativo em inglês (adivinhe quem?). Ele realizou um trabalho extraordinário, transmitindo nossas palavras e nossos corações de forma fiel e sincera. Também trouxe valiosas informações científicas e capturou uma quantidade incrível do nosso tempo juntos, o qual foi cheio de riso, diversão e do verdadeiro contentamento da amizade. Ele tem um dom maravilhoso e compartilhou o seu talento conosco e com todos que lerão este livro. Como nosso agente literário, nosso entrevistador e coautor, este livro realmente não teria acontecido sem ele. Os nossos profundos agradecimentos. Você realmente é muito especial.

Por fim, gostaríamos de agradecer a você, nosso leitor, que está fazendo tanta coisa para criar um mundo repleto de contentamento e amor, onde o futuro que criarmos juntos estará à altura dos nossos sonhos mais corajosos e arrojados.

Sobre os autores

Sua Santidade o 14º Dalai Lama, Tenzin Gyatso, descreve-se como um simples monge budista. Ele é o líder espiritual do povo tibetano e do budismo tibetano. Recebeu o Prêmio Nobel da Paz em 1989 e a Medalha de Ouro do Congresso dos Estados Unidos em 2007. Nascido em 1935 em uma família simples de fazendeiros na região nordeste do Tibete, foi reconhecido aos dois anos de idade como a reencarnação do seu predecessor, o 13º Dalai Lama. É um advogado passional da abordagem secular universal de se cultivarem os valores humanos fundamentais. Há mais de três décadas, o Dalai Lama mantém uma conversa e uma colaboração contínuas com cientistas de diversas disciplinas, principalmente por meio do Mind and Life Institute, uma organização da qual ele é cofundador. O Dalai Lama viaja bastante, promovendo a bondade e a compaixão, a compreensão inter-religiosa, o respeito pelo meio ambiente e, acima de tudo, a paz mundial. Vive no exílio em Dharamsala, Índia. Para mais informações, visite o site <www.dalailama.com>.

Desmond Mpilo Tutu, o Arcebispo Emérito da África do Sul, tornou-se líder proeminente na cruzada pela justiça e pela reconciliação racial na África do Sul. Recebeu o Prêmio Nobel da Paz em 1984 e a Medalha Presidencial da Liberdade em 2009. Em 1994, foi escolhido por Nelson Mandela como presidente da Comissão da Reconciliação e da Verdade, onde foi pioneiro em uma nova forma de os países seguirem adiante depois de passarem por conflito civil e opressão. Foi o fundador e presidente da organização The Elders, um grupo de líderes globais que trabalham pela paz e pelos direitos humanos. O Arcebispo Tutu é considerado uma voz de liderança moral e um ícone de esperança. Durante sua vida, preocupou-se profundamente com as necessidades das pessoas em todo o mundo, ensinando a todos o amor e a compaixão. Vive na Cidade do Cabo, África do Sul. Para mais informações, visite o site <tutu.org.za>.

Douglas Abrams é autor, editor e agente literário. É fundador e presidente da Idea Architects, uma agência criativa de livros e mídia, que ajuda visionários a criar um mundo mais sábio, saudável e justo. Trabalha com Desmond Tutu como seu coautor e editor há mais de uma década. Antes de fundar a sua própria agência literária, foi editor sênior da HarperCollins e também trabalhou durante nove anos como editor de religião na University of California Press. Acredita fortemente no poder dos livros e da mídia para catalisar o próximo estágio da cultura global evolutiva. Vive em Santa Cruz, Califórnia. Para mais informações, visite o site <ideaarchitects.com>.

Este livro, composto na fonte Fairfield,
foi impresso em papel polen soft 70 g/m², na gráfica Rettec.
São Paulo, maio de 2022.